バビロンの路上で

On the Road in Babylon

律法に抗う散歩者の夢想

Reveries of an Antinomian Walker

マニュエル・ヤン
Manuel Yang

以文社

バビロンの路上で——律法に抗う散歩者の夢想

【解説】「謎のアメリカ人」マニュエル・ヤン小伝

栗原　康

こいつはどえらい本だよ

おれの人生はどこからはじまり、いったいどこへ流れてゆくんだろう。衝きうごかされる、あのときのまま。そう、いつかの少年みたいに。

本書は稀代の歴史学者、マニュエル・ヤンの自伝的エッセイ集だ。敬虔なクリスチャンであり、まじめな牧師でもあった亡き父。その思い出にふれながら、ヤンが自分の人生を語りだす。いつのまにか、真逆にみえるふたりの人生が折りかさなっていく。反道徳と反逆のことばをかたり、ときに自堕落、自己破滅的になっていくヤンが、まるでイエス・キリストであるかのようにみえてくる。こいつはどえらい本だよ。

マニュエル・ヤンはわたしだ

ところで、マニュエル・ヤンとはなにものなのか。わたしにとっては心の友だ。仲良くなったきっかけは思想ではない。たぶんいつも似たようなことは考えているけど、それで仲良くなったわけじゃない。

　そもそも、ふたりでこむずかしいはなしをしたことなんてない。いや、おしゃべりはするんだよ。いっしょに朝まで飲んでいると、たまに酔っぱらったヤンが禅問答の師匠みたいになる。「やっちゃんはどうおもう？」。

　数時間にわたって、おなじ話題でおなじ質問が繰り返される。それにひたすらこたえていると、まるで自問自答しているかのようにおもえてきて、もうどっちが質問して、どっちがこたえているのかよくわからなくなってくる。だから思想というよりも、身体を共有しているのだ。二酔人反経綸問答。マニュエル・ヤンはわたしだ。

　よくカラオケにもいく。むろん朝までだ。ヤンのカラオケはハンパない。絶叫につぐ絶叫、そして怒号をとばす。つられて、みんな叫びだす。全身をゆるがし、ノドも枯れはて、血ヘドを吐くまで叫んでしまう。全力でジャンプして、テーブルにとびのるヤン。その瞬間、テーブルがくずれおちる。宙に舞うボトルとグラス。パリンパリーン。ギャアア。わめいて、うめいて、阿鼻叫喚。すべてが割れる。部屋中がウイスキーの海になる。地獄絵図のなか、ヤンがふたたび雄叫びをあげる。「まだまだ、こんなもんじゃないだろう。たのむよ。歌ってくれよ、ケンタロー！」。友だちの名だ。

　体力の限界をこえる。ひとり、またひとりと失神していく。たまにヤンも失神している。生の終わりを感じてしまう。死ぬ、死ぬ。死をくぐりぬけてまた生きる。朝方、息もたえだえになりながらうっすらと目をあけると、ヤンがひとり砕け散ったガラスを掃除している。それが人生だ。

自分の身体に世界の終わりを感じるのだ

いったいなにをやっているのか。死だ。自分の身体に世界の終わりを感じるのだ。ここにヤンの思想の核心があるのだとおもう。

おさないころから死に敏感で、その恐怖にさいなまれてきたヤン。先がなくなる。お先真っ暗になる。おまえが深淵をのぞくとき、深淵もまたおまえをのぞいている。どこにいっても漆黒の闇。ブラックホールに吸いこまれるように、延々と暗闇のなかに落ちていく。ヤンはこの絶望を生きる力に変えようとしている。

本書では、たびたびヤン自身の身体についても語られる。筋トレ、ジョギング、散歩。大学院時代、アルコール漬けになり、食事もめちゃくちゃ。ゴミ屋敷に住んでいたヤンは、肉体的にも精神的にもボロボロになってしまう。

さすがにマズイとおもって、筋トレとジョギングをはじめた。毎日、おなじルーティンを繰りかえすことで、徐々に健康をとりもどす。あたらしい生きた身体を手にいれた。その恍惚感に酔いしれる。

一見すると、ただ健康的になりましたというはなしだ。もしそうだったら、わたしは興味がない。てゆうかトレーニングをして、目標を達成して、よりよい自分をつくりだしていくなんてまっぴらごめんだ。

将来をみすえて自分磨きをする。いまはがまんしてスキルアップすれば、よりよい生活がまっている。いまはがまんして、いまはがまんして。そういって、はたらくための身体をつくりだす。

それだと一生、やりたいことなんてできやしない。どんなにつらい目にあっても、がまんが美徳だとおもわされる。世間にはそんな自己管理の言説がみちあふれている。将来のために。われわれは目的によって支配されている。

だが、ヤンのトレーニングはちがう。あきらかに力点をおいているのが死なのだ。筋トレをして、いままでの自分が死滅していく。酒にまみれた身体が跡形もなく消え去っていく。過剰に禁欲的になる。過剰に規則正しくなる。さながら修道士なのだ。走るにしても失神するまで走ってしまう。インフルエンザに罹っても、倒れるまで突っ走る。そこに快感をおぼえるのだ。

コロナ禍にハマった散歩もおなじだ。ふつう散歩のたのしさといえば、目的なくプラプラすることにある。だがヤンの散歩はひと味ちがう。あたまのなかでは、体を鍛えるという目的があるのだ。しかし度をこえている。いちど散歩にでたら二〇キロ、三〇キロ、四〇キロと一日中あるいてしまう。

限度をこえてあるいているうちに、どこをあるいているのかわからなくなる。どの道もすべておなじ道におもえてくる。どこにいってもおなじ道。おなじことを繰り返している。目まいがする。出口なし。さきはない。

ヤンのなかの将来が消える。目的による支配から解き放たれる。永劫回帰だ。いままでもこれからも、おれはいまこのときを永遠に繰り返しているんだよ。なんどでも、かけがえのない、いまをつかみとりたい。

しかし死の恐怖が生きる力に変わるとはどういうことか。それがはっきりと書かれているのがラストの章だ。ここでヤンはラリった友人の車にのっている。もともとスピード狂でもあるこの友人の助手席にいて、ヤンは死の恐怖におそわれる。緊張で筋肉が硬直してしまう。だけどその瞬間におもうのだ。

「これでくたばったらそれまでだ。この時点では何もできやしない。あきらめろ。もう死んだも同然だ。この残りわずか短い時間を楽しむのが最善だ。だって、そうだろう、どっちみち死ぬんだ。このつかのまの時間で恐怖で無駄にするか、あるいは無心になって楽しむか。この二者択一の選択しかないとすれば、後者の方が圧倒的にいいに決まっている」（二七九頁）

あえていっておくよ。死なんてそんなものだということだ。カラオケでもジョギングでも散歩でもドライブでも、死の恐怖はしょっちゅうおとずれる。そこら中にゴロゴロしている。逆にいえば、最後の審判なんてない。究極の死なんてない。天国か地獄か。そんな将来を考えるヒマもないくらい、死は日常にあふれている。そこに自分と世界の終わりを感じることができるかどうか。絶滅を渇望することができるかどうか。マニュエル・ヤンはこういった。やるならいましかねえ。

不良になりきれない不良

よし、ここでヤンの略歴をかんたんにふりかえってみよう。ヤンは一九七四年、ブラジルのカンピーナス生まれ。お父さんは台湾人。お母さんは大阪生まれの日本人だ。さっきもいったように、お父さんはキリスト教、長老教会の牧師で、布教のためにブラジルにいった。そこで生まれたのがヤンである。物心ついたときには日本へ。一〇歳まで神戸でたのしくすごす。それからお父さんがロサンゼルスの教会にいくというので、いざアメリカへ。しかしことばもわからず、なかなか学校になじめない。ソーナーバス。

友だちもできず、疎外感をかんじたヤンは、学校にいったふりだけして、海岸沿いや図書館のまわりをプラプラして授業をバックレた。たしか高校にいたっては、五回も転校したときいている。不良になりきれない不良だ。いいよ。

教会にもなじめなかった。お父さんは好きだ。でもヤンは首をかしげる。なぜ上から教え諭されたことに従わなくてはいけないのか。権威あるものに服従しなければならないのか。疑いをもつな？　絶対に正しい？　やってられない。

その後、テキサス大学オースティン校へ。ここで歴史学と英米文学をまなぶ。自律マルクス主義の理論家としてしられるハリー・クリーヴァーの授業にでた。ヤン、感激。世界を変えろ。資本主義を終わらせろ。

おなじマルクス主義でも、教会さながら党指導部の命令に服従させられるのではたまらないが、人間の自律性や水平性をおもんじるクリーヴァーのはなしには共感だ。ビバ、レボリューション。

もっとまなびたい。一九九八年、オハイオ州のトレド大学の大学院へ。ラジカルな歴史学者としてしられるピーター・ラインボーに師事。本書には、この師匠とのぶっとんだ思い出話ももりだくさんだ。おたのしみに。

このころヤンは反グローバリゼーション運動に参加している。カネもちが国境をこえて、カネもうけのためならなんでもありのやりたい放題。ひとが飢えても、資源が枯渇しても、気候変動がおこってもおかまいなしだ。そんなカネもちによるカネもちのための世界を終わらせよう、というのだ。

ヤンいわく。おれは活動家らしい活動家にはなれなかったよ。ヤンらしい言いかただ。じっさい、プロの活動家になってしまったら、そのひと自身が権威になってしまって、まわりに自分の常識やルールをおしつけかねない。本書には、そういう活動家にたいして違和感をもったエピソードも紹介されている。わたしも同感だ。いつだって野次馬根性で生きてゆきたい。

それからしばらくして、師匠のラインボーが他大学にうつってしまう。しかしそこには大学院がない。だから、ヤンはトレドにのこってひとり博論を書いた。ちなみに自堕落な生活に変革をおこすべくトレーニングをはじめたのは、このころだ。博論のテーマは、吉本隆明。ヤンにとっては、キリスト教へのおもいとマルクス主義への関心が交差する思想家だったのだとおもう。

ちょくちょく日本にくるようになったのは、二〇一〇年前後だろうか。きっと会うひと会うひと、ヤンのハンパない知識量と全身からあふれだす熱気に、一瞬で魅了されたんじゃないかとおもう。わたしもそのひとりだ。まもなく日本で職をえて、現在は日本女子大学ではたらいている。

マルキシスト菩薩でしょ

しかし一見すると相反するようなキリスト教とマルクス主義。ヤンのなかでは、どうつながっているのだろうか。きっかけはさかのぼること、高校時代。伝説のパンクバンドのボーカル、ヘンリー・ロリンズが学校の講演会にやってきたことだ。ヤンはそのやんちゃなはなしっぷりとカッコいい生きかたに惹かれてしまう。

そして、講演会ではなしにでたヘンリー・ミラーをむさぼり読んだ。『北回帰線』だ。ヤンはこの本にでてくる、あるエピソードを重視している。どうもミラー。旅行にきたインド人と仲良くなったらしたてる。

い。ガンジーの弟子を名のるヒンズー教徒。でもアメリカにかぶれていて、ひたすら美辞麗句をならべ

しかもミラーにたのんでくるのだ。どうかおすすめの売春宿をおしえてくれないか。いいよ。だが、そこで事件がおこった。ガンジーの弟子が宿のビデにウンコをしてしまったのだ。オーマイガー。ショックで悲鳴をあげる娼婦たち。宿のマダムもカンカンだ。ひたすらあやまり、ゆるしてもらった。

というはなしなのだが、ミラーはこの出来事に究極の奇跡を感じてしまう。自分があたりまえだとおもっていた世界が一瞬で崩れ落ちた。そこからスッと解放されて自由になった。ぜんぶクソじゃないか。ガンジー、アメリカ、文明、ウンコ。「わたしたちが崇めたてまつるものが何であれ、それは最終的にわたしたちを裏切る空っぽの無意味な作り物でしかない」（五四頁）。

ヤンはそこにイエス・キリストをかさねている。古代ユダヤの統治権力に中指をつきたてた反逆者イエス。いまもむかしも、権力者はとにかく巨大な建物をつくって威厳をしめす。デカいだけなのに、なぜかみんな崇めてしまう。当時は神殿がそれだ。

その神殿にむかって、イエスはこう預言する。石という石がガッタガタに崩れ落ちるでしょう。すべては無意味な作り物にすぎない、クソくらえだ。ガーン。そのとたんに、ぼくらを縛りつけている社会常識やルールが、ぼくらの意識のなかでバッタバタになる。統治はおしまいだ。

だから、よく革命は社会変革であり、宗教は自己変革であるといわれ、両者は別物としてあつかわれがちだが、ヤンはちがうという。このふたつは同時に実践するものであり、そうしなくちゃいけないものなのだ、と。

わたしにとって「革命」や「キリストの再臨」は、歴史の必然性を保証する社会的予定説ではな

> く、自己を歴史的過程に接続する実存的メタファーである。世界の終末にキリストが再臨するという黙示録の預言を宗教的妄想の領域にとどめておくと、それを信じる有神論者であれ、それを拒絶する無神論者であれ、歴史的現実を無視した直解主義に陥りかねない。私有財産や国家権力といった不平等な社会経済制度を廃止し、真に自由な相互扶助的関係で成り立つ「地上の楽園《パラダイス》」を打ち立てるという革命思想の原型である黙示を実践する主体の出現や復活によって、ようやく終末論は有意義になりその威力は発揮される。（三七頁）

世界の終末がおとずれる。キリストが再臨する。支配のない世界をつくりだす。相互扶助でなりたつ「地上の楽園」をうちたてる。ヤンは、それが革命の原型だといっている。そういえば、まえにヤンとはなしていたとき、「五つのパンと二匹の魚」のはなしをしてくれたことがある。

イエスのもとに五〇〇〇人もの群衆があつまった。腹ペコだ。イエスはかれらにたらふく食べさせてやりたい。でも手元にはパン五つと魚二匹しかなかった。どうしたらいいか。そしたらイエスが「うりゃあ」といって、パンと魚をバシバシつくりだしちゃう。うおおお、すげえ。そして、それを好きなだけもってけというのだ。ヤンいわく。「ヤスシ、奇跡とはコミュニズムのことなんだよ」。

たしかにそうだ。だって、コミュニズムとは「汝、必要におうじてとれ」を実践することだからね。なにひとつとして、見返りをもとめられることはない。カネなんてなくてもいい。だれにわるびれることなく、なんの負い目も感じることなく、必要なものをもらっていっていい。パン、もってけよ。魚、バリボリとむさぼり食っちゃいなよ。そういう無償の生をいきてゆきたい。イエスはそれを体現しているというのだ。

そう考えると、革命とはイエスがやろうとしていたことを現代の文脈におきかえて実践していくことだといってもいいのかもしれない。じっさい、キリスト教の黙示録とマルクス主義は相性がいいのだろう。

ときの支配者はいつだって危機を煽りたてる。おれさまの命令をきかなければ死ぬぞ、従えと。そこから民衆を解放したい。マルクス主義には秘儀がある。いまよりもさらにどぎつい危機を民衆に突きつけるのだ。

このまま権力者のいいなりになっていたら人類絶滅しますよ。このまま資本主義が暴走したらどうなるかわかってるよね。原発爆発するよ。気候変動でみんな死んじゃうよ、と。自己カタストロフ化だ。なかにはその恐怖でひとを支配して、あたらしい権力者になってしまうやつもいる。だけど、そのカタストロフを自分自身に突きつけて、みずからキリストの再臨を生きようとする人たちがいるのもたしかだ。やるならいましかねえ。

本書には、ヤン親子はもちろんのこと、キリスト教徒としていまここに「地上の楽園」をうちたてようとした人たちが紹介されている。修道士トーマス・マートン。伝説的な反戦神父としてしられるダニエル・ベリガン。最高にイカした人たちだよ。逆に、マルクス主義者であるマイク・デイヴィスの思想を黙示録ベースでとらえていくところも読みどころだ。詳しくは本編にて。

そういえば最後の章に、ヤンが友人を「マルキシスト菩薩」とよんでいるシーンがある。菩薩とは仏教の修行にはげんでいるお坊さんのことで、仏になる一歩手前のひとだ。かの有名な阿弥陀仏は、まだ菩薩であったころ、こんな願をたてたという。

この世界のどこかでわたしの名をよんでくれているひとがいるのに、そのひとを救うことができないのであれば、わたしは仏なんかにならなくていい。われひとりももらさじ。それが菩薩の精神だ。やさしい。

わたしはヤンの思想には、つねにこのやさしさが宿っているのだとおもう。なむあみだぶつ。わたしだけが救われてもダメなのだ。絶対にみんなを救う。革命は信仰であり、信仰は革命なのだ。マニュエル・ヤンとはだれか。マルキシスト菩薩でしょ。

われわれは謎のアメリカ人だ

さて、最後にもうひとつだけ本書の魅力を。ヤンの文章だ。本書はヤンの独白ではじまり、独白で終わる。徹頭徹尾、ヤンの主観だ。ひとりごとだ。だけど気をつけなくちゃいけない。ヤンの主観は主観じゃないよ。

おさないころから、自分がみている現実に疑いをもってきたヤン。はたしてこれは現実なのか。この世界の現実がすべて人間の主観でなりたっているのだとしたら、夢をみている自分はどうなのか。それも現実といっていいんじゃないか。ならば、幻想も現実だ。非現実も現実だ。

本書では、少年ヤンが教会でこのはなしをして、信者さんたちにドン引きされてしまったエピソードが紹介されているのだが、いまもヤンの考えかたは変わっていない。ふだんから、ヤンは禅問答を繰り返す。じっさいに相手がいるかどうかは関係ない。瞑想しながら、いろんな相手とおしゃべりしている。それはすでに死んだひとかもしれないし、生きているひとかもしれない。それどころか、この地上界には存在しないはずの人物かもしれない。天狗とかね。

なんどかはなしをきいたことがあるのだが、これがまたリアルなんだ。さっきもちょっといったけど、禅問答というのは繰り返しているうちに、自問自答みたいになってくる。自分と相手のどっちがしゃべっているのかわからなくなってくる。だから天狗の主観がヤンの主観そのものになっている。現実そのものになっている。

それがヤンの文章にもあらわれているのだとおもう。一人語りではあるけれど、自分の解釈で他人を客観的に論じているのではない。あきらかに、師匠や友だち、そしてイエスや聖職者たちと禅問答を繰り返している。

問えば問うほど、だれの現実だかわからなくなっていく。ヤンの思想がどんどん他者にひらかれていく。現実をこえて非現実までひらかれていく。きっと本書を読みすすめていくうちに、ヤンとともに自分の思考が外へ外へと無限にひろがっていくのを感じるはずだ。その解放感、たまらないよ。

それでなにがしたいのか。おまえはこうだからこうするべきだ？　肩書きや役職、アイデンティティでがんじがらめになっている現代社会。この辛気くさい世界にヤンの文章が風穴をあける。これがわたしだというわたしはわたしではない。これが現実だという現実は現実ではない。この世界に「すべき」ことなどなにひとつない。たえず識別不可能なわたしになれ。あらためて問いたいとおもう。マニュエル・ヤンとはなにものか。われわれは謎のアメリカ人だ。

目次

目　次

第一部　父

I　Five Rock Big Mountain Church の夢

父、楊石林《ヤンシーリン》の夢を見た。

夢は地理や名前やアイデンティティをごちゃ混ぜにするので、どこにいたかはわからない。だが、Five Rock Big Mountain Church へ行かねばならないのはわかっている。タクシーに乗りこみ、父が乗っている前方のタクシーを追いかける。そのタクシーが見えなくなって思い出した。父がドライバーに告げた行き先のシダーポイント（かつてわたしが非常勤講師として働いたオハイオ州北西部に実在する町だが、夢の中ではぼんやりとした未知の場所）は、教会を通りすぎた先のかなり遠方にある。だが、携帯を持たない父に連絡する方法は何もない。

教会に着くと、集会を司り説教する予定の父を待っている人たちに状況を説明した。開始予定時刻から四五分〜一時間ぐらいがすぎ、会衆がそわそわしていると、ようやく父が到着した。彼は落ち着いた様子で教会の廊下を歩き、講壇に立ち、（物心がつく頃に何度も目にしたように）威厳をもって語り始める。

すると、目が覚めた。

まだ朦朧とした頭で、すぐに〝Five Rock Big Mountain Church〟をネットで検索すると、イギリス人写真家がエチオピア北部のティグレ州の山を登り、天辺付近にある古代岩窟教会アブーナ・イェマタを訪れる映像を見つけて驚いた。教会にたどり着くには山の急傾斜を素手でよじ登らなければならない。ちょっとでも足元がすべると、絶対に落ちて死ぬ。ボブ・ディランの歌「夢の連鎖」（〝A Series of Dreams〟）を思い出した。「ただ登っているだけのようだ／何か特別な助けを求めていたわけじゃない／ひどく極端なことはしない／もう最後までやりとおした／ただ夢の連鎖について考えている」。その建設が五〜六世紀にまでさかのぼるアブーナ・イェマタ教会は夢に出てきた教会よりも「ハウルの動く城」に似ていたが、その映像を眺めているとまるで夢の中に入っていく、あるいは夢が現実の中になだれこむかのような錯覚を覚えた。

父母は夢を預言としてしばしば扱った。例えば、教会の長老の家の裏庭で犬が死ぬ夢を母が見たあとにしばらくしてその長老が亡くなり、親はそれを神からのお告げと受け止めた。わたしが神戸の公立小学校に通っていた頃、南カリフォルニアへの移住が決まった。父がロサンゼルス郡に台湾人教会を設立するので、わたしと母も同伴しなければならない。母が夢を見た。わたしが崖から落ち地面に叩きつけられ頭が砕かれ脳漿が弾け散るという不穏な夢だ。日本にこれ以上住めば、いつかわたしが精神的におかしくなり自滅するというふうにこの夢の意味を父は解釈し、わたしをアメリカへ同行するよううながした。

すばらしい友人たちに囲まれトム・ソーヤーのよみがえりみたいに冒険に明け暮れていた一〇歳のわたしには納得がいかなかった。だが、絶対的だった父の権威にはもちろんさからえず、しかも預言的夢が喚起する強烈なイメージに圧倒され、言うとおりにした。「黄金時代」とその後呼ぶほどに幸せだった日々と使い慣れた言語を突然失い、（ブラジルで生まれ、アメリカ／日本を経て、またアメリカに戻る）「異国にいる寄留者」に再びなったわたしにとって、神戸の思い出はノスタルジックなベールに包まれた桃源郷の夢に変質していく。

しかし、わたしを日本から引き離す父の判断がどれだけ賢明だったかは、のちのちわかった。日本の学校制度の抑圧的な規則や期待に、正直、わたしは耐えきれなかっただろう。生徒がグレてドロップアウトしても、多くの場合、ほったらかしにするアメリカの公立学校の自由放任的な環境でさえ、じっさい馴染めず息苦しく感じたのだから。中途半端なグレ方しかできずドロップアウトもかなわず、学校の無意味な規律と退屈な授業にはついていけなかった。結局、六つの高校を転々とするはめになった。中学一年生のときに爆発的に売れたブルース・スプリングスティーンのアルバム『アメリカでうまれて』（*Born in the U.S.A.*）に収録されている「降伏しない」（"No Surrender"）の歌詞「教室から逃げ出したぜ／あのバカタレどもとは縁を切らなきゃならなかった／学校なんかで学ぶよりも／三分間のレコードのほうがずっと勉強になったよな、ベイビー／近所のドラマーの音が今夜聞こえてくるぜ／心臓がバクバクし始める感じだ／お前は疲れて、ただ目をつぶって／自分の夢を追いたいという」はまさにわたしについて歌っているようだった。スプリングスティーンをはじめ、思春期に夢中になった音楽や文学や映画は、窮屈で自由がない「教育工場」から逃亡する夢を見せてくれた。

日本にずっと住んでいたら逃げ道を夢見るのも困難だったにちがいない。学校をサボれば、担任教師から問い合わせが来たり警察に補導されたりする。三者面談では進路の決断を迫られる。校則で髪の毛や身だしなみや所作などをとやかく規制される。部活では年功序列のヒエラルキーでしごかれる。あらゆる方向から社会に順応するようプレッシャーがかかり、空気の読めない言動は排除される。

もちろん、アメリカ社会にもまた順応を強いるメカニズムは存在するが（例えば、アンダークラスに対する警察の抑圧はあからさまに暴力的な形をとったりするので、激しい抵抗や反逆も一般的に起こりやすい）、日本では精神内面を統治する自己規制のテクノロジーがきわめて発達している。日本社会では強い主体性やエゴが育まれないという一般論が長年まかりとおっているが、裏を返せば、みずからの意識を社会的期待に沿って管理する責任が他の社会に比べ大幅に個人にゆだねられているとも言える。つまり、主体性やエゴが社会化される度合いが大きいのだ。

そうした内面の奥深くまで食いこんでくる社会的規範の圧力に思春期のわたしがさらされていたら、引きこもりやドラッグ中毒者や犯罪者になり、自殺さえしたかもしれない。あるいは、『一九八四年』の主人公ジョン・スミスのように、「ビッグブラザー」の声をとうとう内面化し、企業という「全体主義」的組織の夢が唯一の夢だという仮想現実を甘受してしまったかもしれない。知らないうちに仮想現実を生きる奴隷になった、映画『マトリックス』（一九九九）の人類みたいに。

どうすれば現実を夢から区別できるのか。それは数世紀にわたり賢人や哲人がとり組んできた永遠の謎だ。例えば、寝ているあいだに蝶になって飛び回る夢を見た荘子が目覚めると、じっさいには夢が現実であり、自分は蝶が見ている夢の幻影ではないかと疑い始めるという有名な寓話がある。子どものときにいたく感心したこの話を真似て、週に一度家で集う教会の青年会で似たような妄想をつい口にしてしまった。本当にわたしたちは存在するのか、もしや見知らぬエイリアンが想像した産物にすぎないのではないか、と。

「なるほど、それは人間の感覚や知覚が現実をどれだけ正確に認識できるかという、知識を可能にする条件そのものを根源的に問う問題だね。それは初代キリスト教神学にも大きな影響を与えたプラトンが「洞窟の寓話」で扱っているし、近代科学の思考法を一部編み出したデカルトの『省察』もとり組んでいるとても興味深い問題だ。

天才とバカは紙一重というが、正気と狂気、夢と現実も厳密に科学的に峻別するのはきわめて難しい。現実を認識するフィルターは生きている社会や歴史によって大きく左右される。世界全体を理解し表現するのは小さい共同体で生涯生活していた昔の人には不可能だったし、本当と嘘が混ざった情報が日毎洪水のごとく押し寄せてくる現在ではますます不可能になっている。

近代文学や現代思想が微細化した断片にこだわり、何かを表象する不可能性をテーマにするのはそのためだ。少なくとも、ヨーロッパの中世神学、つまり当時のヨーロッパ社会を支配する思想観念体系の頂点に立つトマス・アクィナス『神学大全』には、神の全体性を理性で認識し網羅する自信とそれに見合う思考力があった。

それに比べ、認識能力どころか、最低限の倫理意識のレベルで、現代クリスチャンの言葉や態度は最悪の意味で貧しく、醜悪だ。貧者や弱者や被差別者の側に平等に寄り添う労働者階級出身であるイエスの生き方はどこにもほとんど見あたらない。テレビをつけてキリスト教番組を見れば、成金みたいな格好をした牧師が「カネをよこせ、よこしたら、てめえらは祝福されるぜ」みたいな悪質詐欺さながらのホラを吹いている。それほど露骨ではなくても、社会を支配する価値観や権力をただ盲目的に肯定するあたりさわりのない文言をえんえんと口にする聖職者ばかりだ。

一九世紀のデンマーク教会に毎週通う人たちはクリスチャンを「善良なブルジョア」に等しいと勘違いしているとキルケゴールは手厳しく批判している。現在も状況はさほど変わっていない。エルサレム神殿の両替商のテーブルをひっくり返し、カネの神マモンと本当の神両方に仕えることはできないと糾弾し、ローマ帝国に処刑された「国賊」イエスを模範にするクリスチャンはどれだけいるか。

わたしたちが実在するのかどうかという君の問いは認識哲学の普遍的な問いであるし、そうした問題を追求するのはわたしたちに知的快感をもたらしたり、この地上につかのま生きているわたしたちの存在の不思議さやはかなさを味わう審美意識や感性を研ぎ澄ましてくれたりする。でも、現存する権力と歴史の圧力は、認識論的に実証できるかどうかにかかわらず、わたしたちの存在に否応なしに迫り襲いかかってくる。

ローマ帝国による植民地主義的統治と、その支配下にあるユダヤ人を管理する古代ユダヤ教司祭の統治のあいだで板挟みになったイエス同様、わたしたちも重層的に絡み合う権力構造の中で生きている。多くのいわゆるクリスチャンの発言がつまらないきれいごとだったり、彼らのふるまいがマモンや帝国を崇拝する露骨な体制擁護としてあらわれたりするのは、キリスト教もまた歴史の副産物として変化し機能しているという真実から、彼らが目をそらしているせいだ。この盲点こそが社会的な意味における「原罪」に他ならない。

キリスト教の名の下で無数の熱心なクリスチャンが大量殺戮や侵略を行う国家権力に加担し、貧民や弱者を生み出し苦しめる制度や差別を歴史上繰り返し支えてきた理由は、彼らがこの社会的「原罪」に直面するのを避けてきたせいだ。みずからの罪を意識し悔い改めるという行為を個人の問題だけに還元する限り、弟アベルを殺したあと神に問いただされ「わたしは弟の番人でしょうか」とうそぶくカインの末裔は世界中にはびこり続ける。「呪われた者ども、わたしから離れ去り、悪魔とその手下のために用意してある永遠の火に入れ。お前たちは、わたしが飢えていたときに食べさせず、のどが渇いたときに飲ませず、旅をしていたときに宿を貸さず、裸のときに着せず、病気のとき、牢にいたときに、訪ねてくれなかったからだ」（マタイによる福音書25章41－43節）とイエスは、自身を飢えた人、異邦人、病人、囚人と明確に同一視している。この聖句を文字どおり受け止めないクリスチャンの底知れない偽善の原因は、現実と仮想を識別する能力の喪失だ。そうした能力の回復を君の問いは示唆しているのかもしれないね」

もちろん、『君たちはどう生きるか』に登場するコペル君の叔父さんが書くようなこうした気の利いた応答は誰もしてくれなかった。

青年会では何も言われなかったが、数日後、わたしは父に呼び出され、他の信者の躓きになる言動は控えるよう注意された。わたしの発言を耳にした青年会のメンバーが父に告げ口をし、あなたの息子は本当に信仰があるのかと訊いてきたのだ。裏切られたみたいで、イヤな気持ちになった。ただでさえ、大学入学試験のSATや希望大学や将来のキャリアについてばかり話し合う青年会の同世代の若者には共感できなかったのに、スパイさながらに裏でこそこそわたしの文句を権力者に言いつけられ、さらにげんなりした。イスカリオテのユダがやるような卑怯な行為に思えた。

いまなら、父が牧会した教会の社会的／文化的状況により理解を示せる。台湾人中産階級の教会メンバーは、同じ階級の多くの移民にならって、単に独自の「アメリカン・ドリーム」を追求し、子どもたちは医者やエンジニアやサラリーマンつまりキルケゴールのいう「善良なブルジョア」になって欲しいと期待する親の価値観を反映していたにすぎない。みずからが選ばない言葉や文脈に沿って幸せになろうとするのは世の常である。彼らに異なったふるまいを期待するのは、荘子が蝶としてふるまう、あるいは蝶が荘子としてふるまうのを期待するぐらい非現実的だ。

しかし、そのやり方がどれだけぎこちなく未熟だったにせよ、わたしが現実を疑うようになった理由は、アダムとエバが楽園を失ったみたいに、神戸の「黄金時代」から追放されたからだ。英語が片言もできず、神戸で親しかった侠気のある友人は誰もいなかった。休み時間のあいだは、校庭の片隅に座り、本を読み、夢想するのが日常的になり、その習慣は中学と高校を通じて続いた。

柵や壁に囲まれず、授業をひんぱんにサボり始め、海辺に行ったり、近所の図書館を歩き回ったりして、一人で長時間すごした。そして、空想上の人物との会話を長々としていると、疎外と寂しさと孤独の違いがぼやけ始めた。同級生や日常生活から疎外され、仲間がいなくて寂しさを感じる。その反面、海岸に降りていく崖の土の質感を肌で感じ、人気のない浜辺にメドゥーサの髪の毛のごとく絡みつく海藻の腐ったにおいを嗅ぎながら海波を見つめていると、長い沈黙が独我論的夢想の世界を凍らせ、不思議な静けさに覆われる。奇妙なことに、その風景にはFive Rock Big Mountain Churchの風景と相通じるものがあった。

三〇年以上前に刻まれたこの記憶の発祥地であるカリフォルニア州マラガ・コーヴに、大人になってからその後何回か訪れた。都会から離れたおもに富裕層が住むこの地区には子どもがあまりいないため、マラガ・コーヴ中学校はわたしが卒業してしばらくすると廃校になったが、風景はそのままだった。学校の跡地やその付近を歩くわたし自身は確実に変わったと意識しながら、もう存在しない過去の自分や出来事に思いをはせた。

一九八六年一月二八日の朝、スペースシャトル・チャレンジャー号が発射されたという生中継の音声が教室の学校放送で流され、チャレンジャー号が爆発して全乗組員が即死したニュースを聞いた。太陽がカンカン照っているグラウンドを体育の授業でろくに水も飲まずに走らされ、脱水症状のせいで意識が混濁し視界がまっくらになり男子トイレの床でのたうち回っていると、入ってきた生徒たちに「お前はドラッグでハイになってるんか」とあざ笑われた。学校をサボって校舎から歩き去ろうとしたところを車で送ってくれた母に偶然見つかってしまい学校に連れ戻され、仕方ないので脱水症状でのたうち回ったのと同じトイレで腕に自傷し、保健室に行って崖から落ちたという言いわけをしたら、「それは故意につけられた傷だ、何があったのか」と問われ、「ユダヤ教徒に改宗したいのだが親が許してくれないからやった」という思いつきの嘘をとっさに口走ってしまい、それが逆に大事になって親に通知され深刻な家族会議にまで発展した。

中学時代の思い出は、いやなものばかりだ。管理社会の縮図としての学校に対する生理的嫌悪感が日毎わたしの中で激しく渦巻いていた。要領よくやりすごしたり、理知的に抵抗したりする方法を知らなかった。学校をサボって逃げるだけで精一杯だった。時間や義務の制約から自由であり、夢想あふれる現実逃避を繰り返した日々の記憶が夢そのものと似てくるのは当然だ。

だが、夢は単にユートピア的なものではない。

中学生のときに母と神戸を再訪し、人生でもっとも恐ろしい夢を見た。神戸行きの飛行機に乗る際にわたしは母の反対を押し切って、当時まだ存在していた喫煙席を選んだ。好みの席だった窓口側が禁煙エリアになかったためだ。母の危惧は的中し、わたしは飛行中に大量の副流煙を吸ったせいで気持ち悪くなり、関西のホテルにチェックインするやいなや、発熱し寝こんでしまった。高熱にうなされて見た悪夢の具体的な内容は忘れた。だが、あまりの恐怖で目覚めてトイレに行き来しながら、「ああ、たくさんの人を殺してしまった。ごめん、ごめん!」と繰り返し謝罪していたので、人道に対する大それた罪を犯す行為と何か関係していたのだろう。

母はわたしの看病の合間に出かけてカセットテープを買ってきてくれた。わたしが興味を持つような音楽を店員に訊いて勧められた井上陽水のベスト盤だった。井上の滑らかな声が歌う癖のあるロマンティックな曲調はわたしに合わなかったが、気に入った歌が二つあった。「傘がない」と「夢の中へ」だ。都会で自殺する若者や国の将来といった社会問題よりも、恋人に会いたいという願いを一心に雨の中を歩く「傘がない」青年の暗い反政治的ロマン主義は、何かを必死に探し求めるよりもいま・ここで楽しく踊ろうと誘う「夢の中へ」の軽妙な即座主義に止揚される。生きるうえで大事な根本姿勢をこれらの歌は概念化しているように思えた。大量殺戮に加担したという悪夢のあと味を消すために井上陽水を何度も聴いた。

夢の意味や機能にまつわる議論は長年多く交わされ、ジークムント・フロイトからジョージ・ウィリアム・ダンホフにわたる夢研究は膨大な量にのぼる。だがそれらはどれも、夢を現実と地続きである異なる神秘的な世界の扉や梯子としてとらえた古代人の想像力にまさらない。

天上に達する梯子を天使たちが上り下りする夢をヤコブが見たという記述が創世記にはある。この「ヤコブの梯子」は、メシアが到来するまでにユダヤ人がバビロンその他の地で亡命を強いられる未来を預言しているとか、天地の架け橋であるエルサレム神殿を予示しているとか、神に到達する魂の禁欲的梯子を意味しているとか、さまざまな解釈がされてきた。ヤコブが夢を見たのは兄エサウの家督を奪って逃げ回っていた途上だったという聖書の文脈にしたがった一般的な理解によると、それは古代ユダヤ人の祖先である家父長アブラハムの民族宗教の後継者としてのヤコブの義務を暗示している。

いずれにしろ、「ヤコブの梯子」に凝縮された不思議な畏怖的イメージは、一九世紀初頭にウィリアム・ブレイクが描いた『ヤコブの夢』を含め多くの芸術家の想像力を刺激した。ブレイクの時代と重なる一八世紀半ばから一八二〇年代のあいだにリベリアからアメリカに強制連行された黒人奴隷が作った「わたしたちはヤコブの梯子を登る」（"We Are Climbing Jacob's Ladder"）という黒人霊歌もそうした想像力の偉大な産物だ。奴隷主から叩きこまれるキリスト教は差別と隷属を正当化するイデオロギーの洗脳だったが、言動の自由を奪われた奴隷たちはそれを逆手にとって「わたしたちはヤコブの梯子を登る」をコール・アンド・レスポンスで歌いながら、いつの日か奴隷主を倒してみずからの解放を勝ちとる蜂起の欲望をヤコブの夢に密かに託して共有した。

わたしたちは（わたしたちは）
登る（登る）
ヤコブの梯子を

Five Rock Big Mountain Church の夢は、ときどき襲ってくる亡き父への喪失感がおそらく結晶化したものだ。「楊石林」の「石」が英語の rock に相当し、父が自身につけたポルトガル語の名前が「石」や「岩」を意味する Pedro なので、それは妥当な解釈に思える。彼はわたしが決して登り詰められない大きな岩石の山、いわば「ヤコブの梯子」に等しい存在だった。わたしは父が歩んだ道をたどり直せない。だが、個人史の情念が民衆蜂起の欲望と接続する歴史的地平を探し、そこからあふれ出てくる闘いと救いの物語や記憶や可能性をみずからの言葉で語ることはできるかもしれない。

わたしたちは（わたしたちは）
登る（登る）
ヤコブの梯子を

二〇一九年二月

2　父の死と遺産

「お父さんが亡くなったから、早く来なさい」

ウェスト・コヴィナの下宿先にいるわたしの携帯電話に母から突然連絡があり、急に全身が非現実感でこわばった。父母が住むモントレパークの高齢者アパートから帰ってきたばかりで、うとうとしていたところだ。身を引き締め、すでに暗くなっているロスの夜にそそくさと出て車に乗った。

数時間前、別れ際にベッドに横たわる父に挨拶に行ったときは、彼はまだ生きていた。声を出す気力こそなかったが、わたしの指をしっかり握り目を閉じた。死の気配はなかった。担当医のアドバイスを受け、高齢者／障害者を対象とする公的医療制度メディケアを通じて無料で派遣されるホスピス介護者に来てもらってまだ一日、二日しかたっていない。介護者のカリブ人女性は父の皮膚に保湿クリームを塗りながら大声で賛美歌を歌い、彼の寝室には朗らかで優しい空気が立ちこめていた。

ここ二年間数えきれないほど往復したフリーウェイを走行しながら、完全に思考停止していた。頭に何も浮かばない。悲しみその他の感情以前に非現実感がすべてを圧倒する。いつかは到来すると思っていたときがとうとうやってきたという感慨がくすぶっていたが、その絶対的現実がじっさい目の前にあらわれると、何も考えられない、何も言葉にできない。まるで外から現実を眺める傍観者だ。

アパートに着くと、父が牧会した教会の長老夫婦が来ていた。ちょうど訪問中に父は息を引きとったのだ。内科医である長老は父の死亡時間を確認し、知り合いの葬儀屋に連絡をとり遺体をすぐに運搬させる手配をした。母とわたしが、翌日、彼らと一緒に葬儀屋に行くという段取りになった。幾度となくリハーサルで繰り返した劇の一場面に参加しているようにすべてがあまりにも手際よく完璧なタイミングで処理されたので、ますます現実感が希薄になった。

父の死に顔を見に行くと、

「お別れのキスをお父さんのおでこにしなさい」と母は囁いた。

言うとおりにした。額は冷たく、母のすすり泣きがうしろから聞こえてきた。

しばらくすると、葬儀屋の運搬人が来た。二人とも白人で、一九四〇〜五〇年代のお笑いコンビ「アボットとコステロ」を少し連想させる動作はぎこちなかった。父の遺体を運搬台に乗せ外に出るまで、遺体を床に落とすのではないかと何度かハラハラさせるぐらい彼らの動きは調子が微妙に狂っていて、やたらとガタガタ音を鳴らし、不本意に滑稽だった。ドラマに挿入される息抜きのコミック・リリーフみたいな場違いな彼らの入場／退場のせいで、ますます劇中の登場人物のような気分になった。

翌日もこの傍観者の感覚は消えなかった。葬儀屋では長老がすべてを仕切り火葬／墓碑銘の費用を負担し交渉を進めてくれたおかげで、わたしと母は何もせずにすんだ。事があまりにもスムーズに早急にかたづいてしまったので、父が亡くなったという実感を持てず、「まるで夢みたいね」と帰り道に母と笑った。父が死んでからの初めての笑いだ。

父は死ぬ前に盛大な葬式や告別式をするなと繰り返し注意していた。「すべての栄光を神に帰す」信仰を忠実に実践していた彼は、みずからを記念する自我主義をきらった。一度彼の寝室に呼ばれ、母とわたしと牧師だけが付き添う素朴な葬式にするよう約束させられた。だが、台湾キリスト教史上初の週刊新聞を発行し、神学校や数々の教会を創立し、世界各地で牧会や宣教活動に人生の八〇年以上も尽くしてきた彼を慕う多くの信者や親戚一同が、ひっそりとした追悼の仕方を許すはずはない。それを百も承知の母が父の頼みを聞き入れないので、今度は一人息子のわたしに頼んできたわけだ。父の願いを文字どおり実行するのは不可能だったが、できるだけシンプルな告別集会をかつて父が牧会したハーバーシティーの教会で執り行い、埋葬式は父の願いにできるだけ近い小規模な形で、参加者は牧師も含めもっとも身近な親戚数人だけに絞った。

告別式ではわたしが参列者に向かって手短に挨拶をしなければならないので、母は形式的なメッセージを用意しそれを英語に翻訳し朗読するだけでいいという提案をしてきた。だが、わたしは断固として拒否した。

中学生以来、悔い改める様子のまったくない放蕩息子を飽きもせず貫き、学校をサボり転校を繰り返し、未成年のときから酒やドラッグに手を出し、大学では留置所にぶちこまれ、聖職者家族に泥を塗る言動ばかりやってきたわたしに自由勝手に話させたら、どんな破廉恥でヤバイ爆弾発言をするかわからない。復活祭の日である一九五〇年四月九日、パリのノートルダム聖堂に忍びこんだドミニコ会元修道士のミシェル・ムーレは僧衣を身につけ、テレビで生放送されるミサの合間に講壇に立ち、カトリック教会を痛烈に批判し「神は死んだ！」と堂々と宣言し、怒り狂った会衆から命からがら逃げ逮捕された。フランスのアヴァンドギャルド運動レトリスムの急進派メンバーたちが引き起こしたこの「ノートルダム事件」はフランス中で物議を醸し、ムーレは精神病院に一生ぶちこまれそうになる危機一髪のところで釈放された。母はわたしがムーレさながらの冒瀆行為を犯さないか危惧したのかもしれない。

だが、わたしの「恐るべき子ども《アンファン・テリブル》」の時代は終わってからひさしく、ムダな挑発をする意図はさらさらなかった。むしろ、告別式に変調をきたしたのはわたしではなく、他の参加者だった。プログラム内容の進行を無視したニューヨークからの従兄弟の一人は割りこんで発言をしたいと勝手に言い出し、講壇にあがってきた。そして、医者の仕事から引退した彼が始めた家庭礼拝事業の宣伝をしだした。カラー入りの小冊子を会衆にばら撒き、父がどれだけ賛同してくれたかを力説した。楊家親族の最年長に位置した父の名を借りた売名行為だ。そして、面識のない担当の牧師は最前列に座っているわたしに向かって「あなたが主の声を受け入れ彼の器になりますように」とわけのわからない説教を垂れてきた。告別式はほとんど笑劇の様相を帯びていた。
登壇したわたしは準備したスピーチを読みあげた。

父が生まれたのは一九二〇年、台湾がまだ日本の植民地だった時代です。一九二〇年は、日本の有名なキリスト教伝道者賀川豊彦が一躍ベストセラーになった自伝小説『死線を越えて』を出版した年でもあります。神戸の貧民のあいだで働いた賀川は父に深い影響を与えました。わたしが子どもの時分、賀川の説教をカセットテープで父は聞かせてくれました。キリスト者が貧者を助け、弱者を慰め、不正と闘う人生を描いている『死線を越えて』を朗読してくれたこともあります。

父自身が伝道者になり台湾語で福音を伝え始めると、抗日活動の嫌疑で日本軍によって一年間以上投獄されました。二二歳のときです。「刑務所は労働者階級の大学だ」とマルコムXは定義しましたが、留置所で周囲の人たちの苦難や死に直面し、もっとも虐げられた人たちとともに生活したどん底の体験から多くを父は学びました（「奴隷制度は刑務所の形でいまだに存在する」と彼が一度言ったのを鮮明に覚えています）。この不正な監禁の日々が彼の人生にとって決定的に大事な時期でした。ですが、父はこの留置所体験を公に語りませんでした。なぜならキリスト教殉教者の苦難に比べ、そして言うまでもなく、裏切り、拷問、磔にいたるイエス・キリスト自身の受難に比べれば、なんでもない出来事だと考えていたからです。

キリストの死線を越えると、そこには復活と再臨がある。この真理に父は人生のすべてを捧げました。彼の信仰は何をも恐れず、絶対的でした。何にも妥協しませんでした。この永遠の真理にしたがうために非常に厳しくふるまったりもしましたが、誰にも増して自分に対して厳しい人でした。彼以上にわたしが尊敬する人、彼以上にわたしの人格を形成した人はいません。見えないものは見えるものよりも力があり、霊《スピリット》は唯物的な力《パワー》に絶対に勝利できると彼は教えてくれました。この贈り物《ギフト》に対して最高の感謝ができるように、わたしは残りの人生を生きていくつもりです。そして、今日来ていただいた皆さんに感謝します。

　ルカによる福音書４章18節からの聖句で締めくくらせてください。「捕らわれている人に解放を、目の見えない人に視力の回復を告げ、圧迫されている人を自由に」。


　子どものころからの知り合いである年上のマシューが台湾語の通訳を務めたが、かなり悪戦苦闘している様子だった。集会前にスピーチのコピーをわたすと、それを読み始めた彼の表情は曇り「これは難しい、すごく難しいよ」と連発していた。賛美歌を独唱している最中に彼が感極まり泣き声になって驚いた。ブラジル、台湾、アメリカ各地からわざわざ父の告別式に参列するためにやってきた人たちの数にも驚いた。二、三〇年以上会っていない人たちがまさに走馬灯のごとくわたしの面前にあらわれ、別れの握手を求めてきた。「すばらしいスピーチだったよ」という感想を少なからずもらい、とうとう劇が大団円を迎えたという心境を噛みしめた。

　ウェスト・コヴィナに戻り何時間歩いても景色が変わらない近所を散歩しながら、父の「遺産」について考えた。

　内村鑑三の一八九四年の名演説「後世への最大遺物」を思い出した。内村は古今東西の偉人を列挙し、「後世への最大遺物」はカネでも事業でもなく、「勇ましく高尚なる生涯」だと主張した。明治のキリスト教的近代化を担う公共的知識人らしい彼の口調自体が「勇ましく」前向きで、西洋化に対する単純で無垢な憧憬が漂う。

　父も内村と似たような明治・大正期の啓蒙的イノセンスを持っていた。彼がよく口にしたたとえ話（例えば、西洋に初めて旅した知人がフォークとナイフの使い方をまちがえて「野蛮人」と罵られ、宿泊先の娘に就寝前にお休みのキスを求められ激しく拒絶し恥をかいたエピソード等）には、西洋帝国主義がアジアの進歩的知識人のあいだで模範になった「文明開化」の匂いが染みついていた。

　父が七歳のときに亡くなった祖父楊真《ヤンチェン》は一八七一年に生まれ内村より一〇歳若く、内村が死んだのは父が一〇歳のときだ。つまり、彼らはみな同時代人である。そういった意味で父は「歴史の遺物」、あるいは、もっとポジティブな言い方をすると「歴史の生き証人」だった。

クリスチャンになるのは、地球を現在統治しているサタンの国民から神の国民に変わる「国籍変更」だと父はよく説明していた。サタンが道徳的に優れた高貴な存在であり彼の支配は神に比べ許容度が広く寛容だと強調する父には、原理主義的クリスチャンに見られるような他宗教／宗派や未信者に対する悪意に満ちた排他性はなかった。プロテスタントの牧師には珍しく、寝室にはローマ教皇ヨハネ・パウロ二世の写真が一時期飾られ、教皇をめぐるセレモニーがテレビに映るといつも釘づけになった。聖書の「選民」としてユダヤ人とユダヤ教に敬意を払い、晩年は仏教僧の説法をテレビで熱心に見ていた。サタンの統治期間には契約上の期限が定められているとヨハネの黙示録では預言されているので、神より寛容なサタンの王国の国籍を捨てる必要があるといういわば「政権交代」のメタファーを枠組みにした父の説明の仕方には、日本統治下の台湾で生まれ育ち、説教師になる前までは台湾独立を夢見た青年の政治的野心の息吹がどこか感じられた。

二〇〇八年、当時両親が住んでいた台湾の竹山《デューシャン》を訪れた時期、野いちご運動が台北の路上を賑わせていた。台湾を中国の一部とみなす中国国務院台湾事務弁公室主任の陳雲林《チェンユンリン》を招いて、過剰な警護体制を敷き、台湾独立を訴える民主進歩党の党員を拘束し、台湾旗を掲げる行為を禁じた中国国民党の馬英九《マーインチウ》政権の権威主義的政策に反対する学生が率いる抗議運動だ。刺青で覆われた初対面のレズビアン・アナキストに案内してもらいデモを見物に行くと、国連の旗をふる参加者や「人権」「自由」といった漢字が記されたプラカードが目に入ってきた。抗議は「ナショナリズム」や「リベラリズム」の域を超えないとアナキストはぼやいていた。

だが、わたしをもっとも驚かせたのはデモの様態や台湾の政治状況ではなく、父の反応だった。馬政権の暴走を日毎テレビ報道で見ていた父は抗議文を突然書き始め、それをパンフレットにして路上で配ると言い出したのだ。

心情的に父が台独シンパなのはずっと知っていたが、

彼は政治的な発言を控え、教会内に政治を持ちこませなかった。そもそも、一九七〇年代初期に彼がブラジルに移住した大きな理由は、一九四七年の二・二八事件から八七年まで四〇年も続いた国民党独裁政権の白色テロがこの時期に台独派クリスチャンに対してさらに激しい弾圧を加え始めていたからだ。

一九七一年に台湾キリスト教長老教会の事務局長の高俊明《カオチュンミン》牧師は、台湾の自決権を台湾住民にゆだね民主化を要求する「国是声明」を発表し、六年後の「人権宣言」では「信仰と国連の人権宣言にもとづき」「台湾を新しく独立した国家」と認めるよう要請し、台独活動家をかくまった罪でキリスト教関係者その他九人とともに逮捕され四年間投獄された。「TKGB」の異名を持つ台湾の国家安全局はいたるところにその被害妄想に駆られた触手を忍びこませ、まさに「父は子と、子は父と、母は娘と、娘は母と、しゅうとめは嫁と、嫁はしゅうとめと、対立して分かれる」（ルカによる福音書12章53節）不信と仲たがいが蔓延する全体主義社会を作りあげた。当局は暗殺を弾圧手段に用いるのもいとわず、拘束中の台湾省議会議員林義雄《リンイーシュン》の実母と双子の娘を自宅で一九八〇年二月に虐殺し、翌年の七月には国民党を批判したカーネギーメロン大学の助教授陳文成《チェンウェンチェン》を帰国中に台湾大学構内で殺害し、中華民国総統／国民党中央委員会首席蒋経国《チャンチングオ》の曝露本を著した米国籍の「江南《チャンナン》」のペンネームで知られるヘンリー・ルーをサンフランシスコの自宅で台湾暴力団の手を借りて八四年に殺した。

ブラジルの教会においても政治的対立は波及し、国民党員である信者の息子が台独派に誘拐される事件が起こり、信者の一人がリボルバー銃を父に預けに来るきな臭い場面がわたしの幼少の記憶に残っている。父はこうした争いや暴力を説教で厳しく批判し、国民党支持者／台独派関係なくすべての信者に平等に接した。そうした厳然たる中立的立場を公の場で保ってきた八八歳の父が、政治的声明文を一気に書きあげ発表しようとしていた。結局は台独関係者である親戚の牧師の助言を受け入れ声明文の公開は思いとどまったが、父の中にくすぶる政治的情熱が何の前触れもなく噴出した光景に、彼が背負ってきた歴史の厚みを感じた。

カラッとした乾いた太陽が照り、時間が停止しているかのような幻影を植えつけるロス郊外のいつもの風景をぼんやりと目にしながら、父についてふと気づいた。世代も思想も価値観もことごとく異なり、聖職者の道とは相反する世俗的な背徳者の道を歩んできたわたしもまた、ちがった形ではあれ、公でモノを語り文章を書いてきた父と同じ活動をしているではないか。愕然として歩道に一瞬立ち尽くした。

この意外な発見の話を母にすると彼女は驚きもせず、淡々と答えた。

「お父さんも言っていたよ。自分は世界を変えるキリストの再臨のために活動しているけど、マニュエルは世界を変えようと活動していて、手段は違うかもしれないけど目的は同じだって」

これを聞いてわたしは、どれだけ反逆しあがいても、しょせんは釈迦の手のひらから逃げ出せない不埒な孫悟空みたいな気持ちになった。父ほどの揺るがない確信を持って革命の到来に人生を捧げるのは無理だが、さまざまな不安や懐疑を抱えながら自分だけにしか歩めない道を探し求めてはいる。ときには中途半端だったり、寄り道をしたり、とんずらしたり、迷走したりするが、わたしが結局ある種の反律法主義的求道者であるのは否めない。わたしにとって「革命」や「キリストの再臨」は、歴史の必然性を保証する社会的予定説ではなく、自己を歴史的過程に接続する実存的メタファーである。世界の終末にキリストが再臨するという黙示録の預言を宗教的妄想の領域にとどめておくと、それを信じる有神論者であれ、それを拒絶する無神論者であれ、歴史的現実を無視した直解主義に陥りかねない。私有財産や国家権力といった不平等な社会経済制度を廃止し、真に自由な相互扶助関係で成り立つ「地上の楽園《パラダイス》」を打ち立てるという革命思想の原型である黙示を実践する主体の出現や復活によって、ようやく終末論は有意義になりその威力は発揮される。

日本帝国主義が統治する植民地台湾でアクセスできる限られた文献や情報をもとに、説教師になる前の父もそうした世俗的ユートピアを思い描く青年時代があった。ファシズムの政治形態と共産主義の経済形態を結合させて、独立した台湾社会のイメージを彼は構想していた。いまでこそ、共産主義とファシズムは全体主義的恐怖政治の事例として扱われるのが常識になっているが、この二つのイデオロギーがリアルタイムで衝突しスペインで内戦／革命にまで発展していた一九三〇年代には、これらを独自に混ぜたり再構成したりするとりわけナショナリズムとユートピア主義が織り混ざった政治的想像力が被植民者のあいだで芽生えるのは珍しくなかった。エチオピア帝国の君主ハイレ・セラシエ一世をイエスの再臨とみなし、マーカス・ガーベイの黒人民族主義とキリスト教を同時期にリミックスして台頭したラスタファリアン運動はその顕著な一例だ。

父が一五歳だった一九三五年、やはり島国の帝国が支配する中流階級の被植民者として生まれ育ったトリニダード出身のC・L・R・ジェームズは、ガーベイの妻であるエイミー・アッシュウッド・ガーベイの力を借りて「国際アフリカ人アビシニア友の会」を立ちあげている。ムッソリーニの独裁政権のもとでファシスト国家になったイタリアによるエチオピア侵略に対して抗議する海外在住のアフリカ人ディアスポラの声を結集させるためだ。スペインでファシズムと戦う義勇兵にならって、ジェームズも似たような義勇軍を組織し戦線に行こうと真剣に考えていたが、法律上の問題などでかなわなかった。

二五年後の一九六〇年、ジェームズは独立間近のトリニダードで『近代政治』(*Modern Politics*)という連続講義を行う。そこで彼は「ヨーロッパにおいてもっとも必死な反動であった」ファシズムさえも中産階級をとりこむためには有給休暇、年金、女性の選挙権といった進歩的な社会主義政策を導入せざるをえなかったと指摘している。そして、黙示録がミルトンの『失楽園』に匹敵する「事実にもとづいた」重要な反帝国主義的「宗教詩」であり、その「調和のとれた平和な社会のヴィジョン」が力強く、プラトンやアリストテレスに似た基本的問題の理解が優れているとも述べている(1)。

わたしが『近代政治』を読んだのは大学生のときだ。ジェームズの同志だったユダヤ系元自動車労働者／ウェインステート大学教員マーティン・グレーブルマンは、ミシガン州デトロイトでジェームズの著作が絶版にならないように私家版を長年販売していた。わたしの手元にある『近代政治』はグレーブルマンから直接とり寄せたものだ。『近代政治』を手にとったのはジェームズが亡くなってから四、五年後の一九九〇年代半ばで、わたしがアメリカ中西部に移住し数回会って話したグレーブルマンは二〇〇一年に亡くなり、母の力を借りて私家版の伝道パンフレットを数多く作成した父は二〇一三年に亡くなった。彼らがわたしに残した共通の遺産があるとしたら、それは地上の権力がつかのまのものであり、その破局をうながしその終末に備える主体を独自に作り出す共同作業は、古代から現代にかけて革命の預言的ヴィジョンに支えられているという批判的認識だ。

川は、都の大通りの中央を流れ、その両岸には命の木があって、年に十二回実を結び、毎月実を実らせる。その木の葉は諸国の民の病を癒やす。
（ヨハネの黙示録22章2節）

二〇一九年三月

注

（1）C.L.R. James, *Modern Politics* (bewick/ed: 1973), 54, 8.

3　思いのままに吹く風と再生

二〇一九年三月末から四月中旬までの約三週間、『黙示のエチュード』（新評論、二〇一九年）という単著のゲラを寝る間も惜しんで死にものぐるいで読み返していた。おもに二〇一一〜一五年に発表した文章や対談などを集めた本だ。二〇一八年秋にはすでに原稿ができあがっていたが、ゲラの各ページは編集者の吉住亜矢さんによる赤ペンと鉛筆の入念な校閲で埋めつくされており、怠惰で臆病なわたしはそれを見るたびに圧倒され、早急な対応を要する目前の仕事や用事に逃げていた。が、新学期が始まる一週間前に吉住さんからメールがあり、「平和の棚の会」という出版社の連合が主催するフェアにできれば間に合わせたいので、これを機に「エイや」と一気に終わらせないかと打診された。

わたしは「やるならいましかねえ」と反射的に思い、何かにとり憑かれたかのように朝から晩までずっとかかりっきりで自分の書いた文章を読み返し始めた。吉住さんの校閲を慎重に検討し、引用した箇所を原文に照らし合わせ翻訳し直したり、いろいろ加筆修正した。

まるで禅僧が座禅を組む、あるいは中世の修道士が筆写するみたいに、こうしてひとつの作業に日夜没頭していると、ムダな思考が垢のようにボロボロ落ちてゆき、現実と意識の境目が見えなくなり、現在を生きているという感覚だけが異常に鋭くなる。そのせいか、記憶もあやふやになり、昨日または今朝何をやったのかさえ思い出せない。

以前にこれほど集中的に作業したのは二〇〇八年に吉本隆明の『カール・マルクス』を博論のために英訳

したときだ。当時、トレドでの生活が一〇年目になろうとしていた。死刑と資本主義の民衆史『ロンドンの絞首刑囚たち』（*The London Hanged*）を著したピーター・ラインボーの壮大でラディカルな歴史的想像力に魅せられアメリカ中西部に移住した最初の数年は、多くの経験に刺激され、本当の意味での教育を受けた。ミッドナイト・ノーツ・コレクティヴというラインボーが属する活動家グループのミーティングに顔を出したり、元ブラック・パンサーのジャーナリストである死刑囚ムミア・アブ＝ジャマールを支援する大規模デモのミリオンズ・フォー・ムミア（Millions for Mumia）やワシントンD・Cの反グローバリゼーション・デモA16（April 16）に行ったり、オハイオ州ヤングスタウンを拠点とするクエーカー教徒の活動家夫妻ストートン／アリス・リンドたちと「学生労働者連帯」集会をやったり、ジープ社の工場労働者や労働組合活動家や無職アナキストと毎週議論し同志の大学院生とパンフレットを作成したり、海賊と奴隷船の社会史家マーカス・レディカーとラインボーの共著『多頭のヒドラ』（*The Many-Headed Hydra*）の原稿輪読会に参加したり、目まぐるしくも充実した日々を送っていた。仲間と酒を飲みまくって熱く語り合い、研究と遊びと運動がカオスな不協和音みたいにごちゃまぜになり、意味も目的も理由も考える暇がなく、目の前の課題や行動をほとんど衝動的にやりこなすだけで精一杯だった。

だが、五、六年の年月が流れると、仲間割れがあったり、（ニューヨーク北部の私立大学に一時期転職したラインボーも含め）遠くへ移住する知人友人が増えたりして、わたしは一気に孤立してしまう。そもそもなぜ自分がトレドにいるのか自問自答するようになり、精神的に浮き沈みが激しくなった。人前で話すのが苦手なのに、非常勤講師の授業を複数担当し、凍りついた寂寞な風景を目にしながら自宅と何十キロも離れたキャンパスを車で行き来し、失笑を買うような下手くそな講義を来る日も来る日もやっても一向にうまくならない自分に嫌気がさし、心も身体も凍傷になりそうな状態だったのもよくなかった。

大雪が積もり寒風吹きすさび、車体や道路が凍てつく冬になると、毎年引きこもり鬱っぽくなる。そして、二〇〇六～七年の冬、とうとう生涯最悪のピンチに陥った。寝室の壁にマットレスが横向きにもたれかかり、床の絨毯は未整理の本箱でぐちゃぐちゃ。寝場所がなくなり部屋をかたづける気力さえ失せ、寝室とトイレのあいだの扉が壊れたクローゼットの前で惰眠をむさぼる。目覚めたかと思うとまた寝る。目覚めては寝る。その繰り返しだ。意識は朦朧とし始め、何もかもが遠く希薄なものに感じられる。何も考えなくていいし、何も感じなくていい。夢の中で溺れるだけだ。

ヴィム・ヴェンダースの映画『夢の涯てまでも』（一九九一年）の終盤には、オーストラリアの僻地で年老いた発明家ヘンリー・ファーバーが人間の夢を記録できる装置を開発し、自分と息子のサムとクレアという女性がそれぞれ装着する場面がある。彼らは録画された自分の夢の虜になってしまう。機密情報を無断で持ち出し指名手配されていたヘンリーはＣＩＡに捕まり、砂漠をさまよい迷子になったサムは先住民に救出され、クレアは元恋人の小説家ユージーンに助けられ彼が書いた小説によって「夢依存症」を克服する。

えんえんとあてもなく旅をする人間を描いてきたヴェンダースが、世界各地を舞台に多言語（英語、日本語、フランス語、ドイツ語、イタリア語）を用いて「究極のロードムービー」として作った壮大な近未来物語『夢の涯てまでも』の原題は、『世界の果て／終わりまで』（*Until the End of the World*）だ。ここでいう「世界の終わり」とは、一九九九年にインドの核衛星が制御不能になり、それが地球のどこに墜落するかわからないため世界中がパニックになるという架空の設定を指している。つまり、世界がいつ終わってもおかしくない危機をそっちのけに、登場人物たちはみずからが追求するプライベートな願いや欲望や野心に翻弄されながら世界中を駆けめぐる。そして、世界の果てにたどり着き、客観的な世界の終末とはほど遠い主観的な夢の中で自分を見失い、それぞれ異なった形で現実に引き戻される。

現実の痛みやわずらわしさを木綿のように包みこんで緩和してくれる、夢の迷路をさまようゾンビさながらの鬱状態から再びわたしを現実に引き戻してくれたのは、ＣＩＡでも元恋人でも夢の魔力を心得ている先住民でもなく、単なる生存本能だった。「このままだと死んでしまう」という恐怖心が混濁した意識を切り裂き、海底から水面に向かって必死に泳ぐ人みたいにわたしはパニクって行動を開始した。

まずは、まるで警察のガサ入れで荒らされたかのように散らかった寝室をかたづけ始める。深夜すぎの静寂の中で座り、文献のコピーや書類を一枚ずつ黙々と箱に入れていく。この単調な作業は、自ずと瞑想になり心に静けさをもたらしてくれた。朝日が出る頃には眠くなり横になる。

目覚めると、時刻はすでに昼すぎを回っている。今度は膨大な数の本の整理に移る。春日和の陽射しではっきりと眼に見えて宙を舞うほこりのせいでくしゃみが止まらない。しかたなく、作業中はマスクをつけ、定期的にトイレの洗面器で顔を洗い、痰を吐く。だが、慢性化し始めている鼻炎と体力低下が重なり、思うように作業が進まない。こうなったらジョギングでもして身体を動かし、じょじょに体力を回復し免疫力を高めるしかない。

外に出ると太陽がまぶしい。初夏の到来をほのめかす少量の湿気が皮膚を覆い、頭皮がかゆい。地上に這い出てきた衰弱したモグラみたいだ。ジョギングを始めると、突然の負担で心臓には有刺鉄線が絡みついたような激痛が走り、息切れが半端ない。数分も経たないうちに頭の先が熱くなり視界が暗くなる。すぐに歩調を緩めその場にじっとして、立ちくらみがすぎ去るのを待つ。体力の衰えに愕然とした。ちょっと前までは四〇分ぐらいのジョギングはなんでもなかったのに、いまはその一〇分の一を完走するのも至難のわざだ。その日は近所の公園を少し散歩するだけにした。

翌日、ジョギングに再チャレンジした。少しばかりの身体的苦痛は我慢し、昨日より一分長く走ろうと決めていた。どれだけ短時間でも目的を達成すると気持ちがよかった。こうして毎日少しずつ時間を延ばして走っていくと、みるみるうちに身体が軽くなり、エネルギーが出てきた。夜はゆったり時間をかけて紙類の整理を無心に行い、朝から昼すぎまでは睡眠をとり、午後は本を箱に入れて積み重ねていき、夕方はジョギングに出る。こうした日々のサイクルを数日、数週間続けていくと、いままでにないほどの平常心が身につき、身体も頑強になっていくのが面白いほどわかりやすく実感できた。

数週間後、一時間以上ジョギングができて驚喜した。体調良好で走った最長時間五〇分強をはるかに上回る人生初の更新記録だ。ガクガクの膝、ヘトヘトになった身体でシャワーを浴びると、さすがに浴槽の床に座りこんでしまったが、意識は恍惚であふれかえり、わたしは生まれ変わった赤子のごとく奇声を連発した。

ある夜遅く、家の近くの公園周辺を走っていると、公園の茂みの奥から犬の吠える声が聞こえてきた。走れば走るほど、吠え声は近づいてくる。しかも、一匹の犬ではなく複数の犬のようだ。「なんだろう」とぼんやり考えているうちに、激しく入り混ざった吠え声が急に耳をつんざき、三匹の犬が暗闇から飛び出し、わたしを囲んだ。犬たちはけたたましく吠える。まるで三つの頭を持つ地獄の番犬ケルベロスに出会ったみたいで、わたしはなすすべもなく立ちすくんだ。どうしたものかと思いあぐねていたが、不思議と心は落ち着いていた。とりあえず、仁王立ちでゆっくり深呼吸し始めた。しばらくすると、三匹の犬はだんだん威勢をなくし吠え止み、どこかへと消え去っていった。わたしはジョギングを続行した。

真夜中に遭遇した、おとぎ話に出てくるようなあの三匹の犬の出自は知るよしもないが、単純作業と運動を繰り返すだけで精神が治癒されたこの経験は一二年のトレド生活でもっとも貴重なもののひとつだ。それから一年ほどして博論にとり組んだ際の生活の仕方は、この「生まれ変わり」体験をモデルにしている。変わったのは作業が翻訳／執筆になり、一日の流れが意識的に方法化されたことだ。

朝目覚めてまずその日のノルマをチェックし、すぐに翻訳を始める。ふさわしい訳語が思いつかない場合、辞書を引いて見つけた言葉をジグソーパズルのように連結していく。とにかく一行一行訳し、読み返さない。この段階であぁだこうだ思い悩むのは禁物だ。時間がかかりすぎるとノルマに支障をきたし、あとで小さな挫折感を味わう。ジャングルを突き進むゲリラみたいに、とにかく、前へ前へと進む。その日の体調によって集中力が散漫になり眠たくなりもするが、どうしても睡魔を追い払えなければ、仮眠をとる。日課のジョギングの時間は午後。大学のジムまで走り、ジムのサウナ室に入り汗をびっしょりかいたまま外に出て、帰り道を走るというコースだ。食事はサラダに焼いた肉か魚を混ぜた料理とパンと少々の赤ワイン。軽い酔いと心地よい疲れでリラックスした身体を昼寝で休める。目覚めたら再び作業にとりかかり、ノルマのページ数を達成するかそれを少し超えるぐらいまでがんばる。深夜すぎには寝床につき、一日のはかどりを思い返し、明日の戦略を練りながら眠る。週末は一週間分の訳文の見直し／修正に専念する。

計画的に規則正しい生活をみずから進んで数ヶ月にわたり送ったのはこれが生まれて初めてだった。根っからのぐうたらで、楽しかしてこなかったので、自分が心身ともに見違えるほど強く変わっていく過程に舞いあがり、なんでもできる「超人」になりつつあるのではないかという誇大妄想にさえ駆られた。その後、さまざまな紆余曲折があり、「超人」どころかまっとうな「常人」にさえなれなかったが、博論完成にこぎ着けたこの修道士並みに静かで禁欲的な生活は、その前年の自己流「抗鬱治療」同様、わたしの記憶に深く刻みこまれ、いまでも人生の重要な指針になっている。

一一年後、かつてとは必然的に異なった状況のもとで『黙示のエチュード』のゲラを校正しながら、わたしは二〇〇六〜七年冬と二〇〇八年の体験をふり返り、「生まれ変わる」とはどういう意味なのか考えていた。古代ユダヤ教の最高法院「サンヘドリン」のメンバーであるニコデモとの対話でイエスはこう語っている。

「あなたがたは新たに生まれねばならない」とあなたに言ったことに、驚いてはならない。風は思いのままに吹く。あなたはその音を聞いても、それがどこから来て、どこへ行くかを知らない。霊から生まれた者も皆そのとおりである。（ヨハネによる福音書3章7－8節）

黒人公民権運動でよく歌われたボブ・ディランの有名な「風に吹かれて」（“Blowin' in the Wind”）は、聖書の詩的表現を想起させる普遍的な言葉でさまざまな社会的不正を列挙し、それらが終わるのはいつなのかという問いを反復する。復唱されるコーラスは「友よ、答えは風に吹いている」だ。ディランよりもはるかに真剣に社会運動を持続的に支えてきた元恋人であるフォーク歌手ジョーン・バエズはこの歌の偉大さを認めると同時に、歌詞はじっさいには「何も言っていない」という辛辣なコメントを残している。初期ディランの多くのプロテスト・ソングがそうであるように、「風に吹かれて」は何の行動も呼びかけないし、正しい政治的路線や教訓も示さない。歌の意味や力は常に聴き手のほうに実存的にゆだねられる。ディランと同時代の政治色の濃い歌が多くの場合生き残らなかった一方で、時代とともに移り変わるディランの姿に失望したり、「イスカリオテのユダ」と罵倒したりする人たちがいたのはそのためかもしれない。それはまた、消費資本主義社会のマスメディアに投影された自称「歌と踊りの男《ソング・アンド・ダンス・マン》」の姿を「現代の預言者」ととり違えた不条理とも無関係ではない。

いずれにしろ、永遠の「歌と踊りの男《ソング・アンド・ダンス・マン》」はファンやとり巻きの声に耳を貸さず、思いのままに生まれ変わり、好きな音楽を好きなように作ってきた。一九七〇年代末に彼がクリスチャンとして文字どおり再生《ボーン・アゲイン》し、コンサートではゴスペルしか歌わなくなると、一九六五年にフォークからロックのエレキに「転向」しブーイングを受けたとき同様、再びブーイングの波が押し寄せてくる。そして、いままでと同じく、ディランはお構いなしに歌った。

個人が死んで生まれ変わる、そして世界が死んで生まれ変わる。この二つの「生まれ変わり」の関係は何か。

二〇一一年東日本大震災に続く福島第一原発事故という黙示的災害をきっかけに、わたしは日本語の文章を雑誌や書籍に書き始めた。私的なコミュニケーションの手段だった言語が、いつのまにか、世界と関わり始めるための異なった位相の言語に変わっていった。『黙示のエチュード』というタイトルにはそういった意味がこめられている。本書の宣伝ビラにわたしは次のように説明している。

わたしたちは、日々、「黙示」を生きている。新約聖書の最終テキスト『ヨハネの黙示録』が世界の終末を預言して以来、「黙示」は人類破滅の啓示という意味を持つようになった。聖書の災いを彷彿させる地震と津波にくわえ、怨霊のように生態系を蝕む原発由来の放射能汚染をもたらした二〇一一年東日本大震災は、まさに「黙示的」出来事だった。現在判明しているだけで一六〇〇〇人以上の死者、二五〇〇人以上の行方不明者、最大時四七万人以上の避難者／難民を生んだ大震災を歴史的に位置づけようとして、それを第二次世界大戦の戦禍になぞらえた人たちがいた。四半世紀前のチェルノブイリ原子力発電所事故を想起する者もいた。第二次大戦は世界資本主義の覇権をめぐる争いであり、チェルノブイリ原発事故はソ連の国家社会主義体制の破滅を予示した。では、「三・一一」はどのような争いを顕在化し、なにを予示しているのか？

　当時アメリカ中西部に住んでいたわたしは震災の三か月後に日本を訪れ、以来、この問いをさまざまな新しい出会いの中で考えてきた。本書はそうした思考と対話の記録であり、黙示の日常を生きる意味を、資本主義分析や歴史社会学的想像力によって問う試みである。近年、核産業を含む資本主義文明が人類の黙示的終末を加速させている状況を科学的に認識する枠組みとして、「人新世《アントロポセン》（Anthropocene）」という地質学的時代区分が普及しつつある。その語源である「アントロセン（Anthrocene）」をアメリカの科学／環境ジャーナリスト、アンドリュー・レヴキンが『地球温暖化――その予測を理解する』で初めて用いたのは一九九二年だ。同年にトム・ウェイツは地球の生態的終末を黙示的イメージで歌った――「ついに裁きの日がきたぜ／ほれ、その充血したデカ目に泥を塗って乾杯／火かき棒が炉につっこまれ、イナゴの大群が空を覆う／そして地球は悲鳴をあげながら死んだ、おれが横になっておまえの夢を見ているあいだに」（「地球の断末魔」）。環境の劇的変化による大量絶滅を予測する現代科学の言葉が、世界の終わりを予示する古代宗教のメタファーと交錯する。

　世界の終焉を神の意志または科学的必然としてあらわす「黙示」に圧倒され、無力な存在になりかねない時代をわたしたちは生きている。死にゆく中でも叫び声をふり絞りながら生き延びるには、資本主義の終わりを現実的に早める民衆の力や社会システムの矛盾を解明しなければならない。本書は、そのために必要な歴史的理性の「練習曲《エチュード》」集である。

「もはや死はなく、もはや悲しみも嘆きも労苦もない。最初のものは過ぎ去ったからである」

（『ヨハネの黙示録』21章4節）。

当時書いた文章を読み返すと、「黙示」のイメージや概念がいたるところに散らばっている。そこには、亡き父が終生読解し信仰の礎にしていたヨハネの黙示録からの無意識的な影響が少なからずあるだろう。『夢の涯てまでも』の登場人物やディランみたいにみずからの欲望に忠実でありながら、資本主義の来たるべき死をうながし見届ける集団的預言の力を、わたしは本書を通じて想像し始めたかったのかもしれない。

二〇一九年四月

4 Ken Kawashima and the Revolutionary Gospel According to Shit

「君が一二年もオハイオ州に住んでいたなんて信じられないよ。しかも、おれの親父は長老派のクリスチャンだったしね。まるで腹違いの兄弟みたいだな」

九年ぶりに来日したケン・カワシマと四時間ぶっとおしで話しこんでいる最中に立ち寄った早稲田の喫茶店シャノアールで、タバコをうまそうにくゆらせながらコーヒーを飲むケンはポツリと言った。

ケンと会うのはこれで二度目だ。

初めて会ったのは二〇一七年一二月。日本思想史家ハリー・ハルトゥーニアンの東アジア研究における開拓的な仕事を記念する、コロンビア大学でのシンポジウムのときだ。ケンについては共通の友人からよく耳にしていたし、彼が二〇〇六年に出版したすばらしい労働史の力作『プロレタリア的賭博――世界大戦間の在日コリアン労働者』（*The Proletarian Gamble: Korean Workers in Interwar Japan*）から多くを学んだし、じっさいどんな人物か興味しんしんだった。

ハルトゥーニアンの教え子や同僚が次々と登壇し思い出や研究について生真面目に語るアカデミックな雰囲気を、ケンは一挙にぶち壊した。開口一番、ハルトゥーニアンにまつわるエピソードをものすごい勢いで紹介し、爆笑に次ぐ爆笑を出席者から引き出した。そして、間髪を入れずにドスのきいた声で、まるで面前に座っているハルトゥーニアンの魂が憑依したかのごとく、マルクス主義理論のマシンガントークを激しくリズミカルに披露した。場内は哄笑であふれかえった。

イベントが終わり、立食会が始まると、ちょうどわたしの前に立っていたケンがたずねてきた。

「君もハリーの教え子か？」

「うむ、そうだな、ハリーはハリーだが、違ったハリーのハリー・クリーヴァーだ」

「なんだと、『資本論を政治的に読む』（*Reading Capital Politically*）の著者ハリー・クリーヴァーか!?」

度肝を抜かれたのはこっちのほうだ。まさか、クリーヴァーを知っているとは想像もしなかった。

「おれにもっとも影響を与えたアーティストはボブ・ディラン、ヴェルヴェット・アンダーグラウンド、トム・ウェイツだ」とケンは力強く宣言した。

「マジか、おれもそいつらの音楽には影響されまくったよ。じっさい、ディランについては日本の雑誌で最近連載をやった」

「『ＶＯＬ』という雑誌を知っているか」

「もちろんだ。仲間が関わっていたやつだな」

「創刊号に『スラムの惑星』の書評を書いたんだ」

「おれが『ＶＯＬ』を知った頃は最終号が出る直前で、オハイオ州にまだ住んでいた二〇一一年だったかな。当時は無職で、なぜか日本にちょくちょく行くようになってね。二〇一〇年まではボーリング・グリーン州立大学で非常勤をやってたけど、それっきり仕事がぜんぜん入ってこなくなってさ……」

「おい、いま、なんてった？　ボーリング・グリーンだと！　そこはおれが高校までいた地元だぜ。しかもよ、親父もボーリング・グリーン州立大学の教員だったぜ！」

頭がクラクラしてきた。これほど共通点や偶然が重なると何がなんだかわからなくなる。まるで夢の中にいるようだ。

頭がクラクラしたもうひとつの理由は、確実に体調がおかしくなり始めていたからだ。

個室トイレに駆けこみ便座に腰をおろすと、視覚がぼやけ始め、得体の知れないものが体外に排出され、焼けるような、粘つくような痛みが腹部から肛門にかけて襲ってきた。身体中がダルい。発熱しているに違いない。

トイレットペーパーで尻を拭こうとすると、大変なことに気づいた。便座の上だけではなく、臀部全体がクソまみれだ。しかも拭けば拭くほどレバーペーストさながらの粘着性のあるクソがさらに広がり、よけいクソまみれになる。

Shit!

わたしは思わずそう叫んだ。

仕方なく、トイレットペーパーをぐるぐると手のひらに何重も巻きつけ、ズボンとパンツを足首までおろしたまま立ちあがり、便器から一〜二メートル離れたところにある洗面台のほうに、クソまみれの臀部のままピョンピョン飛び跳ねた。洗面台にたどり着くと、蛇口をひねりトイレットペーパーを水に浸し、立ったままケツを拭いた。この動作をうまくやりこなすにはかなり高度な技術を要する。注意しないと、大便と水が混ざった液体がパンツの中にしたたり落ちそうになるし、臀部をくまなく拭くためにはすぐに痛くなる不自然な角度に腰を曲げねばならない。じゅくじゅくの汚れたトイレットペーパーは、再び小刻みに飛び跳ねて戻った便器に投げ捨てた。

洗面台と便器のあいだをこの複雑な洗浄作業のために何回も行き来している途中、突然、ドンドンドンというノックの音が聞こえてきた。いらだちと羞恥心と熱を帯びた怒声で叫び返した。

Yes!

ノックの音が止んだ。

ようやく臀部をきれいさっぱり拭き終わると、パンツとズボンをひっぱり上げ、変な姿勢でしゃがみ続けた腰の痛みから解放され、普通に歩ける快感に包まれた。まるでイエスが癒した足なえみたいな気持ちだ。だが、つかのまの喜びは目の前にあるクソまみれの便座でかき消された。

またもや大量のトイレットペーパーを水で濡らし、便座を一心不乱に拭き始めた。クソが濃厚にねっとりへばりついているせいで、やはり洗面台への往復を余儀なくされるが、下半身の動作が自由なだけ楽だ。ようやく水滴で輝くまっ白な便座があらわれると、新しい乾いたトイレットペーパーで表面の水気を拭きとり、手をていねいに洗って外に出た。微熱と徒労感でその場にぶっ倒れそうだ。

その晩、マンハッタンのビジネス地区にあるホリデイインの一室のベッドの上で休息をとろうとしたが、ほてっている身体のふしぶしが痛んで寝つけなかった。朦朧とした意識の隙間から、昔観た映画の一場面が脳内を駆けめぐり始める。ガンディーが運営する南アフリカのアシュラムで、トイレ掃除は不可触民の仕事なのでやりたくないと彼の妻が言い出し、夫と口論する場面だ。

ガンディーは、インドの不可触民であるダリットへの差別を批判したが、彼らが階級として政治的に活動しカースト制の廃止を求める行為に異をとなえた。一九二〇年代末にダリットたちは、彼らの出入りを禁止するヒンドゥー教の寺院や貯水池に対し非暴力抗議や裁判闘争を展開した。一九三二年、植民地政府においてダリットを有権者として個別に組織する分離選挙権をイギリスが提案し、ダリットの弁護士／政治家ビームラーオ・アンベードカルがこれを支持すると、ガンディーはハンガーストライキを開始し猛反対した。ヒンドゥー教徒のあいだで仲たがいや分裂が起こり、一丸となって独立を目指せなくなるのを危惧したからだ。ハンストは功を奏し分離選挙権の提案は撤回された。だがその後、世界史上最大規模の強制移住を引き起こした一九四七年のインド／パキスタンの分離独立はヒンドゥー教徒とイスラム教徒の人口を結局引き裂き、一四〇〇万人の難民と二〇〜二〇〇万人の死者を出し、翌年の一九四八年にガンディーはヒンドゥー教徒の凶弾に倒れた。世界中をインスパイアした「偉大なる魂《マハトマ》」の偉大な精神論をもってしても、社会経済関係に依拠する階級、民族、宗教が混ざり合った物質的現実をねじ伏せられなかったのだ。

分離選挙権論争から二年後の一九三四年に出版されたヘンリー・ミラーの自伝小説『北回帰線』には、こうしたガンディー主義的精神論をクソとセックスのルンペン的下部構造の観点から痛快に揶揄する箇所がある。「カネがない、資産も希望もない」、「誰よりも幸福な男」として浮浪者と紙一重の生活をパリで送っているミラーは、インドからはるばると訪れたガンディーの弟子と称する青年と知り合う。青年はアメリカかぶれの饒舌な美辞麗句を並べ立てる一方、「淫売屋」に案内してくれとミラーにねだる。だが、案内先で青年はへまをやらかしてしまう。部屋に備えつけられたビデにどでかいウンコをしてしまったのだ。ショックを受けた娼婦は叫び声をあげ、マダムはカンカンに怒る。恥じ入った青年は謝罪しなんとか修羅場は収まるが、その後、性懲りもなく同様の依頼をまたミラーに持ちかけ違った淫売屋に足を運ぶ。複数の女性との乱交にヤル気満々のガンディーの弟子と「チンパンジーの家族」みたいに騒ぐ娼婦たちのカオスを目前に、ミラーは奇跡についてある妄想を抱く。

そして、人間が永遠に立ち会うこの奇跡が忠実な弟子によってビデに落とされた二つの巨大なクソ以上のものではないとしたら、それこそが奇跡だとおれは思う。もし宴のテーブルが用意されシンバルが鳴り響く最後の瞬間に、まったく警告もなく、銀の大皿が突然あらわれ、その上に置かれているものが盲人でさえ見える二つの巨大なクソ以上でも以下でもなかったらどうだろう。それは人間が期待している何よりも奇跡的だとおれは信じる。それが奇跡的なのは誰も夢に見ていないからだ。それはどんな途方もない夢より奇跡的だ、なぜなら誰もがその可能性を想像できたかもしれないが、いままで決して誰も想像してこなかったし、おそらくこれからも決して誰も想像しないからだ。(1)

一見、酔っ払った冒瀆者のたわ言に聞こえるこの文章には深遠な霊的真実が刻みこまれている。「クソ」はクサイ汚いものとして世界中で忌みきらわれ、「穢れ」や「損なわれた」ものと同義語である。日本語、英語、フランス語、ドイツ語などありとあらゆる言語において、「クソ」という意味の言葉は、突発的な怒りやいらだちを表出する際に使われる。体裁をもう繕えず、他者や社会のために無理やり被せられた仮面を脱ぎ捨てた瞬間にこみあげる激情の吐露だ。同時にクソほど普遍的で必要不可欠なものはない。収穫を豊穣にする大地の肥やしであり、生と死を結ぶ再生の物質的なしるしでもある。セックスをしなくても人は死なないが、クソをしないと結腸は膨らみ肋骨にまで届く「巨大結腸」となり破裂して確実に死ぬ。すなわち、クソをするのは生きている証に他ならない。

アナキスト政治学者クリハラ・ヤスシは実家に帰る道中、急に便意を催し、国道四号線沿いの墓地の草むらで野グソをせざるをえなくなり、恥じらいや自意識をかなぐり捨て脱糞したとたん、「なんか街全体が便所にみえてきた（…）自分の生活空間がいきなりひろがる」経験を味わったと述懐している。そして、「古代から、権力者の統治というものがインフラを根っこにしてきたんだとしたら、おそらく革命というのは、そのインフラなしでもやっていけるんだという力を示していくことなんだとおもう。革命とは、いつでも野グソができるということだ」というミラーさながらの誇大妄想な結論を引き出している。[2] つまり、人間は野グソをして原始状態の本来の姿に戻り、トイレを始めとする近代文明の利器などは偏った歴史的諸関係の一時的な副産物にすぎないと理解する。

　淫売屋でインド人の青年の肛門から排出されたクソが「宴のテーブルが用意されシンバルが鳴り響く最後の瞬間に」（最後の審判の日の「最後の晩餐」！）突然あらわれる出来事を究極の奇跡とミラーがみなす理由は、わたしたちが崇めたてまつるものが何であれ、それは最終的にわたしたちを裏切る空っぽの無意味な作り物でしかないからだ。「いままでの人生で何かが起こって、何か本質的な出来事がおれの人生を変えてくれるのを期待してきたが、すべてが何もかも絶望的だとわかり、まるで重荷が肩からおろされたような気持ちになって、ほっとした[3]」。イエスが古代ユダヤ人社会の統治権力に「クソくらえ」と言わんばかりに「これらの大きな建物を見ているのか。一つの石もここで崩されずに他の石の上に残ることはない」（マルコによる福音書13章2節）と弟子たちに預言した神殿の崩壊は、「古代から、権力者の統治というもの」がまさに「根っこにしてきた」インフラの崩壊なのだ。

　自分を縛りつける社会の期待や常識やルールが個人の意識の中でガラガラと崩れ落ち去るさまを、ミラーは禅宗の言う「見性《けんしょう》」を具現する恍惚あふれる文体で記述し、それを内なる原始人、「野蛮人」の目覚めにたとえている。「みずからの霊的存在としての極限において、人間は野蛮人のように裸である自分をふたたび見つける。彼が神を見つけるとき、彼からすべてがはぎとられる——彼は骸骨だ。肉をまとうには、生きることにふたたび潜りこまなければならない。言葉は肉にならねばならない、魂は渇望するのだ[4]」。大恐慌と第二次世界大戦の狭間をパリのどん底ですごした世俗的な冒瀆者の口ぶりは、ここではほとんど原始キリスト教の使徒のそれだ。

革命は社会全体がひっくり返り生まれ変わる奇跡であり、救いは個人の意識がひっくり返り生まれ変わる奇跡だという言い方もできる。人が変わるには社会を根本から変えなければならないという革命家の立場と、社会が変わるには人間の内面を根本から変えねばならないという宗教家の立場は和解も止揚も不可能な二律背反《アンチノミー》に見えるが、それはニワトリが先か卵が先かというたぐいの問題設定ではないだろうか。革命的過程で確かに人間の内面や精神は急激に変わっていくし、「古い社会の殻の中の新しい社会」というＩＷＷ（人種、性別、職種、国籍を問わず労働者すべてを組織し、直接行動で資本主義の廃止を企てたアメリカの「世界産業労働組合」(Industrial Workers of the World)）のスローガンが示すように、既存の社会制度のもとでラディカルに意識が変わった「聖徒の交わり」がなければ革命を遂行する主体は生まれえない。現実において不可分であるはずの革命と救いを切断すると、マモンを崇拝し体制を擁護するクリスチャンや、弾圧を正当化し搾取するコミュニストが生まれてきてしまう。

いわゆる正統派マルクス主義は前衛党に導かれた労働者階級による国家権力の掌握と資本主義の解体を革命と定義し、いわゆる正統派キリスト教は人間が罪を悔い改めイエスを救い主として受け入れる霊的過程を救いと定義している。だが、救いや革命をこのように独占的に公式化し、それ以外の方法や形や内容の根源的変革を「修正主義」や「異端」としてすべて切り捨てると、知らず知らずのうちに硬直した律法や教条《ドグマ》にしたがうパリサイ派になりかねない。

吉本隆明も似たような考え方を少し異なった観点から述べている。（ミラーが三番目の妻ジャイナ・マルサ・レプスカと離婚し『わが読書』を出版した同年の）一九五二年に「マタイによる福音書」を独自に世俗的に読解して書いた有名な文章だ。

> 人間は、狡猾《こうかつ》に秩序をぬってあるきながら、革命思想を信ずることもできるし、貧困と不合理な立法をまもることを強いられながら、革命思想を嫌悪することもできる。自由な意志は選択するか

らだ。しかし、人間の情況を決定するのは関係の絶対性だけである。そのとき、ぼくたちの孤独がある。孤独が自問する。革命とは何か。もし人間の生存における矛盾を断ちきれないならばだ。(5)

吉本もここでわたしとほとんど同じことを言っているように思える。だが、その眼差しが依拠する経験の累積はより実存的に厳しく、そこには第二次世界大戦直後に彼のもとに怒涛のごとく訪れた一連の敗北（敗戦や労組闘争の挫折など）の深い影が落ちている。「自由な意志で選択」できる主体を「孤独」で「人間の生存における矛盾を断ちきれない」存在として理解し、マタイ書の倫理的世界観を「秩序からの重圧と、血で血をあらったユダヤ教との相剋《そうこく》からつかんできた」ものと解釈するには、自身がよほどの精神的痛手を受けながら、闘争の中に身を置いてもがき苦しんでこなければ成り立たない。

じっさい、吉本が本テキストを執筆したのは東洋インキ製造の青戸工場で彼が組織した組合闘争が敗退した矢先、友人に誘われた富士見町教会の集会に参加した時期だった。プチブル的なきれいごとしか口にしない牧師の説教や教会の雰囲気に幻滅した吉本は、愛読書の「マタイ伝」に生々しく表現されている熾烈な「反逆的倫理」を読み解こうと決心した。

吉本の「マチウ書試論」にしろ、ミラーの『北回帰線』にしろ、そこに刻まれている観点や感性は血肉と精神のいわば「どん底」で獲得された。それはある種の決定的な試練を乗り越えてようやくたどり着いた「経験の知性」である。彼らはそれぞれ異なった時代の異なった名前を持つ「律法主義」と闘った。吉本は日本の「戦後民主主義」やスターリン主義の硬直した律法主義と闘い、ミラーは拝金主義の律法主義と闘った。吉本はミラーについて、ジョルジュ・バタイユやジャン・ジュネなどと比べると、「まったく単純で、柄が大きく、骨太で圧倒的な迫力をもっているが、すこしずつ底が抜けていて、あらもここかしこにみつけられるという程」の「〈大物〉」であり、その「圧倒的な力の感じは、現在の世界では、ほかにそれほど求められない」と評した。(6) 吉本の思想や理論に関しても似たような評価ができるのではないかと思う。

吉本とミラーは異なった意味の独自の反律法主義的立場を生涯貫き、ときには辛辣にときには過剰な諧謔をこめて、現代の預言者さながらに歯に衣を着せぬ批判や罵倒の言葉を言いつのった。そのせいで多くの誤解や誤読も招いたし、不必要に非難もよく浴びた。彼らの発言には首肯しかねるものももちろんあるが（それは相手が誰であれそうだろう）、わたしの奥底にくすぶるやはり反律法主義的感性とどこか深く共振する。彼らは専門家になったり、文壇にとりこまれたりするのを拒否し、誰にも忖度せずに何についてでも自由闊達に語り、硬直した教条《ドグマ》を排した。同時に好き勝手になんでもかんでもくっつけてそれを信条や理念として掲げていたわけではない。自身の経験にもとづいて絶対に譲れない、譲ってはならない原則や信念も持っていた。

シャノアールでケンはこの点を熱心に強調していた。

「一九九一年のソ連解体後、皆が口をそろえてマルクス主義は死んだととなえ始めると、レーニンのいう折衷主義がいたるところに頭を出してきやがった。資本主義の熾烈な現実がますます世界を覆い尽くしているにもかかわらず、その現実を説明しうる「マルクス主義」理論には見向きもせず、真新しい思想や政治の折衷主義に飛びつく奴らが世にはびこる。おれの講演を聞いた研究者にときどき言われるんだ、「ケン、君はまるで自分の言っていることを信じているようにしゃべるね」と。彼らにとって研究や仕事は単にブルジョア的ライフスタイルやキャリアを守る手段でしかねえんだよ」

「いまの話を聞いてふと思い出したよ。カトリックの修道士トーマス・マートンの文章をね。神学に進化論をとり入れ、新しい神秘思想体系を築こうとしたイエズス会司祭ピエール・テイヤール・ド・シャルダンの著作を、ある種の折衷主義としてマートンは批判したんだ。とくにシャルダンがビキニ環礁水爆実験を人類の神聖な進化として礼賛したたわ言に対してね。シャルダンはここで処刑者の側に立つというあやまちを犯す人間の実存的状況を省みるどころか、人類の大量殺戮に向けて軍事訓練する冷戦権力構造の走狗になっちまったわけさ。本質的に揺るがせないものを失くしたら、魂を売ったも同然だよな」

「最高のブルースマンになれるならロバート・ジョンソンみたいに悪魔に魂を売っちまうかもしれねえけどな」

「それもそうだな」

わたしたちはゲラゲラ笑った。

二〇一九年五月

注

（1）ミラーからの引用は既存の日本語訳を参照したうえで作成した私訳である。大久保康夫訳は『ヘンリー・ミラー全集1』（新潮社、一九六五年）、一〇四―五頁。本田康典訳は『ヘンリー・ミラー・コレクション1』（水声社、二〇〇四年）、一〇八頁。
（2）栗原康「ウンコがしたい」『ＨＡＰＡＸ 7――反政治』（夜光社、二〇一七年）、四三頁。
（3）『ヘンリー・ミラー全集1』、一〇五頁、および『ヘンリー・ミラー・コレクション1』、一〇八頁を参照。
（4）『ヘンリー・ミラー全集1』、一〇六頁、および『ヘンリー・ミラー・コレクション1』、一〇九頁を参照。
（5）『吉本隆明全集4　一九五二―一九五七』（晶文社、二〇一四年）、二五〇頁。
（6）吉本隆明『書物の解体学』（中央公論社、一九八一年）、一八六頁。

5 「貧しいラザロ」が歌う束縛と労働と解放のブルース

男は、汗だくになった額をまっ赤なバンダナで拭き、エレキギターをやはり汗びっしょりになった黄色いシャツに包まれた胴体の前に抱えながら、観客に向かって優しくゆっくりと語りかける。

「次の歌はぼくの父親についての歌です。ある日、父は足に痛みを感じ、病院でチェックしてもらうと急性白血病が見つかり、すぐに入院しました。その日の晩に彼はストロークで昏睡状態になってしまい、連絡を受けたぼくはすぐにカナダから国境を越えて車を走らせた。運転しながらずっと泣いていました。結局、父の意識は戻らなかった。父は身体に異常を感じ検査を受けたその日の夜に亡くなりました。大学教員だった彼は暇があれば絵を描くのが好きでした。彼が亡くなってから、人間はいつどこでも死ぬんだってわかって、ぼくは何年も休んでいたブルースのギターを再び手にとりました。父が死んだ日についての歌です。“Sad Day”」

悲しい、悲しい日
お父さんが死にかけていると
母さんがおれに言った日
そう、あの高速に急いで乗っかった
高速を運転して
叫んで泣いたよ

ねえ、信じられるかい
彼が死んだのは病気がわかった日だったよ
そう、夕方が夜になり

彼は脳溢血で
脳が永遠に死んじまったのさ
彼の手にはまだ温もりがあった
でも死んで冷たくなり、逝ってしまった
そう、あの看護師が入って来て静かに言う
「シュガーブラウン、悪いけどもう長くないわ」
親父にありがとうと言える
時間はなかった
あの病室に突っ立ったまんま
親父に別れを告げるしかなかった

シュガーブラウンことケン・カワシマが父の死について写実的に素朴に歌うブルースを荻窪の Rooster で聴きながら、わたしも亡くなった父を思い出し少し涙ぐんだ。六七歳で亡くなったケンの父フジヤと違い、父は九三歳まで生きて天寿を全うした。生涯、ムダな言動や寄り道はいっさいせず、使命と情熱と仕事が渾然一体となった伝道に心身でコミットする幸せな人生を送った。だが、死んだ当人の人生がどれだけ充実していても、どれだけ未完成で不燃焼なものであっても、残された者の心に死は絶対的な出来事として埋められない空白を残す。「天国に行った」とか「成仏した」という来世／彼岸に託した安易な常套句では決して処理できない実存的不在感がしばしば襲ってくる。

「何千人もの人たちがいなくなった」（"Many Thousands Gone"）というアメリカの黒人奴隷たちの死を悼む有名な歌がある。北軍側の黒人兵士が行進する際によく合唱した「もう競売台には立たされない」（"No More Auction Block"）という題名でも知られるこの作者不詳の歌の起源は、南北戦争にまでさかのぼる。「黒人霊歌」として一般的に分類される「何千人もの人たちがいなくなった」には、不思議なことに、神やイエスや天使といった霊的存在がいっさい登場しない。救いや恩寵といった神学的概念も出てこない。そこでは、ただ、奴隷だった経験が率直な言葉で列挙され、途方もない悲しみがつぶやかれているだけだ。

もう競売台には立たされない

もう立たされない、もう立たされない
もう競売台には立たされない
何千人もの人たちがいなくなった

もう奴隷監督の鞭には打たれない
もう打たれない、もう打たれない
もう一パイントの塩は支給されない
何千人もの人たちがいなくなった

もう鞭打ちの刑にはならない
もうならない、もうならない
もう鞭打ちの刑にはならない
何千人もの人たちがいなくなった

悲壮感あふれるスローテンポのメロディーに合わせてこれらの言葉を胸中から絞り出す元奴隷の歌い手は、自由の身になった喜びを安易に口にできない。アフリカから誘拐され、ぎゅうぎゅう詰めの奴隷船の中で貨物同様に扱われ、死亡率がきわめて高く過酷で長い大西洋の「中間航路」を生き延びても、「異国にいる寄留者」として非人間的な労働を「日が昇るときから沈むときまで」強いられ、自分の子どもたちもまた奴隷主の財産にされ人身売買の商品として競売台で売り飛ばされる。アメリカと西ヨーロッパの富を築きあげたこうした不条理で残酷な人種的奴隷制が廃止されても、その受難の記憶と聖痕は絶対に拭い去れない。土地と労働力を無慈悲に収奪する資本主義の本源的蓄積という生き地獄のどん底で鞭に打たれ、西洋帝国主義の「十字架」に磔にされた無数の黒いキリストたち。宗教的イメージや言句をまったく使わずに、この歌は「キリストの受難」を抽象的な教義としてではなく、歴史的現実の中で生き死にした黒人奴隷たちの体験そのものとしてごく自然に抒情的に表現する。

二一歳のボブ・ディランが一九六二年に録音した「もう競売はたくさんだ」のカバーをわたしは一六歳のときに聴き、この歌の存在を初めて知った。歌詞の背景や意味について当時何も知らなかったが、何か未知なる底知れない歴史のうめき声をこのアメリカ中西部出身のユダヤ系ミドルクラス青年の演奏を通じて深く感じとり、バビロン帝国によるエルサレム陥落と同胞の捕囚を嘆く預言者エレミヤの哀歌を生で聴いているような衝撃を受けた。それは、むろん、アメリカン・ルーツ・ミュージックの亡霊に独自に憑依されるのが上手かったディランの素養と並々ならぬ努力による部分が大きいが、同時に亡霊たちの圧倒的な経験と記憶の威力があって初めて起こりうる霊的伝達でもある。ディラン自身もこれについては百も承知で、一九八〇年代の名曲「ブラインド・ウィリー・マクテルの亡霊」（"Blind Willie McTell"）では「大きな農園《プランテーション》が燃えるのを見よ／バシッという鞭打ちの音を聞け／モクレンの甘い匂いを嗅げ／奴隷船の亡霊を見よ／部族たちの嘆き声がわたしには聞こえてくる／葬儀屋の鐘の音を聞け／ブラインド・ウィリー・マクテルみたいに／ブルースを歌える者は誰もいない」という奴隷たちの歴史的経験を呼び起こす歌詞で、ブルースの本質を表出している。黒人公民権運動の現場で広く歌われ、社会的不正をシンプルな言葉で実存的に問い直すディランの「風に吹かれて」のメロディーの一部は「もう競売はたくさんだ」を編曲している。つまり、「風に吹かれて」が獲得した音楽的普遍性を支えているのは「何千人もの人たちがいなくなった」悲劇を嘆く元奴隷たちの哀歌に他ならない。

奴隷主と奴隷の主従関係をときと場所によって変わる「家父長制《パターナリズム》の対位法的な音楽」にたとえたアメリカ奴隷史の名著『何千人もの人たちがいなくなった――アメリカにおける奴隷制の最初の二〇〇年』（*Many Thousands Gone: The First Two Centuries of Slavery in America*）の冒頭でアイラ・バーリンは述べている。「奴隷たちの歴史の本質は、彼らが無理やり踊らされたこの変わり続けた〔「支配と服従、抵抗と順応」の〕音楽、そしてカデンツやアクセントやビートを少し変更するだけで、みずからのリズムを重ね合わせた彼らの能力の中に見いだせる」(1)。ヨーロッパ人が一六世紀から一九世紀まで一二〇〇万人以上もの人びとをアフリカ西部／中部から強制連行した理由は、彼らが侵略し略奪したアメリカやカリブの「新世界」における労働力不足を補うためだった。白人入植者に奴隷として酷使され、彼らにさまざまな病気をうつされた先住民が死に絶え、白人年季奉公人も次々と地主になっていき労働力の需要が高まると、アフリカからの奴隷貿易は加速し、ヨーロッパ諸国の富と勢力を拡大するための前代未聞の人種的奴隷制が作られた。先住民の殺戮と収奪に並び、近代史上もっとも獰悪な「人類への犯罪」であり、アメリカ資本主義の富を築いた「原罪」であるこの奴隷制を正当化するために、西洋キリスト教は聖書と神学を歪曲した。酔っ払って裸になったノアを辱めた息子ハムの末裔が黒人だという作り話をでっちあげたり、旧約聖書の古代ユダヤ人部族も奴隷を所有していたという前例を根拠にしたり、未開人の異教徒に伝道し彼らを改宗させ文明化する手段として奴隷制を美化したり、ありとあらゆる詭弁や誤読や改ざんを通じて、人を解放するはずの信仰を人を束縛するイデオロギーに仕立てあげた。

こうして捻じ曲げられた白人至上主義のキリスト教でいくら洗脳されても、奴隷主たちに搾取され、虐待され、レイプされる人間未満の商品として扱われ、そのうえ主人に卑屈になり、むりやり陽気にふるまい踊らされる限り、奴隷たちは反抗心を抱いた。彼らは農具や物品を意図的に壊し、作業速度を極力落とし、食料などを盗むサボタージュをひんぱんにやった。そして、奴隷主に吹きこまれた隷従の福音や賛美歌を、バーリンが言うように、アフリカの地から断片的に持続してきた独自の「カデンツやアクセントやビート」で微妙に崩し、抵抗の文化的技術へと磨きあげていった。だが、白人支配者からの暴力的な処罰を回避するためには、この抵抗をあからさまな言動ではもちろん表現できない。したがって、歌や踊りに皮肉や怒りや批判を白人にはわからない動作や隠喩や隠語で忍びこませ、互いを慰め鼓舞する「みずからのリズムを重ね合わせ」て力強い霊的階級意識を作り出した。

奴隷制が廃止されたあと、連邦軍占領下の南部ではレコンストラクションの時代が到来し、元奴隷たちの市民権や経済的自立はある程度確保され、彼らはジャズやブルースの起源になる音楽表現を奴隷制およびその抑圧的キリスト教に規制されずに発展させるチャンスをえた。しかし、しばらくすると、リンカーン大統領が暗殺され連邦軍が去っていき、「ジム・クロウ法」と呼ばれる人種隔離制度のもとで白人至上主義社会が南部に再編成され、奴隷制とあまり変わらない労働生活を小作人や囚人として再び強いられる。

　そうした新しい束縛の時代を寓話化したブルースの歌が「貧しい／かわいそう《プアー》なラザルス」（“Po’ Lazarus”──短縮されたPo’は、バージョンによってPoorとフルに綴る）だ。一九五九年に音楽民俗学者アラン・ロマックスとフォーク歌手シャーリー・コリンズはアメリカ南部を旅し、アメリカのさまざまな伝統的大衆音楽を収集しながら、「パーチメント農場」という異名を持つミシシッピ州立刑務所でジェームズ・カーターその他アフリカ系囚人たちが働きながら歌う「貧しい／かわいそうなラザルス」を録音した。薪を割るリズムに合わせて囚人たちは分身である「悪人《バッド・マン》」ラザルスの物語を歌い、彼らを脅かしてきた警察暴力に対し抗議の声を暗にあげる。

　シュガーブラウンは二〇一五年アルバムのタイトルソングでもあるこの歌を荻窪のライブで演奏する前にこう説明した。

「ぼくが「貧しい／かわいそうなラザルス」を発見したのは、二〇一四年にミズリー州ファーガソンで黒人青年マイケル・ブラウンが警察に射殺されてから一ヶ月後です。ブラウンと同じように、ラザルスという黒人の若者は警察に追われて撃ち殺される。ラザルスは絶対に捕まりたくないので山の中に逃げこむけど、結局、殺されてしまう。そして最後に彼の家族の一員が復讐を誓う」

　シュガーブラウンが歌うバージョンの結びは、ジェームズ・カーターらの“Po’ Lazarus”とは異なる。

おい、キャプテン、ニュースを聞いたか
お前の部下はみんなお前のもとを去るってよ
キャプテン、聞いたか
お前の部下はすべてお前のもとを去るんだぜ
次の給料日に
次の給料日にな

　この箇所はディランや彼の先輩デイヴ・ヴァン・ロンクのカバー両方に歌われていて、アラバマ州バーミングハムのＴＣＩ（テネシー州石炭鉄鋼鉄道会社）の労働者たちが作業中に歌った短い労働歌からとられている。レコンストラクションが終わると、ＴＣＩは囚人貸出制を通じて南部において最多数の囚人労働者を使う会社のひとつになる。米国最大の鉄鋼会社ＵＳスチールに乗っとられた一九〇七年以降はとりわけ囚人労働者の数が増え、労働環境がさらに悪化した。年間離職率四〇〇パーセントであるＴＣＩで一九〇八年に労災で死んだ囚人は六〇人近い。奴隷主に代わり、産業資本に強制労働させられた囚人労働者が口ずさむのは、「次の給料日に」ストライキを打つ行為を「船長《キャプテン》」に警告する水夫たちの舟歌だ。それを自在に“Poor Lazarus”に結合したりして、歌の意味を奴隷が昔やったように少しずつ変えていった。

　ジェームズ・カーターらの“Po' Lazarus”の締めくくりは階級闘争を暗示するのではなく、十字架から担ぎ降ろされ地面に横たわるプロレタリア的キリスト像として「貧しい／かわいそうなラザルス」を描いている。

　　そうだ、彼らはラザルスを担いで
　　そう、保安官補の屋根つき玄関前に置いた
　　わたしの傷ついたわき腹と彼は言った
　　主よ、主よ
　　わたしの傷ついたわき腹

「傷ついたわき腹」とは、「兵士の一人が槍でイエスのわき腹を刺した。すると、すぐ血と水とが流れ出た」（ヨハネによる福音書19章34節）と記されているとおり、磔刑を受けた囚人イエスの最期を彷彿とさせる。

　イエスは二人の「ラザロ」（「ラザルス」は英語名）と関わっている。ヨハネ福音書に登場するベタニアのマリアとマルタの弟でありイエスに蘇生させられるラザロ、そしてルカ福音書でイエスのたとえ話「金持ちとラザロ」に出てくる「できものだらけの貧しい人」ラザロだ。

　たとえ話の「貧しい《プァー》」ラザロが残飯でもいいから恵んでもらおうと金持ちの門前にずっと横たわっていた一方、金持ちは「いつも紫の衣や柔らかい麻布を着て、毎日ぜいたくに遊び暮らしていた」。二人が死ぬと、ラザロは天国の宴に迎えられアブラハムのすぐ横に座り、金持ちは陰府に連行され炎の中で苦しみもだえる。あまりの苦しみに耐えきれなくなった金持ちはアブラハムに大声で懇願する。ラザロの指を水に濡らして自分の舌を冷やさせてくれ、そして、まだ生きている兄弟たちが同じ目にあわないようにラザロをよみがえらせ彼らに警告させてくれと。だが、アブラハムはきっぱり断る。「子よ、思い出してみるがよい。お前は生きている間に良いものをもらっていたが、ラザロは反対に悪いものをもらっていた。今は、ここで彼は慰められ、お前はもだえ苦しむのだ」（ルカによる福音書16章25節）。

漁師など労働者の弟子を引き連れ群衆《マルチチュード》のあいだで活動した、古代パレスチナ平民の預言者イエスが示す階級的正義は明快だ。貧者は天国に行き、金持ちは地獄に行く。それは彼が「あなたがたは、神と富とに仕えることはできない」と喝破している所以でもある。

昼間は在日朝鮮人プロレタリア研究の専門家として、労働者階級の「批判理論」であるマルクス主義を熱く教えるトロント大学教員ケン・カワシマは、夜になると、黒人解放神学者ジェームズ・コーンが「世俗的霊歌」（secular spirituals）と呼ぶ黒人労働者階級の「批判理論」であるブルースを全力で歌うシュガーブラウンに変身する。

知識人とアーティストの二足のわらじを英姿颯爽とはくケンの生き方を目の前にし、愛するブルースに再び彼を駆り立てた出来事が父の死だったと聞いて深い感慨にひたった。わたし自身、父が亡くなった直後、これからどう生きていけばいいのか、何にコミットし何を話し書いていけばいいのかと真剣に考え始めたからだ。

人間はみずからが決定できる条件における何か創造的な行為（料理、スポーツ、ゲーム、栽培、執筆、音楽、登山）によって生きている充足感や意義を味わう。資本主義社会では生活のためにあくせく疎外労働をしなければならないので、そうした「創造的行為」は「趣味」や「余暇」の限られた領域だけに閉じこめられ、労働力の再生産の肥やしにされる。イエスの不朽の言葉「野の花がどのように育つのか、注意して見なさい。働きもせず、紡ぎもしない」も、マルクス＝エンゲルス『ドイツ・イデオロギー』の有名な箇所「共産主義社会においては社会が生産の全般を規制しており、まさしくそのゆえに可能になることなのだが、私は今日はこれを、明日はあれをし、朝は〈靴屋〉狩をし、

〈そして昼［には］〉午後は〈庭師〉漁をし、夕方には〈俳優である〉家畜を追い、そして食後には批判をする——漁師、漁夫、〈あるいは〉牧人あるいは批判家になることなく、私の好きなようにそうすることができるようになるのである」(2)も、疎外労働の呪縛からようやく解放され、創造的な行為だけに没頭できる自由で主体的な生き方を鮮やかに定義している。資本主義が廃止されない限り、それが実現できるのはせいぜい個人の次元だ。ケン・カワシマ／シュガーブラウンも、わたしも、資本主義をどうやって始末できるかをいろんな形で問いながら、それぞれ「好きなよう」なやり方で「野の花」のごとく生きようとしている。わたしたちが「貧しいラザロ」と比べものにならないぐらいの好条件でそれができるのは言うまでもない。重要なのは、そうした特権に悪びれたり、ふんぞり返ったりせずに、それを使いきってみずからを解放し、他者の解放にも手を貸すことだ。

Rooster でのライブのあと、激しい肉体労働を終えた人夫のように汗まみれになったシュガーブラウンはわたしを抱きしめ「どうだったかい？」と訊いてきたので、思わずわたしは叫んだ。

「まるで、ブルースの聖霊が降臨しおれを満たしてくれたかのように最高だったぜ！」

二〇一九年六月

注

（1）Ira Berlin, *Many Thousands Gone: The First Two Centuries of Slavery in North America* (Harvard University Press, 2009), 4.

（2）マルクス＝エンゲルス『新編輯版ドイツ・イデオロギー』廣松渉編訳・小林昌人補訳（岩波書店、二〇〇二年）、六七頁。本書の凡例（七頁）によると、原稿の「横線による抹消部は〈〉で括り」、「訳者の補足は［］内に小さな文字で収め」「文意を補ったり、抹消文中では元来の文脈を示す」とともに、「用紙の破損箇所を示す場合にも用いる」とある。

6　バンコクの夕立とある修道士の死

バンコクの夕立は、予告なしに突然降ってきて、突然止む。

二〇一九年七月二日の午後、アジアン・スタディーズ・アソシエーション学会における吉本隆明をめぐるパネルでコメンテーターをやり終えたわたしは、意味もなくホテルの周辺を散歩している最中に夕立の不意打ちを食らった。原稿の締め切りに追われ連日睡眠不足が続き体は疲れきっていたものの、あまりにも多くの仕事をいっぺんに押しつけられて神経は一触即発の緊張感で張りつめてしまい、ベッドに横たわってもぜんぜん寝つけなかった。仕方がなく、短パンに着替え、運動をしようと外出すると、チャオプラヤー川岸にあるバーンラックの道路には自動車や原付が所狭しと行き交い、人間が綿々とひしめき合う歩道のどこにも安全でスムーズなジョギング・コースは見あたらなかった。ジョギングを諦めて雑踏の流れに身を任せ、無為に歩いた。

ナメクジが吸いついたようなジメジメとした湿気で汗ばんだ重い体を引きずりながら、無名の移民になった気分で見知らぬ街の風景を眺めた。目に入る字は何も読めず、耳にする言葉は何もわからない。汗と異臭と騒音が混濁したアジア的都市の猥雑さにどこか懐かしさを感じるとともに、ここにしばらく滞留していれば自分の何もかもが溶けて無気力になるのではないかという半ば恐怖感に似た妄想を抱いた。案内してくれる知人は誰もおらず、その土地について何も知らずにさまよう「異国にいる寄留者」の実感を噛みしめながら、わたしはある修道士の死に思いをはせていた。

トラピスト僧トーマス・マートンは、一九六八年一二月一〇日、バンコクで客死した。ケンタッキー州ルイヴィルのゲッセマネ大修道院で二七年生活してきた五三歳のマートンにとって、アジアへの旅にはとても重要な意味があった。それは単に彼が修道士になってから初めて許可された海外旅行だっただけではなく、長年の求道者としての内的遍歴の帰結でもあった。

六歳で母親ルース・ジェンキンスを亡くし、やがて脳腫瘍を患った画家の父親オーウェン・マートンとも一〇年後に死別し、母方の親戚や父の友人に育てられたマートンは、宗教の世界とはほとんど無縁のコスモポリタンで世俗的な生活を二〇代前半まで送った。パリの美術学校で知り合ったアメリカのロングアイランド出身のルースとニュージーランド人のオーウェンのあいだで、マートンはフランス南端のプラードで生まれた。オーウェンの意向にしたがってマートンはイギリス国教会の幼児洗礼を受けたが、宗教的な意味合いはあまりなく、ほとんど形式上のしきたりだった。とりわけ熱心でもないごく平凡なクリスチャンの親族から、マートンが信仰にうながされた形跡はない。むしろ、小説家志望の若きマートンは父母みたいなボヘミアン風アーティストを目指した。イギリスのケンブリッジ大学に進学し、まさに「ワインと女性と音楽」にうつつを抜かすパーティー好きの典型的な学部生だった。「女たらし」と知人に陰でささやかれるほど女性との交際が幅広く、そのうちの一人を妊娠させたためにアメリカに呼び戻され、コロンビア大学に編入学する。

マートンがカトリシズムに真剣に興味を持ち始めたきっかけは、一九三三年のローマ旅行だ。サンティ・コズマ・エ・ダミアーノ聖堂、サンタ・プデンツィアーナ教会、サンタ・プラッセーデ教会、サン・クレメンテ・アル・ラテラーノ聖堂、サンタ・コスタンツァ教会、ラテラノ洗礼堂といった古いカトリック建築物を回り、何もわからずにミサを見物し深く感動した。ラテン語聖書を買い求め読み始めたのもローマだった。

マートンを最初に魅了したのはキリスト教の「真」でも「善」でもなく、その「美」であった。後年、ゲッセマネ修道院を訪れた友人のエド・ライスに、マートンはバレエの動きやジェスチャーをたとえにしてミサの意義を説明している。マートンを信仰に導いた背景には父母の死があったかもしれないが（じっさい、宿泊先のホテルで彼はオーウェンの気配を感じ激しい喪失感に襲われ、心の暗闇をとり去るよう神に祈っている）、彼の意識を当初獲取したのは、古代キリスト教の痕跡が残存するビザンティン様式の建物やミサの儀式に漂う審美的な力だった。

アメリカに帰国したマートンは母が信者だったクエーカー教徒の集会や聖公会の礼拝に参加してみるが、ローマで経験したような感動はなく大学に戻った。その後、マートンがカトリックに改宗するまで六年の年月を待たねばならないが、彼を世俗から隔絶した修道生活へと後押しした二つのテキストがある。そのひとつであるエティエンヌ・ジルソン『中世哲学の精神』が丁寧に、体系的に解読した中世カトリック神学の世界は、ローマの建築物みたいに、マートンに衝撃を与えた。「中世」と言えば、迷信と無知に満ちあふれる「暗黒時代」の同義語であるはずなのに、その神学は近代哲学に比べても遜色ない知的緻密さを呈し、不動の信仰に貫かれたその内容はむしろはるかに荘厳であった。

単なるクリスチャンではなく、カトリックになろうという衝動をマートンに引き起こしたのは一九三八年一〇月に彼が読んだジェラード・マンリー・ホプキンスに関する文章だ。一九世紀イギリスの詩人ホプキンスはオックスフォード大学在学中に改宗し、イエズス会の神父になり、神に仕える聖職者と自己表現する詩人という二つの葛藤するアイデンティティに生涯悩まされ、生前に日の目を見なかったメランコリックな詩を書いた。神父になる決心をした学生時代のホプキンスと自身の心境を重ね合わせ、いても立ってもいられなくなったマートンは、モーニングサイド・ハイツにある大学付近のコーパス・クリスティ教会に駆けつけ、ジョージ・バリー・フォード神父に相談した。翌月の一一月一六日、マートンは当教会で洗礼を受けカトリックに改宗し、翌年には神父になる決意を友人に公表し、一九四一年一二月一〇日にとうとう念願のトラピスト僧になった。

エゴの欲求や表現をともなう執筆という行為を世俗

的生活ともども捨て去ったマートンに再び文章を書くことをうながしたのは、大修道院長ジョン・ダンだ。神の中に自己を失える場所で、その決意に至った足跡をふり返る自伝的文章を記すようにマートンは指示された。その結果書かれた回想録が『七重の山』である。もともとの原稿はイギリス在学中に妊娠させた女性の話も触れていたが、教会の検閲によって削除された。

上層部の命令や圧力によって言動を制限されるジレンマは修道士としてのマートンに常につきまとい、そうした軋轢が生じるたびに彼はそれを日記に記し、抵抗を示したり悩んだりするが、最終的には教会の権威にしたがった。一九六六年の散文詩「アドルフ・アイヒマンについての敬虔な思索」では、組織の命令を忠実に実行する「善良」で「正気」な人々こそがナチスの親衛隊将校アイヒマンみたいにユダヤ人の大量殺戮を行い、アメリカの軍人のようにヒロシマ／ナガサキに原爆を投下すると指摘したマートン自身が、宗教的権力に身をゆだね理不尽な命令にしたがったのはある種の皮肉あるいは矛盾に見えるかもしれない。

人類絶滅の危機を招く核兵器を備蓄し太平洋で水爆実験を行うアメリカの軍事政策を、「無神論」国家ソ連を抑えこむという理由で正当化し支持するクリスチャンの偽善を、率直に冷静に分析した一連の文章をマートンは一九六〇年代初頭に執筆し、数多い文通仲間のあいだでこれら「冷戦の手紙《コールド・ウォー・レターズ》」を共有した。物議を醸す政治的テーマを扱う文章の公表を一時期禁じられた彼がとった緊急手段だ。こうした検閲や不自由を強いる教会の位階制度に反発し不満を感じながらも、マートンがそれらに最終的にはしたがった理由は、彼自身の拠り所が作家の個人的な精神生活ではなく、あくまでも祈りと労働を日毎実践する修道士の共同生活だったからだ。原爆を生み出し、世俗的権力の拡大を最優先するプチ・アイヒマンたちが所属する官僚的企業／軍事組織とは本質的に異なり、ある意味相反する、人間の本能のエロスや生殖機能さえも放棄した社会的に何にも役に立たない「世捨て人」たちの集団でこそ、前者のような科学／利益万能主義の近代社会には失われた魂の真の自由と成長をマートンは経験できた。そうした経験を可能にする生活の枠組みには個人的に面倒でやっかいな束縛がときどき付随したかもしれないが、利益や名声や権力を絶対とする近代的自我を解体し、「本当の自己」を発見し育む静かな瞑想の日常生活が営める限り、それはとるに足らない副次的な問題でしかなかった。

こうした祈りと沈黙の規則正しく厳格な修道生活に没頭し始めた若いトラピスト僧の熱気と喜びは、一九四八年に上梓された『七重の山』の文章のすみずみまでほとばしっている。本書は思いがけずベストセラーになってしまい、第二次世界大戦のつらい戦争体験で精神に傷を負った読者の中から癒しを求めて修道院に志願する者が続出する。現代版アウグスティヌス『告白』として読み継がれ、キリスト教文学の古典として広く評価されている『七重の山』の特徴は、その題名の元ネタであるダンテ『神曲』が描く地獄、煉獄、天国という階梯で構成された魂の山路にたとえた「天路歴程」を、求道者の真摯で知的な声が響きわたる詩的でみずみずしい文体で叙述しているところにある。

それは単純明快な美しい救いのナラティブであると同時に、複雑で整理のつかない諸問題を棚あげにしたいささか教条的な自己完結性をも誇示している。プロテスタント宗派の近代的退廃を批判し、カトリック教会が「唯一の真の教会」であるかのように述べているくだりには、改宗したばかりの信者が感じがちな独善性が見え隠れしている。後年のマートンはこうしたセクト的態度を改め、本書が彼を「カトリックの宣伝ボーイ」に仕立てあげたことをいやがり、その内容から距離をとっていく。

マートンの美徳のひとつは過去のあやまちや限界を認め、それらを常に乗り越えようとする根本的態度だ。一九四九年に出版された初版の『瞑想の種子』ではアジアの宗教が開発した瞑想法を見くだす護教的偏見をあらわにしたが、その後、禅宗や老荘思想と真剣に向き合い、カトリックの中国人法学者ジョン・C・H・ウーや鈴木大拙との交流、荘子の意訳作業を経て考えを改めた。一九六二年の改訂版では先の箇所を削除し、死ぬ直前にバンコクで行った最後の講演では「仏教に、ヒンズー教に、またこのような偉大なアジアの伝統に心を開くことによって、わたしたち自身の伝統の可能性について、さらに学べるというすばらしい機会が与えられているのだと信じます。というのはアジアの伝統はこの点で〔「自由と超越になんとか到達できるという信仰」において〕当然わたしたちよりも深いところまで進んでいると思えるからです」[1]とまで言い切っている。いまでこそ、異なる宗教者のあいだの対話は珍しくないが、マートンが開拓した他宗派／他宗教との対話は、第二バチカン公会議で一九六五年に採択された宣言文『ノストラ・アエタテ』(『われらの時代において』)が表明した他宗教への敬意と連帯を先どりし、暴力に訴える排外主義的な原理主義がはびこっている現在もなお、必要不可欠な宗教的ハビトゥスを提示している。

地上におけるマートンの最後の旅は彼をアジアに導き、そこで彼の「宗教間対話」(interfaith dialogue)は当地の仏僧たちとの出会いや仏教の聖地への訪問によってさらに深まっていった。彼はセイロンのポロンナルワで深遠な霊的体験をしている――「これらの仏像を見ているときに、わたしは突然、ほとんど否応なしに、習慣的で半ば固定化されたものの見方からぐっと引き離された。そしてまるで岩自体から突然あらわれたかのように、内的な明晰さ、明快さが明らかになった(…)これらすべてに言えることは、何の混乱も、問題も、そして実に何の「神秘」もないということだ。すべての問題は解決され、すべては明白だ。(…)すべては空白であり、すべてはあわれみである。ひとつの審美的悟りの中で、このような美的感覚と精神的確信がともに感じられることが、これまでのわたしの人生であっただろうか。確かにマハーバリプラムとポロンナルワを訪れたことで、わたしのアジアへの巡礼は明確なものになり、ひとりでに清められた」[2]。彼の一九三三年のローマ巡礼は、自然ではなく精神の地理学における意味で、五〇年後にアジアでめぐりめぐって原点に戻ってきた。ローマでは、キリストの暗く力強い存在が(使徒パウロの言葉からとられたマートンの本の題名を用いるなら)「新しい人」になるように彼を召喚している声を感じとった。そして、ポロンナルワで彼の意識はキリストの歴史的／物質的形態を文字どおり超越し、この「新しい人」としての霊的変容を感得したのだ。

マートンの最後の講演「マルクス主義と修道生活の展望」[3]は、「宗教間対話」に関する彼の誓約《テスタメント》／証言として読める。それは宗教そのものを超えて、資本主義社会を分析しその革命的転覆の戦略を練る世俗的で理性的な方法であるマルクス主義と弁証法的に語り合う寛容な批判精神を顕示している。キリスト教も初期マルクスと同じく疎外に反対しているとマートンは述べ、「各人がその能力にしたがって与え、その要求にしたがって受けとる」共産主義社会は「修道生活が常に実現しようとしている」理想であり、「これはわたしの個人的な特異な意見にすぎません」という留保をつけながら、それが修道院でしか実現できない社会なのではないかと語った。仏教、イスラム教、老荘思想、実存主義に向き合ったように、マートンはトラピスト僧としての自己の日常的実践を根拠にマルクス主義と向き合った。他の信仰や実践を正しく評価しそれらから学ぶには、みずからの信仰と無分別に折衷するのではなく、信仰の可能性と意味を深化する重要な媒介あるいは対話者として真剣に扱わなければならない。マートンの最後のメッセージは「今からは誰もが自分の足で立たなければならない」という修道士としての実存的自立の宣明で締めくくられている。

それからまた半世紀経ったバンコクの夕立から身を守ろうと、えんえんと連なる宝石店のオーニングの下を注意深く歩きながら、わたしはマートンがアジアで体験した悟りや対話とはほど遠い、都会の雑音と疲労と疎外感のまっただ中にいた。彼を最初に知ったのがいつだったか記憶にないが、少なくとも高校の頃からマートンの著作はわたしの本棚にいつも置かれていた。トレドで院生生活を送っていた時期に、吉本隆明同様、マートンをよく読み、彼がゲッセマネの修練者に向けて語った講義の録音に熱心に耳を傾けた。研究対象でもないマートンにそれほど没頭した理由もきっかけも思い出せないが、精神の浮き沈みが当時かなり激しかったわたしが、ときどき、藁をもつかむ思いで苦悩していたこととそれは無関係ではないだろう。

敗戦直後の東京の町工場を転々とした吉本は、精神と肉体のどん底でマタイ福音書を読みそこから抜きさしならない叛逆の倫理思想を汲みとり、『資本論』を手にとってマルクスから社会や経済を理解する方法を学んだ。いかなる宗派や党派にも属さず在野の知識人としての思想的自立を維持しつつ、知的エリート階層としてふるまう「知識人」のイメージとその実体の壊し方を徹底的に追求した吉本は、『最後の親鸞』でこう書いている。「〈知識〉にとって最後の課題は、頂きを極め、その頂きに人々を誘って蒙をひらくことではない。頂きを極め、その頂きから世界を見おろすことでもない。頂きを極め、そのまま寂《しず》かに〈非知〉に向って着地することができればというのが、おおよそ、どんな種類の〈知〉にとっても最後の課題である」[4]。異教徒の思想と深く交流した市井の神学者としてマートンが高く評価したトマス・アクィナスと同時代を生きた親鸞の「非僧非俗」の立場を現代的に解釈した吉本は、啓蒙やオルグの手段ではない実存的な知のあり方、大衆の経験や現実をその内面に送りこむ知の開き方をここで簡潔に理論化している。それは最終的にマートンがポロンナルワで到達した「何の混乱も、問題も、そして実に何の「神秘」もない」非知の霊的経験に深く共振する。

マートンはヘンリー・ミラー宛の手紙で、自分が修道士になっていなかったら、おそらくミラーと似た作家生活を送っただろうと書いている。コロンビア大学大学院文学科でウィリアム・ブレイクに関する修士論文を書いたマートンは小説家志望だったが、創造的自己表出の力強い意欲を捨ててまでも、自己を否定する禁欲的な修道士になる道を選んだ。世俗と切り離された祈りの共同生活には労働作業に用いられる機械の騒音や大修道院長との意見の不一致などわずらわしい側面もいろいろあったが、最終的にはいつも上からの命令や検閲に従順にしたがって修道院にとどまった。そうしたネガティブな諸要素を天秤にかけても、瞑想生活がもたらす神との絶えまない対話、自然との交流、精神的静寂はそれらを上回る有意義に満たされる経験だったのだ。

同時にマートンは修道士であることに自己満足しなかった。修道士の共同体は、煩悩にまみれた大衆や一般の平信徒とは質的に異なる「霊的前衛」に見えるかもしれない。修道士は普通の人よりも長く深い霊的修行を積み重ね、生活全体を「祈り」に全質変化させる努力を四六時中払う特殊な生き方をする。カトリックの平信徒には決して実践できない模範的に厳格な霊的生活と、来たるべき「神の国」における信徒の交わりを体現している。だが、マートンは修道士が特別な人間ではないと強調する。ある日、修道院から外出してルイヴィルの街中を歩きながら、彼は周囲の人たちと自分のあいだには本質的に何も違いがないと突然認識する。

ルイヴィルの商店街の中心にある四番街とウォーナット街の角で突然気づいた。わたしはこれらの人たちすべてを愛しており、彼らはわたしのものであり、わたしも彼らのものであり、そしてわたしたちが赤の他人であっても、お互いに疎外感を抱かなくてもいいと圧倒的に実感したのだ。神聖とされている離俗の世界の夢や、偽りに自己孤立化された特別な世界の夢や、離脱の夢からまるで目覚めたかのようだった。独立した神聖な存在があるという幻想は夢である。とは言っても、みずからの使命や修道生活の現実を疑っているわけではない。しかし、修道誓願を立てると、あたかも異なった存在の種になったり、擬似天使になったり、「霊的人間」になったり、内省的人間になったり、なんでもいいが、そういったものになるという完全な幻想は、修道院が掲げる「世界からの離脱」という概念によってうながされやすい。

こうした伝統的な価値観は確かに実在するが、その実在性は偶発的世界の日常的存在の外側にある秩序に属さないし、それは世俗的なものを軽蔑する資格を持たない。わたしたちは「世界の外」にいるかもしれないが、他の誰もがいる世界、原爆の世界、人種的憎悪の世界、テクノロジーの世界、マスメディア、大企業、革命その他もろもろの世界にいる。わたしたちは神に属しているので、これらもろもろのことがらに対して異なる態度をとる。しかし、その他の人たちもすべて、やはり神に属している。わたしたちはたまたまそれを意識し、その意識を職業にしているだけだ。しかし、だからといって、わたしたちが他人と違ったり、あるいはより優れていたりすると考える資格があるだろうか。そうした考え方はばかげている。

このような幻想的な隔たりからの解放感がもたらした大きな安心感と喜びで、わたしは思わず声を出して笑ってしまいそうだった。そして、わたしの喜びは次のような言葉にできるだろう。「わたしが他の人と同じであり、他の人たちの中の一人にすぎないことを神に感謝します、神に感謝します」と。思えば、わたしたち修道士の多くの考え方に暗黙の了解として含まれるこの純粋な幻想をわたしは、一六年か一七年ものあいだ、真剣に受け止めていた[5]。

マートンは特別な人間、霊的超人になるために修道院に入ったわけではなかった。自身が抱えている実存的／精神的問題を解決するための選択をしただけだ。だが、十数年も修道士の生活を続けていると、その「職業」にともなう固定観念や偏見がいつのまにか身についてしまう。他人と比べて自分の方が神に近い聖なる存在である、より霊的生活を送っているという特権意識は、しかし、じっさいには何も根拠がない「うぬぼれ」だった。それは職業作家が作家ではない人よりも自分の文章がうまいと思いこんだり、プロの料理人が飲食業に携わっていない人よりも自分の料理がうまいと思いこんだりするぐらいの意味しかない。一般論としてはあるていど常識にかなっているかもしれないが、それを絶対的な事実と信じたり、そうした技能の違いを人間の基準にしたりすると、根本的にあやまった認識を持ってしまう。

神や死といった絶対的観点からすると、人間の相違や優劣はとるに足らないし、わたしたちが知りうる数百万年の人類史で権力の著しいヒエラルキーが存在したのは大変限られた地域におけるわずか数千年に満たない（しかもそうしたヒエラルキー社会が本当の意味の能力主義社会《メリトクラシー》だったことは皆無に等しい）。マートンも吉本も、これを深く実感していた。同時にそうした実感を持ちながら、彼らは修道士そして知識人であり続けた。

わたしは驟雨に打たれながら、排気ガスにまみれたバンコクの道をとぼとぼとホテルに向かって引き返した。マートンが経験した「ポロンナルワ」や「四番街とウォーナット街の角」の霊的意識とは無縁の虚無的な疲労感に包まれていた。

学会パネルのコメンテーターを引き受け、言葉もできずに、目的もなく、ましてや案内人もなく、なぜわざわざタイに来たのか。学期中の忙しいスケジュールの合間を縫って、遅れている締め切りに追われながら、記憶喪失者さながらの底知れない疎外感にずぶ濡れて見知らぬ街をさまよう自分の行動がまったく理解できなかった。やっていることが何もかもまちがっている。じゅうぶんな休息をとり、運動や瞑想でもして余裕をとり戻したいという凡庸な願いを抱いた。

働かないで、惰眠を貪りたい。

二〇一九年七月

注

（1）『トーマス・マートン「アジア日記」』伊藤和子・五百旗頭明子訳（聖母の騎士社、二〇〇七年）、三九七頁。
（2）前掲、三一二―三一三頁。
（3）前掲、三六九―三九七頁。
（4）吉本隆明『親鸞』（春秋社、一九九九年）、二六頁。
（5）Thomas Merton, *Conjectures of a Guilty Bystander* (Doubleday, 1966), 156-157.

7　アイリッシュ・ウイスキーをあおり、「キリストの死」をアル・ケイブと夜な夜な語る

世界でもっとも売れているアイリッシュ・ウイスキーの銘柄ジェムソンを初めて飲んだ場所は、アメリカ先住民史家アル・ケイブの家だ。ケイブは、大学院生のわたしが所属していたトレド大学大学院歴史学科の教授で、長年の伴侶メリー・スーをパーキンソン病で亡くしたばかりだった。トレドに六、七年住んでいるうちに数少ない親しい院生仲間が皆いなくなり、博論はそっちのけで孤立した自堕落な生活をだらだら送っていたわたしと、やもお暮らしを始めたばかりの彼は、ある夜、急に親しくなった。数時間話しこんだあとに好きな作家が話題になると、わたしは高校時代の衝撃的な出会いについて語った。

「おれの高校にヘンリー・ロリンズという身体中タトゥー入りのハードコア・パンク歌手がゲスト講師として呼ばれてさ、めっちゃヤバくて面白い話を次々と聞かせてくれたんだ。彼が住んでいる家の裏側の屋敷で昼間からゲイの男たちが乱交する唸り声が聞こえてくるとか、ヨーロッパから初めてアメリカを訪れた友人が泊まった初日に自宅のまん前で射殺事件が起こって、びびって帰国するまでずっと外出できなかったとか。こうしたセックスと暴力が過剰に渦巻く超ヤバい環境で、その激しい話しぶりも肉体も「過剰」そのものでしかないハード・コアのタトゥー野郎ロリンズは酒もドラッグもいっさいやらず、ストイックに筋トレで筋肉りゅうりゅうになり、執筆や読書に明け暮れる。ああ、こんなカッコいい生き方があるんだなって感心したよ。おれも学校が大きらいで、よく授業をサボって公園や図書館やモールとかをぶらぶらして読書して

いたから、そうした生き方に憧れた。

　大学を中退してアイスクリーム屋で働き詰めていたロリンズは大好きなバンド、ブラック・フラッグのボーカリストに抜擢される。あまり儲けにならない身体的に大変なドサ周りをしながら、古いブルースのアルバムを聴いたり、アングラ文学の古典を読みあさったりする。アルチュール・ランボーやヒューベルト・セルビー・ジュニアやウィリアム・バロウズや、そう、ヘンリー・ミラーとかね。すてきじゃない？　どうでもいい学校の規律にまっ向から反対する、あるいは点数稼ぎや教養とはぜんぜん関係ない本当の「教育」の世界が学校の外に、路上にこそあるってね。エドワード・トムスンが言っていた「欲望の教育」だ。ロリンズはおれがうすうす気づいていた教育の意味を確信させてくれた。トドメを刺されたのは、トークのまっ最中に彼が朗読したミラーの『黒い春』（一九三六年）の締めくくりだ。


　おれは山頂に向かって歩きながら、明日には煙の中でくしゃくしゃになって崩れ落ちるお前たちの建物の硬直した輪郭を観察する。弾丸の雨で終わるお前たちの和平案を観察する。明日には何の使いものにもならない発明でつめこまれたお前たちのきらびやかなショーウィンドウを観察する。苦役で疲れきったお前たちの顔、骨折した足のアーチ、垂れさがった腹を観察する。お前たちを個人として、そして群れとして観察する――そして、どれだけお前らはくさいことか、お前らすべてが！　お前たちは神と彼の慈悲あまねく愛と知恵のようにくさい。人食い神！　彼の寄生虫とともに泳ぐ鮫である神！

　毎晩ラジオをつけるのは神だと忘れないでおこう。まぶしくあふれんばかりの光をおれたちの目に満たすのは神である。しばらくしたら、彼の胸に抱かれ、至福と永遠の中に集められ、「言《ことば》」と同等になり、「法」の前で平等になって、彼と共になる。これは愛によって起こるのだ、そして最強の発電機でさえ、その愛に比べると蚊の鳴き声でしかない。

　そして、いま、おれはお前たちとお前たちの聖なる砦に別れを告げる。今から山頂に腰をおろして、お前たちが光を探し求めて登ってくるまであと十万年待つ。今晩だけは光を暗くし、拡声器の音量を小さくしてほしい。今晩は平穏に静かに瞑想したいのだ。お前たちが安物雑貨店で蠢いているのをしばらくだけ忘れていたいのだ。

明日になったらお前たちが世界を破壊してもかまわない。明日になったら煙にまみれ廃墟になった世界都市の上にあるパラダイスでお前たちは歌を歌っても構わない。でも、今晩、おれはある一人の男、ひとりぼっちの個人、名前も国もない男、お前たちと何の共通点もないゆえにおれが尊敬する男である「おれ自身」について考えたい。今晩、おれはおれについて思いふける。[1]

意味がわからなかったが、なんかすごいことが言われている。すべて大事だと思わされていた価値観とかルールとか秩序とか規律とか、そんなもんがいっさいがっさい吹っ飛ばされるエネルギーというか、気迫を感じた。「仏に逢うては仏を殺せ」みたいな、神を偶像や概念や戒律にしてしまうものをすべて破壊してこそ神に本当にたどり着けるみたいな。

マジ衝撃を受けて、放課後、図書館に駆けつけて、さっそくミラーの『北回帰線』と『ハチドリのごとく静止せよ』を借りた。そしたら、『北回帰線』はしょっぱなから「これは本じゃねえ。誹謗中傷、名誉毀損だ。通常の意味での本なんかじゃねえ。違う、これは長ったらしい侮辱さ、「芸術」のツラに吐かれた唾、「神」「人間」「運命」「時間」「美」、なんでもいい、そういったもののケツに食らわしてやる蹴りだ」[2]と書いてあってこれもマジ意味不明で、プロットや登場人物をちゃんと組み立てたものが小説だというそれまでの固定観念がぶっ壊れちまった。この破れかぶれのワケわかんねえ独白の連続に当惑したせいで、読み終わるまで一年ぐらいかかったかな。でも、『ハチドリのごとく静止せよ』はすぐにはしからはしまでスラスラ読めちゃって、「これだ！」って魂の底から揺さぶられた。言いたいこと、考えていたことをおれよりもずっとうまく雄弁に語ってくれるヤツがここにいる。これこそ荒野で叫ぶ預言者の声に違いねえって。

ミラーを読んでおれは「生まれ変わった」ね。クリスチャンの言うボーン・アゲインだ。もう二〇世紀末のヘンリー・ミラーになるしかねえって発心しちゃったよ」

「マニュエル、本当に信じられないね。というのは、ぼくもじつはヘンリー・ミラーが大好きで、卒論のテーマはミラーだった！　一九五〇年代当時は『北回帰線』がまだ発禁書だったので、オレゴン州の小さなバプテスト派大学に在学していたぼくは、クエーカー教徒の担当教員に頼んでとり寄せてもらうしかなかった。ようやく本が彼の手元に届くと、それが危険物みたいに茶色の紙袋に包まれてわたされた。その教員の研究室で『北回帰線』からの抜粋を朗読したんだ。ガンジーの弟子を自称するヒンドゥー教徒の青年が売春宿のビデにクソをして、ミラーがそれを世界の最後の啓示として恍惚感あふれる文体で綴るあの有名なくだりだ。すると、クエーカー教徒の先生は椅子から笑い転げてしまった。ミラーには、そうやって聖俗の境界をコミカルに打ち破る力がある。マルクスやヴェブレンを読んで凝り固まったぼくの政治意識をゆるやかに自由にしてくれた。ミラーを読んで、いろんなものからの解放感を味わった。

彼が住んでいたカリフォルニア州北部のビッグサーを訪問し、彼を一瞥できないかと近所をウロウロしたりもした。結局、あらわれなかったけどね。それにしても、まさか君がミラーの愛読者だったとは。本当に奇遇だ。アイリッシュ・ウイスキーでも飲んで乾杯しよう」

ケイブはジェムソンのボトルを持ち出し、氷が入った二つのグラスにその溶けた琥珀色の水晶のような液体を注ぎ、わたしたちは新しい友情の始まりに祝杯をあげた。味は予想外にスムーズで飲みやすく、わたしがそれまで抱いていたウイスキーに対する偏見を塗りかえた。

父はときどき寝酒にジョニ黒やシーバスリーガルをごく少量ストレートで飲む習慣があり、高校生のわたしに試しに飲んでみるかと訊いたことがあった。初めて口にしたウイスキーは過剰にアルコール臭くて苦く、喉に突き刺さるヤケドみたいな感覚を残し、わたしは一瞬嗚咽した。なぜこんなクソまずいものを父が飲むのかぜんぜん理解できなかった。だが、ジェムソンは「これってウイスキー？」と訝るぐらいなめらかで心地よかった。単式蒸留窯のウイスキーとグレーンウイスキーをブレンドし、宣伝文句が言うように三回蒸留されたその「命の水《ウシュクベーハー》」は蜂蜜を彷彿とさせる薫りと味を放つ。

ケイブとわたしは、長く失われた友人に再会したかのような勢いで熱く語り合い、イエスが「カナの婚礼」で水から全質変化させた良質のワインみたいにジェムソンをがぶ飲みした。この夜、わたしたちのあいだで交わされた奔放な長い会話は、その後ほぼ毎週継続される。応接間の腰掛け椅子にメガネをかけたダルマさながらにふてぶてしく座り、うなるような低音でよどみなく、まさに「散文を語る」話し方をするケイブ。数十分間も軽々と語る彼の独白に対し、わたしも化学反応的に繁殖する自分なりの問いや独白を自由気ままに展開し、二人のあいだには言葉の対位法が絶え間なく編み出された。

「はじめに言葉《ロゴス》ありき」

それは、理性の働きを手放さない神学的真理であるだけではなく、わたしたちの友情の証でもあった。議論はあらゆる方向、主題、趣、感情に広がり、迂回し、合流し、流れ続けた。互いに歩調を合わせ、思想、政治、文学、映画、アート、音楽、神学、歴史といった幅広い分野の海を融通無碍に横断し、語り尽くせる友人はケイブだけだった。その理由は、四〇歳も年齢が離れ、生まれ育った環境がまったく違うにもかかわらず、（ときどき彼が口にしていたとおり）「不思議と同じものを読んできた」からだけではない。感性がどこか本質的に交錯していたのだ。ある種の信念をしぶとく持続しつつも、それを決して教条的に相手に押しつけない、むしろそれを本当に自分が信じているのかどうかさえ疑う。物事に白黒をつけず、その曖昧な両義性を好む。イエスの復活に疑念を抱いた弟子トマスの懐疑的性質をわたしたちは共有していた。

じっさい、そうした根源的懐疑を堅持するケイブの知性は、幼年期から思春期のあいだに刷りこまれた原理主義的プロテスタンティズムから彼を遠ざけた。オレゴン州の田舎に住む貧しい祖父母の家で育ち、「お前はろくなものにならない」「女々しい」などと頭ごなしに祖父にバカにされ自尊心を日毎傷つけられていたケイブを、わが子のようにかわいがり指導してくれた高校教師がいた。弁論サークルの顧問をやっていたこの教師のもとで、ケイブは人前で説得力のある論理的なスピーチをする腕前をメキメキとあげていき、弁論コンテストで優勝した。そして、不条理な信仰を感情的にアピールする原理主義的キリスト教に反発し、理性的な不可知論者になる。

恩師はコミュニストではなかったのか。おそらく彼は何らかの政治的挫折または弾圧から逃れ、赤狩りが激しくなり始める一九四〇年代末にアメリカの片田舎で隠れキリシタンみたいにひっそりと暮らしていたのではないか、とケイブは推測していた。先生からソースティン・ヴェブレン『有閑階級の理論』を誕生日プレゼントにもらい、その翌年の誕生日には『共産党宣言』をわたされた。偏狭で単純なキリスト教同様、偏狭で単純な保守的な政治意識を彼は捨て去り、心情左翼のラディカリズムに目覚めた。

ケイブを根っからの戦争ぎらいにしたのは、徴兵されていった朝鮮戦争だ。かなり酔いが回ると、彼は記憶の奥にしまってある戦争のトラウマをたまに語った。軍隊では彼みたいなインテリは歓迎されずよくいじめられた。複数の兵士がむらがり地元の女性に基地のフェンス越しにフェラチオをさせていた光景に憤った。そして、敵の兵士に向かって発砲し彼を殺してしまったのではないかと深い悔恨に苛まれた。

「ぼくが殺した朝鮮人の男は、ぼくと同じく家族や友人があり、夢や苦悩や希望を持ちながら生きていた人間だと考えると、本当にどうしようもない気持ちになる。戦争は人を邪悪で醜いものにしてしまう」

「アル、それはまるでボブ・ディランの歌『ジョン・ブラウン』だね。愛国主義的スローガンで戦争に駆り出されたジョン・ブラウンが敵の兵士と一対一になって、相手が自分とうり二つの姿に見えてびっくりして絶望する。戦争の本質的な矛盾をついているすばらしい反戦歌だ。ワブリーたち（世界産業労働組合、IWWの愛称）が戦争に反対したのも、同じような発想が根底にあった。なんでおれら労働者を搾取している支配階級の利益のために、他国の支配階級が搾取している仲間の労働者とドンパチしなきゃならねえんだよ、というしごくまっとうな認識を持ってたよね」

ケイブの反戦意識はベトナム戦争時代に具体的な政治行動として開花した。ユタ大学で当時最年少の学部長に昇進した彼は、反戦スピーチを各地で行い、ユタ大学支部の学生活動家組織ＳＤＳ（「民主主義社会を求める学生」）の教員顧問を務め、自動車を運転しながら拡声器で政治批判を表明した。当時、ＳＤＳのミーティングでやたら爆弾闘争や武装蜂起をやろうと煽る学生が一人いた。非暴力に徹する他のおとなしい学生メンバーはそうした挑発に乗らなかった。その後、この暴力扇動者がＦＢＩの攪乱工作員《プロバカートル》だったという事実が判明した。

こうした社会的動乱期にケイブ自身を個人的に揺るがす出来事があった。彼とのあいだに二人の娘と一人の息子をもうけた妻との離婚だ。妻が女性ではなく男性のアイデンティティに目覚めたのが原因だった。よく喧嘩もしたが、情熱的なセックスをよくしていた女性が突然男性に変わってしまったのだ。出産後にホルモンのバランスが崩れたために性的アイデンティティが急変したのではないかとケイブは推測していた。いずれにしろ、彼は深いショックを受けて自暴自棄になり、連日酒を浴びるように飲んだ。そして、失意のどん底で、神に祈りたい衝動に不意に駆られた。

「助けてください」

その瞬間から、彼はピタリと酒をやめた。この祈りの体験に何かくすしいものを感じて、親交のある大学の付属カトリック教会の神父に相談した。

「カトリックに改宗しようと考えていますが、正直、ぼくみたいな人間が改宗していいのかどうかわかりません。ぼくがイエス・キリストに惹かれるのは、イエスを人類の救世主として信じているからではなく、ぼくが特定の文化と社会でたまたま生まれ育ったからです。つまり、他の文化や社会の人たちが彼らに適した神や救世主を崇めるのは正しいと信じていますし、キリスト教の教義がすべての人びとにあてはまるとは思えません。じっさい、その教義の中には受け入れられるかどうかわからないもの、懐疑をどうしても感じてしまうものもあります。それでもカトリックになれるのでしょうか？」

「わたしたちの教会にはさまざまな才能、資質、観点を持つ信者が必要です。あなたのように懐疑を大事にする人もわたしたちは必要としています」

その一言でケイブはカトリックへの入信を決心した。

彼が再婚したメリー・スーは、神学校を卒業し多くの学生に慕われていたトレド大学の教員で、社会的不正をよしとせず、ブラックパンサーをかくまった経験もある良心的な人物であった。気性が激しくエネルギッシュなケイブとは対照的に、自分の立場を決して吹聴せずに学生自身の思考をうながす「ソクラテス的対話」に長けた柔和な人格者のメリー・スーが「魂の伴侶《ソウルメイト》」だったと彼はよく口にしていた。部屋でヨガを裸でやっている彼女の姿に見とれ「ああ、なんて美しい」と無邪気に思った。メリー・スーと出会うチャンスを逃したのは残念だったとわたしがコメントすると、ケイブは意外な返事をしてきた。

「いや、じつは君は彼女と顔を合わせていたんだよ。反グローバリゼーション運動デモの報告会で君が発表したとき、彼女は聴衆の一人だった。君の話に感心していたと聞いている。簡単に感心しない人だったので大したもんだ」


二〇〇〇年四月一六日にワシントンDCで行われた、世界銀行と国際通貨基金のサミットに反対する大規模な反グロデモは、冷戦後のグローバル資本主義に刃向かい、「異なった世界が可能である」ことを「帝国の腹の中」で直接行動をもってあらわした「シアトルの反乱」に続く、重要な歴史的出来事だった。わたしの政治意識はこの反グロ運動の体験に負うところが大きい。深い挫折を味わったり、人生の指針を変えたりするぐらい真剣には運動にコミットしなかったが、資本主義を廃止しようとする「一般意志」が机上の革命的空論ではなく、現存する世界に根強く潜勢している現実を確認できた。大学卒業後に選んだ道が正しかったという気持ちもこの運動によって強められた。

「教員として職を得たければ、ランクの高い他大学の博士課程に移ったほうがいい」という助言を何人もの教員から受けても、かたくなにランクの低い同じ大学院の学科にいすわり、脱工業化のせいで疲弊した中西部の町にわたしは一二年間暮らした。活動家でも社会人でもなく、はっきりとした専門分野も持たず、学界の中にいるようでいないような中途半端な存在にいつのまにかなっていた。ときには不安になったり、ときには開き直ったりしていたが、後悔しなかった。それは、特定の組織やリーダーが存在するわけでもなく、イデオロギーや手段や立場も皆バラバラで、ローカルであるとともにグローバルでもあり、あらわれたかと思うとたちまち消えていき、その中心も周縁もさだかではない反グロ運動の中途半端な体質とどこか似ている。

九・一一同時多発テロを機にアメリカが先導したイラク戦争は、反グロ運動の勢いを削ぎ、大衆抗議行動の対象を反戦に転じさせた。反グロ闘争の主体は、そもそもまとまりのない多様な複合体を一時的に接合した、過渡的で未熟なものだった。二〇世紀初頭のワブリーや一九三〇年代の大恐慌期に共有されていた労働者階級の連帯文化、あるいは「ザ・ムーブメント」という総称で呼ばれた六〇〜七〇年代の新左翼《ニューレフト》が開拓した対抗文化《カウンターカルチャー》を作り直せる状況からは、わたしたちはほど遠いところにいた。

死者を無尽蔵に生産する「戦争」という国家テロに反対する防衛戦に精一杯で、ネオリベ資本主義に異議をとなえる運動が失速するこの時期に、ケイブとわたしは親友になった。死についてわたしたちはよく語り合った。資本主義や帝国主義といった社会システムの死。人類や惑星そのものの死。わたしたち個人の死。イエス・キリストの死。

ケイブは大人になった長女と息子を亡くしている。長女は身体検査中に打たれた脊髄注射のせいで、エイズに感染したゲイの息子は医薬が切れた矢先に。娘の急死を知らされたケイブは「傷つけられた獣のように泣き叫んだ」とメールに書いていた。

あるときイエスの死の意味について彼にこう話した。「人類の罪を贖うとか、どうもしっくりこないよね。罪という概念自体、歴史的文脈で変わるし、それが不在の社会だってある。それに、全知全能の神はなぜ被造物が罪を犯すことを予知できなかったのか、そしてそれを浄化するのになぜその「ひとり子」をわざわざ人間として送りこみ生贄にしなければならなかったのか。というかさあ、ジェンダーもなく生物でもない神の「ひとり子」って意味がそもそもわかんねえし。だからね、いろいろ考えたあげく、イエスの死について一番納得がいくのは、それが無名の永続的プロレタリアの死をあらわしていたらかなって。つまり、人類史上、意味もなく搾取され殺戮されてきた何も持たない無数の虐げられた人たちの死を、ローマ帝国支配下の賤民労働者のせがれが十字架に磔になって体現している。十字架は答えではなく、無残に死んでいった「地に呪われたる者たち」をいったいどうやって贖うのか、彼らの落とし前はどうつけるのかっていう社会と実存を切り裂く問いなのではないかと」

「それはとても興味深い読みだね」

自分たちが神の「選民」だという傲慢な信念のもとで、先住民を異教徒として大量殺戮し彼らの土地を奪った清教徒が一七世紀に犯した歴史的「原罪」を、アル・ケイブの『ピクォート戦争』(*The Pequot War*)は年季の入った歴史家の実証性豊かな筆致で記述している。それから、二〇〇年後、一九世紀アメリカで白人入植者と闘っていた先住民が、みずからの伝統宗教とキリスト教を融合した新しい信仰を土台とする復興運動を作りあげた重要な歴史についてもケイブは『大いなる神秘《グレート・スピリット》の預言者たち――北アメリカ東部における
アメリカ先住民復興運動』(*Prophets of the Great Spirit: Native American Revitalization Movements in Eastern North America*)という本で実証資料を慎重に分析して書いている。死と復活の意義は、こうした収奪と闘争の具体的な歴史のコンテクストに位置づけられて、初めて人類の受難としての普遍性を獲得する。

ケイブが過去五年のあいだパーキンソン病を患い闘病生活を送っているというＦ　Ｂ《フェイスブック》の書きこみをこの文章の執筆中に読んだ。バランスを喪失した人や世界を癒すナヴァホ族の祈りを、彼が自宅の応接間で暗唱している記憶がよみがえる。

わたしは美の中を歩く
美の前でわたしは歩く
美のうしろでわたしは歩く
美に囲まれてわたしは歩く
再び美になった
再び美になった

二〇一九年八月

注

（1）『ヘンリー・ミラー・コレクション3』山崎勉訳（水声社、二〇〇四年）、二四四頁を参照。
（2）『ヘンリー・ミラー全集1』、一〇五頁、および『ヘンリー・ミラー・コレクション1』、一〇八頁を参照。

8　「荘厳なるものと滑稽なるもの」の狭間で、死の陰の谷を歩く九月

二〇一九年九月八日の夜、激しい台風が上陸し停電になるかもしれないという気象警報が発表された。アル・ケイブがパーキンソン病に罹患していると知り、友人のトム・チズムに連絡をとり、そのうちにお見舞いに行こうというやりとりをしたばかりだった。ひさびさに買ったジェムソンを飲みながら連れ合いにアルの思い出話をしていた。

すると、ＦＢにトムからのメッセージが突然届いた。
「アルのＦＢページで彼が亡くなったという書きこみをいま見た。一緒にすごした時間は貴重だったな」

一瞬、意識がまっくらになり、何も考えられずしゃべれなくなった。外では洪水の予兆みたいな雨が降り注いでいた。燃えるゴミを捨てに四階から階段を降りていき、アパートの外にある緑色のメッシュのゴミ収集庫にゴミ袋を入れた。死者のための無慈悲なパーカッションを打ち鳴らす激しい雨をぼうぜんと見つめていた。涙がとめどなく流れた。

ぼくはぼくなりに必死にあちこちを訪ねて回ってはみたけれど
ぼくの魂を買ってくれる悪魔なんてもうどこにもいなかったよ
君の言っていた通りだったよ

RAIN

どこかで永遠に待ち続けているから

どこかで永遠に待ち続けていておくれって
それは永遠にさよならっていう意味になるのかな?
それとも永遠に思い合っていようって意味になるのかな
竹原ピストル「RAIN」

アルと最後に話したのは数年前だ。グーグルトークで会話が途切れ、かけ直さなかった。もっと早くトレドに戻ってちゃんと別れの言葉を告げなかったことを悔やんだ。だが、それはそれで良かったのかもしれない。わたしたちの友情は終わりのない会話の中で生まれた。会話が宙吊りになったまま中断されたのは、片方が死んでも互いに話し続けるのが友情の証だと常に想起するうえでもふさわしく感じられた。

高校生のアルにはせむし《ハンチバック》の親友リー・ローウェルがいた。二人とも根っからのアウトサイダーで気が合った。ときどき、彼らはキリスト教のリバイバル集会にもぐりこみ、聖なる恍惚感にひたる説教師と会衆を見物に行った。身をよじらせてもだえる若い女性たちの姿を観察するためだ。体内で思春期のホルモンが爆発中の二人は、リバイバル集会が発散する原始的な集団エネルギーに何か強烈にセクシュアルなものを感じとり、それを間近に体験したかった。

その後、アルはリーと何十年も音信不通になるが、わたしがアルと親しくなった時期にようやくいどころを突き止めた。リーは、わたしが大学生時代を五年すごしたテキサス州オースティンに住みつき、刑務所に収監されているだいぶ年の離れた若い女性と奇妙な恋愛関係を結んでいた。その女性に利用されているのではないかと心配したアルは旧友との再会を楽しみにしていたが、かなわなかった。数年後、リーの訃報が届いたのだ。

わたしはアルの死を知ってすぐに、彼の親しい友人であるロシア人歴史家マイケル・ジェイコブソンにメッセージを書き始めた。ソ連の群島収容所に数年ぶちこまれた経験があり、プロ並みのホッケー選手だったジェイコブソンは、アル同様わたしの博士論文の副査を務め、大学院生アドバイザーとして(博論どころか、修論さえなかなか出さない不埒な)わたしを温かくサポートしてくれた。授業を担当し始めた時期に助言を求めると、"Don't be flamboyant"（「これ見よがしに派手にふるまうな」）と言われ、いかにも堅実で腰の低い彼らしい発言だと感心した。大学教員を引退し妻とともにカリフォルニアに移住したジェイコブソンへのメッセージは、数行しか書けず未完成に終わった。

悲憤に打ち砕かれていたわたしは、ボトルに三分の一残っていたジェムソンをほぼすべて飲み干し、とてつもない酔いと眠気に襲われた。翌日目を覚ましてパソコンを開くと、アルの妻からの投稿が目に入ってきた。夫の訃報を伝えようとジェイコブソンの家に電話をかけると、脳卒中で何度か倒れたあとにジェイコブソンは二ヶ月前に亡くなったとジェイコブソンの妻から逆に知らされた、とそこには書かれてあった。

ふと、詩篇23編のいう「死の陰の谷」を歩いている気持ちになった。そして、陰はそこで止まらなかった。（原始的な録音機器を使用する）ローファイ・シンガーソングライターのダニエル・ジョンストンが死亡したというインターネット記事が今度は目にとまり、複数の記憶が頭の中で混ざり合った。オースティンで学部二年生のときに通った大学までの道のりで日毎通りすぎたレコード店サウンド・エクスチェンジの壁には、幼稚な画風でカエルの絵がデカデカと描かれ、その頭上には"Hello, how are you?"（「こんにちは、お元気ですか？」）と綴られていた。いったいこの絵が誰の手により何を意味するものかは当時わからなかった。トレドでアルと一緒にドキュメンタリー映画『悪魔とダニエル・ジョンストン』を観て、その絵の作者がジョンストンだと知った。

父親が運転する飛行機の助手席に座っていた二九歳のジョンストンは自分が「おばけのキャスパー」だという妄想に駆られ、イグニッションから鍵を抜きとり窓の外に投げた。エンストした飛行機をなんとか着陸させた父もジョンストンも大したケガはなく奇跡的に助かったが、これをきっかけにジョンストンは精神病院に入れられた。悪魔について四六時中考えていたジョンストンはやがて退院し、ファストフード店でバイトをしながら親の家のガレージで作詞作曲した歌をカセットテープに録音した。アメリカの郊外に住む若者のサブカル的想像力をウィリアム・ブレイクの『無垢の歌』と交錯させたようなシュールでシンプルな歌は、インディーズ系ミュージック・シーンでアングラ的地位を得た。一九九〇年代初期に一世を風靡したバンド、ニルヴァーナのリードボーカルであり、人気絶頂で自殺したカート・コバーンは、ジョンストンが描いた例のカエルの絵がプリントされたTシャツを生前よく身につけていた。ジョンストンの死亡記事を見て、彼の歌に魅力をぜんぜん感じなかったアルと議論した懐かしい思い出にひたった。

数日後、またもや知人の死に関する投稿が目に飛びこんできた。アリゾナ州立大学の東アジア研究者アーロン・モーアのFBアカウントに、彼が突然亡くなったという書きこみがあった。モーアと出会ったのは、彼と同じ大学院ゼミにいた友常勉の家で食事をしたのが最初で最後だ。言ってみれば、赤の他人に限りなく近い知人である。だが、彼が世界中を飛び回りいろんな有名大学で講演を行い、温泉や食事を楽しんでいる様子がFBに写真でよく投稿されていた。単著の日本語訳の出版（『「大東亜」を建設する――帝国日本の技術とイデオロギー』塚原東吾監訳、人文書院、二〇一九年）が予定されており、仕事もプライベートも前途洋々の「好青年」（知人友人が口をそろえてそう形容していた）ぐらいの印象は持っていた。数年前にガンが発見され、何度も手術を受けてかなり体重が減ったものの完治したと聞いていたし、しかも彼自身による最後の投稿が写真入りで地元のタコスを食ってうまかったという内容だったので、何の前触れもない彼の死はあまりにも唐突だった。

一週間のあいだに連鎖するこれら四つの死に直面し、なんとも説明しがたい奇妙な感じがした。単なる偶然の連鎖とかたづけてしまえばそれまでだが、互いに共振し合う「何か」がそこにはある。そうとしか思えなかった。

モーアをわたしに紹介した友常勉と知り合ったのは、吉本隆明を論じる彼の著書『脱構成的叛乱』（以文社、二〇一〇年）をたまたま神戸のジュンク堂で見つけて購入し連絡をとったときだが、わたしがまだロサンゼルスに住んでいた二〇一二年三月、彼が調査旅行でロスのダウンタウンに滞在していた時期にちょうど吉本が亡くなっている。わたしの修論と博論は吉本がテーマだったので、これも何かの縁と思い、弔い酒を交わしに友常が宿泊していたホテルを訪問した。その際にわたしが買って持参した酒は、アルと初めて意気投合した夜に彼がとり出していっしょに飲みまくったジェムソンだった。

何を意味し、何を示唆しているのかは知るよしもないが、アルの死を知った台風の夜にたまたま飲んでいたアイリッシュ・ウイスキーが、形而上的なメタファーへと全質変化し始めていた。

「死そのものに意味はない。だけど、他者の死を認識すると、とくにそれが知り合いや親しい人の場合、やがて必然的にやってくるみずからの死が特別な出来事ではなく、決して逃げ切れない現実だということへの心の準備に少なからずなるのではないか。いつ頃からかそう考えるようになった」

台風の夜、へべれけになりながら、わたしはそう語っていた。

思春期から二〇代にかけてわたしは常に死について思いをめぐらした。それは思考というよりも実存的恐怖に近かった。いったん死ぬと、もう逆戻りできない。全存在／全意識が消滅し、大切にしていたすべての記憶、関係、痕跡が消去されるという感覚が、思想の問題としてではなく、神経のレベルで突然襲ってくる。

睡眠と覚醒の狭間に意識がまどろんでいると、ときどき発生するこの実存的「おそれとおののき」の最強バージョンを、高校時代に経験した。ベッドの上からブラックホールさながらの深い闇に落下していくかのようなめまい。それは、まさにニーチェの有名な格言「深淵を覗くとき、深淵もお前を覗いている」を連想させるぐらい激しく、精神を一時的に打ちのめす絶望的なボディーブローを放った。

この奈落の恐怖を初めて味わったのは神戸に住んでいた七、八歳の時期にさかのぼる。まだ親に従順にしたがう単純な信仰を持っていたわたしは、留守番をしているあいだに昼寝をしながら夢を見た。誰もいない宇宙にポツンと浮かぶ、棺桶のような長方形の入れ物に横たわっている。おそらく死後の世界だ。永久にこうやってひとりぼっちで宇宙をさまよう運命を課された、とてつもない絶望感に打ちひしがれ目覚めた。動悸が激しく意識は混乱し、いたたまれず夢遊病者さながらにあてもなく家中を歩き回った。家には誰もいなかったので、絶望のリアルがいっそう強まった。

同時期にテレビで芥川龍之介の短編「蜘蛛の糸」をアニメ化した映像を見て、似たような戦慄が走った。散歩中に極楽から地獄を見おろしている釈迦が、一本の蜘蛛の糸を垂れ落とす。生前、蜘蛛の命を一度救った悪人はその糸をつかみ極楽に向かってよじのぼり始める。だが、彼のうしろから業火を必死に逃れようとする人たちがぞくぞくと同じ糸をせりあがってくる。糸が切れないかと恐れパニクった悪人は、下から這いあがってくる人たちを蹴り落とす。すると、糸が振動で揺れてプツリと切れ、みな地獄の底に落ちてしまう。そして、釈迦はその光景を虫けらの生死を観察するみたいに退屈そうにしばらく眺めたあと散歩に戻る。

うなされるぐらいの恐怖心をこの物語に覚えた理由は、蜘蛛の糸をのぼる悪人の心境と完全にシンクロしてしまったからだ。ただでさえ漫画やドラマの登場人物に共感し、自分を物語の主人公にすぐ仕立てあげてしまう少年の空想癖がここでは裏目に出た。地獄から懸命に逃げ出そうとしても、結局はシジフォスの終わりなき労働のごとく、どん底に再び突き落とされる。そうした主人公の運命は確かに悲惨だが、とりわけおぞましいのは釈迦の態度だ。絶対的慈悲の体現者であるはずなのに、気まぐれに人命をもてあそぶ不気味な超越的存在として描かれている。

じっさい、「蜘蛛の糸」は歴史上の伝統仏教とは何の関係もない。東洋思想を西洋に紹介する橋かけとなった在野の宗教学者ポール・ケーラスが書いた創作短編「蜘蛛の巣」の日本語訳を下敷きにした芥川が、実存的に陰惨な独自の厭世観を染みこませ新しい物語に書きかえたのだ。児童雑誌に掲載された作品だが、その「教訓」は子どもの情操教育に用いられる月並みの道徳観ではない。

エゴの塊である人間の必死な努力が招くのは結局自滅でしかない。そして、わたしたちの運命を究極的に左右するのは、映画『プロメテウス』に登場する宇宙人のような、理性をはるかに超える怪物的な不条理な存在や原理である。芥川が鮮やかに描写する唯一の人間の条件は、救いも意味も目的もカルマもない原罪だ。

この個人の実存意識は絶望的な社会意識にまで拡大

できる。不合理で非人間的な権力と制度が無辜の人びとを無数に拷問し虐殺し、それを見せかけだけの道徳で正当化する世界で生きている現状を自身の問題として認識すると、それが可能になる。同時にウィリアム・バトラー・イェイツの詩「再臨」が言う「最良のものたちは確信をすべて失うとともに、最悪のものたちは／情熱的な激しさに満ちあふれている[1]」現実に目覚めた絶望感がそこにはある。

芥川が自殺する前日に提出した最後の原稿は「切支丹物」の文章で、死の床についた枕元に置かれた聖書の「マタイによる福音書」は書きこみでいっぱいだった。キリスト教的なものに救いを求めながらも、最終的には実存的深淵の方にふらふらと落ちていったのかもしれない。

マタイによる福音書27－28章をもとにバッハが作曲した『マタイ受難曲』のカセットテープ（カール・リヒターが一九五八年に指揮した名演の抜粋）をウォークマンで聴きながら高校をサボった話を、一度アルにした。心がささくれ立ち、行き場も自信もない未成年のわたしは、窒息しそうな教育工場から抜け出して、つかのまの自由時間を手に入れるのに必死だった。何もない郊外の路上をさまよい歩き、公園や図書館や映画館やショッピングモールで無駄に時間をつぶした。

イエスが十字架で死ぬという予告から降架、埋葬、追悼にいたる出来事だけを扱い、復活には触れない『マタイ受難曲』はそうした「出口なし」の状況にはぴったりのサウンドトラックだった。キリストの荘厳で神聖な受難の音楽的イメージによって、気弱で甘ったれたガキの悪あがきでしかない現実逃避が浄化され、有意義なものにさえ感じられた。これはもちろん不条理なぐらい滑稽な自己投影だった。まさに英語のフレーズ"the sublime and the ridiculous"（「荘厳なるものと滑稽なるもの」）を想起させる。

神や偉人や王などの「荘厳」な権威に対して、脆弱な道化や奴隷は身分の低い「滑稽」な存在として扱われる。前者は後者を罰したり抹殺したりできるが、後者はおどけた仕草や言葉によって前者をコケにし上下関係を一時的にひっくり返す力を持っている。「古典」や「名作」や「高級」と銘打たれる文化的権威も、そうした下からの妥当な「冒瀆」の対象にしばしばなる。

英語に吹き替えされた一九六四年のイタリア映画『マタイによる福音書』(邦題『奇跡の丘』)を、アルの家で友人のトムとドンと観たことがある。ゲイのコミュニスト詩人ピエル・パオロ・パゾリーニが監督したこの名画は福音書を忠実に再現し、配役を徹底して素人で固め、よけいな脚色やイデオロギーをすべて切り捨てた素朴な農民の救世主イエスを浮き彫りにする質素で美しいアレゴリーだ。バチカン教皇庁の新聞『オッセルヴァトーレ・ロマーノ』は映画の五〇周年を記念する二〇一四年の記事で、この映画が「名作であり、おそらくイエスについて作られたもっとも優れた映画である」と宣言している。(2)『マタイによる福音書』が初公開されてから一一年後の一九七五年にパゾリーニは残酷に暗殺された。棍棒で叩かれて骨を複数折られ、睾丸を鉄の器具でつぶされ、自分の車で何度も轢かれ、体の一部をガソリンで焼かれた。汚名を着せられた現代のキリストのような壮絶な死に方だ。

ハッパを吸ってから合流してきたトムとドンは、集中力を要するゆったりとしたペースの静謐な映画を鑑賞できる心境ではなかった。しかも、ズレがときどき生じるほど吹き替えの質はずさんで、俳優の容姿や所作とのギャップが不自然に目立ち、せっかくの演出がだいなしになっていた。暗闇の中でドンはこらえきれずにケラケラと笑い始め、イエスが話すたびに「こいつはマヌケに聞こえるぜ!」と叫び、トムもわたしもそれにつられて爆笑してしまった。ただ一人笑っていなかったアルは怪訝な目でわたしたちを見回した。ついにドンは呼吸困難になるぐらいけたたましく笑い転げ、部屋の外に飛び出した。

新約聖書の外典である「ペトロの黙示録」では、十字架に釘づけにされた肉体のイエスと、歓喜に満ちあふれて笑う霊魂の「生きたイエス」の存在が示されている。

「木の上で喜び笑っている人をあなたは見ているが、それこそが生きたイエスなのだ。しかし、両手と両足に釘を刺されているのは彼の肉体の部分であり、それは辱めを受けている代理で、彼に似たものとして生まれてきた。だが、わたしと彼を見なさい」(3)

アル・ケイブの肉体が滅び、その事実を把握できずに激しい雨の中で突っ立っていた瞬間はすでに荘厳で悲劇的な色彩を帯びた記憶になりつつある。だが、彼の家で笑い転げて滑稽に騒ぎ、霊魂のパンを言葉で分かち合った記憶は色褪せない。

太初に言《ことば》あり、言は神と偕《とも》にあり、言は神なりき。

時間も場所も気にせずにアルとながながと語り合った日々を思い出すと、このヨハネによる福音書の有名な書き出しを想起する。彼との対話は友情の証であったし、（どう定義するのであれ）「神」がわたしたちとともにあった証だったと信じたい。

アルと最後にメールでやりとりしたのは、彼が亡くなる約一年半前の二〇一八年一～四月だった。メールの件名は「死と復活」（death & resurrection）という、いかにも暗示的なフレーズだ。読み返して驚いた。彼はすでにパーキンソン病になっていると述べ、迫りくる死の予感をあらわにし、わたしとの会話をいつか再開したいと願っていたのだ。日常の些事に忙殺され、その内容を完全に忘却していた。

親愛なるマニュエルへ

前回、あなたにメールを書いてから、わたしの人生でとても苦しい時期に入りました。人によっては、老いは知恵と平安をもたらすものであり、わたしもいつかはそれを経験するかもしれません。しかし、齢を重ねた者にふりかかる最悪の状態には陥ってないものの、いまは、骨折、筋肉痛、性器／泌尿器系の不調、パーキンソン病の神経痙攣、ＣＯＰＤ〔慢性閉塞性肺疾患〕、不眠、幻覚などが重なっています。これらにともなう痛みは、さいわいにも断続的なものです。歩行器を使ってある程度動けるし、だいたい現実を正常に把握できています。これらの問題のうち最悪のもの（パーキンソン病）に対する適切な治療を受けていないようなので、近々、苦痛の軽減を求めてクリーブランド・クリニックに行く予定です。この文章を読み返してみると、確かに自分の状態について真実を伝えてはいるのですが、非常に重要な二つのことが抜け落ちているのに気づきました。ひとつ目は妻のメアリーです――彼女はみずからの労苦を抱えているにもかかわらず、慰めと助けの源となっています。もうひとつは漠然としていて、わたしには強い生命力があると亡き息子が信じていたということです。この先どうなるかわかりませんが、まだあきらめきれません。いまでも、読んだ本や書いてみたい論文について一日中考えをめぐらせています。いま、わたしの人生にもっとも欠けているものは、身体的な健康を除けば、コミュニティや家族のようなものです。覚えているかもしれませんが、わたしの子どものうち二人は亡くなっています。残りの一人はアルコール依存症で、恨みと憎しみに満ちていて、理由はわかりませんが、ときどき、わたしたちを深く傷つける奇妙な言動をとります。健康状態が良くなり次第、彼女から逃れるためにトレドを離れるつもりです。かなり優れた大学（現在、公立大学の中で全米九位）になっている母校の地であるフロリダ州ゲインズヴィルに落ち着くかもしれません。トレドとは異なり、フロリダではわたしの仕事はいつも寛大に評価されていて、二年前には「卒業生優秀賞」を受賞しました。コミュニティの必要性に関するあなたのコメントは本当に心に響きました。わたしはほとんど孤立していて、大学の誰からも連絡を受けません。例外は、二人の元学生です――グレッグ・ロビンソンはかなりひんぱんに来てくれて、マイク・レオナルディは電話すると約束してくれました。何度も何度も、あなたがここにいてくれたらと思い、もう一度、夜を徹して深く話し合いたいと思いました。訊きたいことが山ほどあります（…）わたしは最近、自分の宗教的信条を明確にしようとして、とても奇妙な日々をすごしています。パーキンソン病のせいで幻覚に近い症状も出ました。もし何らかの意味を見いだし、少しでも信頼できる洞察を得たら、共有するかもしれません。いまのところ、わたしはしばしば現実離れしているみたいです。

わたしの奇妙な状態についてはこれくらいにして、あなたがどうしているか教えてください。

敬具　アル

二〇一九年九月

注

（1）William Butler Yeats, "The Second Coming", *Poetry Foundation*: https://www.poetryfoundation.org/poems/43290/the-second-coming

（2）"In Francis' Church Pasolini goes to heaven", *La Stampa: Vatican Insider* (23 Luglio 2014): https://www.lastampa.it/vatican-insider/en/2014/07/23/news/in-francis-church-pasolini-goes-to-heaven-1.35736033

（3）"The Apocalypse of Peter" (translated by James Brashler and Roger A. Bullard), *The Gnostic Society Library*——*The Nag Hammadi Library*: http://gnosis.org/naghamm/apopet.html

第二部　子

9　帝国主義の原罪を贖う「解放の神学」

トレド大学のキャンパス南口側のドール・ストリートをわたると、コーパス・クリスティ校教会（Corpus Christi University Parish）という大学付属のカトリック教会がある。

トレドは他のアメリカの都市と比べてカトリック信徒の人口が多い。総人口約一四六万人のうち二二パーセントである、ほぼ三二万人のカトリック信徒がトレド教区に住んでいる。米国で最多の教派は人口の約半分を占める一億五〇〇〇万人のプロテスタントだ（世界中のプロテスタント人口の二〇パーセントがアメリカに住んでいる）。総人口の二一・五パーセントを占める約七〇五〇万人のカトリックはその次に多い。つまり、トレドのカトリック人口は米国全体の比率とほぼぴったり合致する。

友人アル・ケイブの葬式は、コーパス・クリスティで二〇一九年九月一四日に執り行われた。

コーパス・クリスティの建設は、わたしがトレドに移住した一九九八年にちょうど完了している。信徒の要望を聞き入れた入念な議論をもとに決定された建築様式はとても穏やかでモダンな雰囲気で美しく、中学生のときに訪れたブラジリアの教会を少し思い出させた。

会堂の壁には一連の聖画像が描かれている。北アフリカで生まれたアウグスティヌスが黒人として表象され、貧民と同伴するアナキスト的組織カトリック・ワーカーズの創始者ドロシー・デイ、そして修道士トーマス・マートンの聖画像も飾られていたのがとりわけ印象に残った。「この教会はめずらしく居心地がいい」とアル・ケイブが生前に言っていた理由がよくわかる。

二〇一二年に引退するまで同教会の牧師を三〇年務めたのは、ジム・ベーシック神父だ。オックスフォード大学で博士号を取得し、神学や霊性に関する書籍を十数冊上梓しているベーシックは豊かな知性と社会意識をバランス良く結合した説教をした（一九九一年九月には講演のために来日もしている）。わたしはコーパス・クリスティに幾度となく足を運び、ベーシックの話を聴いた。いつも物静かで理知的な口調で話し、他宗教に敬意を払い、神がかりなふるまいや迷信じみた言葉とは無縁の人だった。

戦争や死刑に反対し、ＬＧＢＴＱの人権を支持する模範的な進歩派カトリック神父であるベーシックのウェブサイトに掲載されている『内省』（*Reflections*）と題された一連のエッセイには、レイシズムに対するキリスト教徒の責任を扱ったものがある。二〇一七年九月付のこの文章の端緒をなしているのは、同年八月一二日にバージニア州シャーロッツヴィルに集結した白人至上主義者、ネオナチ、反ユダヤ主義者などの「右翼団結」デモ隊が反ファシストや差別反対のカウンター・デモと衝突した際に、後者に参加していたヘザー・ヘイヤーをオハイオ州マウミー出身のジェームズ・フィールズが轢き殺しその他一九人を負傷させた事件だ。レイシストと反レイシストのデモ隊両方を非難し、白人ナショナリストの「右翼団結」側には「とても良い人たち」もいると公言したトランプ大統領の「道徳的等価関係」をベーシックはまず批判する。「これらの核心的信念〔福音書の基本的真理〕は、シャーロッツヴィルで宣伝された反ユダヤ主義やレイシズムを含む、あらゆる形態の差別や偏見を認めません。また、憎悪を煽る者とそれに対抗する者のあいだに道徳的等価性があるという悪質な主張にも異議をとなえます」。そして、彼はキリスト教が持つ経験と伝統をすべて動員し、レイシズムと闘うよう力強く呼びかける。

「わたしたち全員が解決策の一部になる方法を見つけられたら、シャーロッツヴィルはすばらしい機会になるかもしれません。白人のキリスト教徒にとって、それはレイシズムをとりわけ根強い社会的罪と認識することを意味します。レイシズムはわたしたちの制度を歪め、既存の偏見や白人の特権に由来する不当な優位性に目をつぶるあやまった意識を生み出します。解放という聖書的テーマ、困っている人に寄り添う慈愛に満ちたキリストの模範、カトリック教会の社会問題に関する豊富な教えの数々、そして告解という霊的実践など、キリスト教の伝統にある貴重な資源を用いてレイシズムに立ち向かうよう求められています。そして、わたしたちの影響力の及ぶ範囲内で、レイシズムに対抗し、正義を促進する適切な行動をとるよう求められています(1)。

わたしがコーパス・クリスティを初めて訪れたのは、師匠のピータ・ラインボーのおかげだ。死刑廃止運動に熱心にコミットしていたラインボーは無神論者だが、トレドの運動界隈ではカトリック信徒、とりわけ神父や修道女との接触が多く、その一人であるベーシックとも知人で彼を尊敬していた。

コーパス・クリスティが著名なゲストスピーカーをときどき招いて開く講演会に一度だけ行った。ラテンアメリカで一九六〇年代から広まり、米国が支援する独裁政権にしぶとく抵抗し、草の根の貧民運動をインスパイアした「解放の神学」の開拓者グスタボ・グティエレスの講演会だ。ラインボーが師事したイギリスの歴史家E・P・トムスンが書いた三〇〇ページにのぼるルイ・アルチュセール批判『理論の貧困』の影響を受けたわたしにアルチュセールの再評価をうながしたのは、グティエレスの名著『解放の神学』の脚注だった。「あまり知られていない古いテキストで、アルチュセールは世界のあまねく階級闘争におけるカトリック教会の立場を慎重に吟味したあと、今日のラテンアメリカに該当するやや意外な主張をもってこの論文を締めくくっている──「教会の未来を左右するのは、闘争の必要性を認識し世界のプロレタリアートの仲間入りをするクリスチャンの数と力である。(……)闘争によってそして闘争そのものの中で、「言《ことば》」が人びとのあいだで生まれ人びとのあいだで生きたことを再発見し、人びとのあいだでそれに人間的な居場所を与える者たちによって教会は生きるであろう(2)」」。アルチュセールが単にネオ・スターリン主義を洗練した形で復活させようとした共産党の御用学者にとどまらず、異なった歴史的状況においては有意義な批判的機能を発揮する思想家になりうるとわかった。

『解放の神学』は、わたしのマルクスの読み方とは本質的に相容れないマルクス主義の伝統に対する思想的寛容を育んでくれただけではない。わたしが意識の一端で抱いている「弱きを助け強きを挫く」というキリスト教の大衆革命的イメージ（それは、例えば、高校生のときに聴いて深く共感したウディ・ガスリーのフォークソング「イエス・キリスト」が描く反逆的労働者のキリスト像――「イエス・キリストはあらゆるところを旅した／一生懸命に働く人で勇敢だ／彼は金持ちに「貧者に自分のものを与えよ」と言った／だから彼らはイエス・キリストの墓穴を掘った」――と重なる）を骨太な神学的言語で理路整然と説明してくれた。大学生のわたしにとってそうした理論的根拠づけはすでに必要なかったが、思想の根底で心から共感した。本書の歴史的意義と内容をフランス在住のブラジル人マルクス主義思想家ミシェル・ロヴィはこう要約している。

> 社会的にコミットするクリスチャンによる一〇年にわたる実践《プラクシス》と進歩派ラテンアメリカ神学者のあいだでの数年の議論の結果である。（…）グティエレスはラテンアメリカのカトリック文化に深い影響を与えた非常に独創的で特異な思想を提起する。まず最初に、ギリシャ思想から受け継いだ二元論と袂をわかつ必要性を強調する。現実は「一時的」なものと「霊的」なものの二つに分けられないし、歴史も「神聖的」なものと「世俗的」なものの二つに分けられない。ひとつだけの歴史があり、この人間的で一時的な歴史の中で「神の王国と贖罪」が実現されねばならない。重要なのは、救いが上から来るのを受動的に待たない姿勢だ――聖書のエクソダスがわたしたちに示しているのは、「歴史的政治闘争を通じたみずからの手による人間の構成」である。したがって、エクソダスは、個人的で私的ではなく、共同的で公共的であり、ひとりの個人の魂が問われるのではなく、奴隷にされた人びとすべての贖罪と解放

が問われる救いのモデルである。この観点からすると、貧民は単に哀れみや慈善の対象ではなくなり、ヘブライ人奴隷のように、みずからの解放の主体になる。(3)

トムスンやラインボーの著作が繰り返し明らかにしてきたのは、キリスト教の信仰と神学が一七世紀から一九世紀にわたるイギリスと環大西洋の階級闘争の中で民衆みずからの手によって強烈な変革の力を発揮したという歴史だ。わたしがグティエレスに惹かれたのも同じような理由による。解放の神学が提唱する「貧民を優先する選択肢」は、貧しい人たちを憐憫の対象、弱者、被害者として扱わないし、マジメに働く勤労者やブルジョア市民として「社会復帰」をもくろむ援助も推進しない。むしろそうした上から目線のパターナリズムによって形成された慈善活動や福祉政策が維持する貧困の構造を問題視し、それを可能にしている経済開発、資本主義の権力関係、帝国主義を指弾し、貧者イエスの福音を文字どおり受け止め実践しようとする。こうした実践の主体は、「基礎共同体」と呼ばれる農民、窮民、労働者のコミュニティで相互扶助の信仰生活と政治活動をともに営んで開花した。

イエスは若い金持ちの信仰者に向かって「行って持っている物を売り払い、貧しい人々に施しなさい。そうすれば、天に富を積むことになる」（マルコによる福音書10章21節）という私有財産の分配をうながす言葉を放っている。そして、初代教会の組織原理は「信者たちは皆一つになって、すべての物を共有にし、財産や持ち物を売り、おのおのの必要に応じて、皆がそれを分け合った」（使徒言行録2章44－45節）という原始共産制だ。イエスは群衆にパンと魚と最高級のブドウ酒を無尽蔵に無料で分け与え、古代ローマ帝国と宗教的祭司の権力にはまっ向から対立し、「徴税人や罪人」など賤民とみなされた人びとと飲食をともにした。こうしたイエスの言行を省みれば、解放の神学が体現する「貧民を優先する選択肢」の理論と実践の一致、スピリチュアルな救いを集合的に血肉化しようとする信徒の活動は物珍しいものでも物議をかもすものでもない。むしろ、キリスト教の原点を刷新する新たな試みとみなせる。

いまでこそ、現教皇フランシスコは解放の神学を高く評価し、「貧困と排除の悲劇に誰もが無関心でいられないようにすべての人びとの良心に訴えた」グティエレスに感謝し、彼とともにミサの共同執行も行っている。だが、一九七〇～八〇年代に解放の神学の影響力がラテンアメリカの貧民のあいだでピークに達していた時期、富者の支配で成り立つ独裁政権を支持する当時のバチカンも含めたカトリック保守は、グティエレスたちを攻撃し、マルクス主義的社会分析に頼る彼らの姿勢を危険視した。

政治思想史の観点からすると、こうした反共批判は奇妙な現象であり、影響の順序をあべこべにしている。マルクス主義の古典的な共産概念はキリスト教に由来し、その逆ではない。例えば「能力に応じて働き、必要に応じて受けとる」というマルクスの『ゴータ綱領批判』で記されている社会主義の定義は、「信者の中には、一人も貧しい人がいなかった。土地や家を持っている人が皆、それを売っては代金を持ち寄り、使徒たちの足もとに置き、その金は必要に応じて、おのおのに分配されたからである」（使徒言行録4章34－35節）という初代教会のコミューンにもとづいている。厳格な敬虔派プロテスタントの家庭環境で育ったエンゲルスは、歴史的唯物論の名作『ドイツ農民戦争』でプロテスタント大改革の農民一揆を先導したトマス・ミュンツァーを主題にとりあげ、晩年には初代キリスト教の歴史と近代労働運動の類似点を考察した論考を書いている。

教皇ヨハネ二三世のもとで一九六二～六五年に開かれ、カトリック教会の全面的改革をほぼ一〇〇年ぶりに企てた第二バチカン公会議が好意的に接し一部とり入れようとした解放の神学は、その後教会内部で矢面に立たされた。その理由は、ヨハネ二三世に代わって教皇の地位に就いたパウロ六世、ヨハネ・パウロ二世のバチカン体制が教会の伝統的権威の失墜を恐れ、後にベネディクト一六世になる教理省長官ヨーゼフ・ラッツィンガーが解放の神学に対して繰り広げた排撃活動と深く関係している。その結果、カトリック上層部はラテンアメリカの反共保守カトリックが擁護するファシスト政権のおぞましい恐怖政治に譲歩してしまう。

つまり、アメリカの福音派キリスト教徒が一九七〇年代後半から前衛右翼の一端を担い始め、アメリカ政治を好戦的で権威主義的な方向に向かわせたように、カトリック教会も冷戦体制と妥協し、原始キリスト教の精神を復興する草の根運動の芽を摘みとろうとしたのだ。米国が養成し経済支援した軍事権力が解放の神学を実践する貧民に対して行った残虐行為を、エルサルバドルの神父ダニエル・サンチアゴは一九八八年に記録している。

エルサルバドルでは、死の部隊はただ人々を殺すのではない。人々は切り刻まれ、頭は槍に刺されて目印のように置かれる。エルサルバドル特殊警察はただ男のはらわたを抉りだすだけではなく、切り取ったペニスを口に突っこむ。治安部隊はただ女性を強姦するだけではなく、子宮を体から切り取って顔に被せる。ただ子供を殺すだけでは足りないので、肉が骨からそげ落ちるまでバラ線にこすりつけ、それを親に強制的に見物させる。(4)

アメリカの外交政策が意図的に作り出したホラー映画さながらのこの現実の記述をわたしは大学生のときに読み、ショックを受けた。ナチスの大量殺戮については子供の頃から映画や書籍や学校を通じて学んでいたが、ちょうどわたしがアメリカに移住した時期にリアルタイムで行われていたこれらの殺戮、強姦、拷問についての報道はいっさい目にしなかったし、学校でも教わらなかった。わたしは大学まで基本的にノンポリだったが、帝国主義の実態を明らかにするいわば「知恵の木の実」を口にしてしまったせいで、政治に関心を持ち始めた。中立を維持し沈黙を守るのは、蛮行の源である権力構造に加担する行為だと思い知らされた。異なった言い方をすると、わたしを統治し、国民、市民、住民の一員として公認する権力の「原罪」と向かい合わざるをえなくなったのだ。

わたしを一般のクリスチャンやマルクス主義者から本質的に峻別するものがあるとすれば、そのひとつは特定の立場や組織を絶対視せず、みずからの生活圏を司る権力、または自身が所属する集団に対する批判的姿勢を倫理的基準にしていることだ。究極的にそれは、

「あなたがたは、自分の裁く裁きで裁かれ、自分の量る秤で量り与えられる。（…）偽善者よ、まず自分の目から丸太を取り除け。そうすれば、はっきり見えるようになって、兄弟の目からおが屑を取り除くことができる」（マタイによる福音書7章2－5節）という山上の垂訓の偽善批判の応用にすぎない。

世のイデオローグは、ほとんどの場合、敵対者とみなす存在を排し自己正当化に終始する。独善的キリスト教徒は未信者または他宗派よりも優れているとうぬぼれ、アメリカや日本の独善的市民は国家権力の広告代理店よろしく北朝鮮や中国の脅威を大言壮語に言いふらす。北朝鮮や中国の人民の倫理的責任がそれぞれ自国の権威主義体制に向き合いそれを民主化することであるように、キリスト教徒の責任は地上の権力と妥協したり結託したりする制度的キリスト教に立ち向かうことであり、アメリカ人の責任はアメリカ帝国主義の解体であり、日本人の責任は日本の戦争責任をはじめその国家や企業の犯罪を正すことである。しかし、わたしたちがじっさいに日常で目のあたりにするのは、みずからの組織や国や権力圏の腐敗や抑圧にはことごとく目をつぶり、それらを隠蔽し正当化する、他国や他者の非難がほとんどだ。解放の神学は山上の垂訓のこうした道徳的常識《モラル・コモン・センス》を冷戦末期にとり戻す重要な歴史的役割を果たした。

残念ながら、そうした道徳的常識をキリスト者として全うしてきたグティエレスの講演をわたしはほとんど理解できなかった。内容がわからなかったのではなく、スペイン語なまりが強く滑舌がよくない彼の発音が聞きとれなかったのだ。その場にいたある修道女も同じくグティエレスの英語が理解できずにいたが、彼がそこにいるだけで感動し恍惚としていたという話をアルからその後聞いた。誰かに帰依したり、カリスマに魅了されると、このようにその人のオーラの虜になる。「アイドル」や「スター」と一般的に呼ばれる人間がそうしたオーラの体現者なのは周知のとおりである。

「アイドル」は元来「偶像」を意味する言葉ゆえに、誰かをスター扱いするのは「いかなる像も造ってはならない」という十戒の掟を犯しているという言い方も成り立つ。それはグティエレスだけではなく、教皇、天皇、大統領、首相、独裁者、社長、会長などあらゆる権威を特別視するのもそうであり、さらに広く解釈すれば、経済システムや国家や政党や教会といった制度や組織を特権化するのもそうだ。根源的な意味では、貨幣を頂点とする商品的物神性を批判する『資本論』や、神と富の両方には仕えられないと喝破したイエスの言葉があらわす反資本主義的理念も、このラディカルな偶像破壊思想に依拠する。

解放の神学は古代ユダヤ／キリスト教の土台にある偶像破壊の意味を現実において再生する力を持っていた。それはキリスト教が個人主義的で社会順応的な規範を課す宗教の「アヘン」になるのを拒む、本当の意味での稀有な「リバイバル」だった。カトリック信者でもなく、学問としての神学にもさほど興味のないわたしでさえその余震を感じた。それは教義の異端と正系をめぐる通常の神学的議論をはるかに超えた歴史的営みだったのだ。同時に、流血で滲んだ荒野を殉教した貧者の行進が約束の地にたどり着かずにさまよい、終わりなきエクソダスを続けるという暗く重いイメージを喚起する「聖者の証」でもあった。

ああ、星々が空から落ちてくるとき
ああ、主よ、わたしはその中のひとりでいたい
聖者が行進してくるとき

ああ、月が血で赤く染まるとき
ああ、月が血で赤く染まるとき
ああ、主よ、わたしはその中のひとりでいたい
聖者が行進してくるとき
「聖者の行進」（“When the Saints Go Marching In”）

二〇一九年一〇月

注

（1）James J. Bacik, “Reflections”, September 2017 (vol. 40, no.1): http://frjimbacik.org/2017/09/09/september-2017-reflections/

（2）Gustavo Gutiérrez, *A Theology of Liberation: History, Politics and Salvation*. Trans. and ed. Sister Caridad Inda and John Eagleson (SCM Press Ltd, 1974), 285 footnote 60.

（3）Michael Löwy, *The War of Gods: Religion and Politics in Latin America* (Verso, 1996), 45-46.

（4）ノーム・チョムスキー『アメリカが本当に望んでいること』益岡賢訳（現代企画室、一九九四年）、五九頁。

10 市民的不服従の全質変化

伝説的な反戦神父ダニエル・ベリガンがコーパス・クリスティ教会で行った講演の印象を友人アル・ケイブはこう説明していた。

「マニュエル、ベリガンの語り口や風貌はこの世の人のものではなかったよ。なんとも言えない神秘的な体験の生き証人というか。時事的な話題を訊かれても、それがどうでもいいといったそぶりで払い落とし、聖なる高山の上で「変容」のまっただ中にいるような感じで答えていたね」

ケイブが点描するベリガン像は意外だった。以前にわたしが認識していた「ダニエル・ベリガン」の歴史的人物像は、彼の弟でありやはり神父のフィリップ同様、社会的正義のために法律を破る行為をいとわず、市民的不服従を猪突猛進に実力行使する運動の「義人」だったからだ。じっさい、フィリップが一九九六年に上梓した自伝『羊の戦争を闘う』(*Fighting the Lamb's War*)がもっぱら紙数を割いて記録しているのは、静かな内観的生活からはほど遠い大胆な直接行動の軌跡である。

六人兄弟のうちの五男であるダニエルと六男のフィリップは、ミネソタ州でドイツ・アイリッシュ系労働者階級の家庭で生まれ育った。父のトーマスは社会主義にコミットする熱心な労働組合員で鉄道エンジニアだった。シェイクスピア、ワーズワース、キーツ、シェリーといった詩人を暗唱する父はケンカ早く、上司に反抗するのを恐れず、反共時代の一九五〇年代にはブラックリストに入れられた。精神的に不安定で気性の激しいトーマスは、もの静かで優しく非の打ちどころがない妻フリーダが息子たちを甘やかしているのではないかと常に目を光らせ、暴言をよく吐いた。男子はスポーツや手仕事がうまく、必要ならばこぶしで物事を解決するマッチョな男であるべきだと信じて疑わない。自分ともっとも似ている同名の長男をえこひいきし、畑仕事の手伝いをする頑丈でがたいが大きいフィリップも評価したが、身体が弱いダニエルには冷たかった。母に対する父の理不尽な怒りがあまりにもひどく、長男が仲介に入り父を殴り倒したこともある。

こうした家庭内暴力とは対照的な温かみをフリーダは息子たちに吹きこんだ。失業者が路頭に迷う大恐慌時代、貧者が家に物乞いに来ると、彼らを招き入れ、家族の食べる分が減ってでも食べ物を分け与えた。「お前たちは、わたしが飢えていたときに食べさせ、のどが渇いていたときに飲ませ、旅をしていたときに宿を貸し」てくれた（マタイによる福音書25章35節）というイエスの教えを実践し、貧困は決して道徳的に悪くはなく単なる不遇であり、それを軽減するのはクリスチャンの義務だと日常の行いで示した。

ダニエルは高校を卒業してすぐにイエズス会の神学校に入り、一九五二年に神父になった。詩才に恵まれていたダニエルは処女詩集『数字のない時間』（*Time Without Number*）を五七年に世に問い、アメリカ詩人協会が主催するラモント賞を受賞した。「時間がそのぎこちない最悪のことをしたのは、その心にひびを入れ／不可避にその胸をくり抜き、この燃える草を開いたのは／巨大な風景を抱きかかえるため――その炎の中の作物と家と人」[1]。形而上的な抒情性あふれるダニエルの詩的文体は、聖書の註解から獄中日記にわたる五〇冊にのぼる著作に一貫してこだまする通奏低音だ。

第二次世界大戦中にフィリップは歩兵隊の一兵卒として徴兵され、米軍にとって最多数の死亡者が出た西部戦線の「バルジの戦い」に送りこまれた。アメリカ陸軍の統計によると七万五〇〇〇人の米兵と一〇万人のドイツ兵が戦死したバルジの戦いでフィリップが目撃した阿鼻叫喚は、戦争のむごたらしさを彼の脳裏に焼きつけた。それから、黒人だという理由だけで味方の兵士が軍隊内で人種差別を受けている現実も彼は目のあたりにした。

除隊後、フィリップが黒人カトリック信徒を対象に牧会を行う「聖ヨセフ聖心会」（Saint Joseph's Society of the Sacred Heart）の神父になり、公民権運動の先頭に立って市民的不服従を行い、みずから進んで逮捕されるという経緯は、アメリカ社会の抑圧的矛盾が凝縮された戦争体験に深く根ざしている。牢獄という物質的にも精神的にもどん底である場所でフィリップは非暴力思想を深く吸収する。

　非暴力の稲妻に打たれたわけではない。ロバや自転車からすべり落ち、光の雲の中へ昇りあがったわけでもない。初めて刑務所に入ったときにヘンリー・ディヴィッド・ソローを読み、ガンジーの非暴力活動が英国をインドから追い出したことを学んだ。しばらくすると、マーティン・ルーサー・キングをとても尊敬するようになり、ドロシー・デイ、ディヴィッド・デリンジャー、A・J・マスティその他の平和活動家に出会い、彼らと親しい友人になった。自身の中にある多くの苦しみと闘いそれらを克服したトーマス・マートンからも感銘を受けた[2]。

　ベリガン兄弟を一躍有名にしたのは、ベトナム戦争に反対する一連の市民的不服従行為である。独立を求めるベトナム人民を殺戮する帝国主義戦争をやめさせるために、彼らは公共の場で堂々と徴兵カードを破壊した。一九六七年一〇月二七日、フィリップその他三人の活動家はメリーランド州ボルチモアの徴兵事務所を占拠し、自分たちの血と家禽の血を混ぜて徴兵カードの記録資料にしたたり落とした。活動現場で聖書とともに配布されたビラには、「この犠牲的で建設的な行為は、インドシナにおけるアメリカ人とベトナム人の血が痛ましく無駄に流されていることに抗議する」というフィリップの言葉が記されていた。

　半年後の六八年五月一七日、メリーランド州ケイトンズヴィルの徴兵委員会に乗りこんだフィリップとダニエルその他七人は、三七八の徴兵ファイルを外に持ち出し、高校の化学教師ディーン・パパスが作った自家製ナパームで燃やした。米軍がベトナムに落とすナパーム弾を象徴的に喚起するこの行為に際して、ダニエルが執筆した声明文の次のくだりはあまりにも有名だ。

良き友たちよ、わたしたちは謝罪しましょう、良き秩序を乱し、子どもの代わりに紙を焼き、死体安置所の応接室にいる用務員を怒らせたのを。神に誓うしかありません、これらをやらずにはいられなかったと。

わたしたちの心がもがき苦しみ、「燃える子どもたちの地」について考えずにはいられないのを。そして詩人ルカが語ったあのもうひとりの「御子」について考えるのを。その幼児を抱きかかえた老人はその美に触れて、声が響きわたり預言するようになりました。(3)

ボルチモアの四人はボルチモア・フォーと呼ばれ裁判にかけられ、ケイトンズヴィル・ナインの九人も同様に検挙され三年の禁固刑を受けた。この二つの市民的不服従行為は、それまで大規模な街頭デモに重点を置いていたベトナム反戦運動の戦略に重要な方向転換をうながした。

市民的不服従は歴史の真空状態の中で行使されない。公民権運動では南部の人種隔離制度を廃止するという明確な目的を目指し、世論に訴え連邦政府に圧力をかける手段として巧みに活用された。それは、変動する現場に応じて、運動内の異なる勢力が議論を重ね、ときには激しく葛藤しながら慎重に練られた政治的戦略だった。その結果、リンドン・B・ジョンソン大統領政権によって六四年公民権法や六五年投票者登録法といった画期的な法的改革が次々と達成され、少なくとも公共の場においてはレイシズムの言説はその後じょじょに駆逐されていく(他方、社会経済構造に埋めこまれた不平等は放置され悪化するばかりだ)。同時に、六〇年代半ばに飛び火し始める都市暴動や、民主党/共和党の二大政党による既成の選挙制に対する幻滅は、規律正しく組織された非暴力直接行動以外の闘い方を運動からほぼ必然的に生み出した。ジョンソン政権が六五年にベトナム戦争をエスカレートさせると、体制リベラリズムの帝国主義的本質があらわになり、運動の多様化と急進化がますます白熱した。

これは市民的不服従の作風の変化にも影響を与えた。

ボルチモア・フォーやケイトンズヴィル・ナインの市民的不服従は公民権運動のそれと異なり、連邦政府に訴えているわけではなかった。血やナパームをめぐる路上のパフォーマンスや、公判という法的空間を戦争の現状を伝えて市民的不服従の正当性を擁護する場面に変える創造的な発想は、当時運動で共有されていたカウンターカルチャーの精神と呼応している。政治的力学の動態を予想し特定の政治的効果を狙うのではなく、国家暴力や権力の不条理を耐え難きものとして根源的に拒絶する運動の新しい文化意識をありのままに体現する。そもそも戦争の張本人であるアメリカ国家と直接交渉する余地はないし、する意味もない。国家や体制そのものの根拠をベリガンたちは疑った。

もちろん、運動の一部には合衆国の行末を憂いて抗議する者も少なからずいたが、ブラックパンサーやアメリカン・インディアン運動の戦士からヒッピー・コミューンの開拓者やラディカルな平和主義者にいたるまで、イエスの言う「わたしが世に属していないように、彼らも世に属していないのです」（ヨハネによる福音書17章16節）という根本的な態度で各々の活動を発展させていた。第三世界革命と連帯し米国帝国主義を打倒する武装蜂起の必要性を説く若い革命家たちも、「神の国」というユートピアを掲げ想像力あふれる市民的不服従を敢行する戦闘的な宗教者も、敵対する権力を本質的に相容れない存在として想定した。

ガンジー、キング、マートンやベリガンたちが「市民的不服従」の原典として読んで影響を受けたヘンリー・ディヴィッド・ソローのテキスト「市民政府への抵抗」（のちに「市民的不服従」に改題）は、一八四八年にマサチューセッツ州コンコードで行った講演にもとづいている。四六年七月にソローは地元の道端でばったり会った収税官吏に六年分の人頭税を要求された。だが、ソローは支払いを拒んだ。アメリカがメキシコを侵略しテキサスを併合した米墨戦争と、南部の奴隷制を推進する政府に対する抗議がその理由だ。ソローは捕らえられたが、おそらく叔母が彼の同意なしに税金を払ってくれたおかげで、留置所では一晩すごすだけですんだ。彼の抵抗は追随者を期待せず、運動も作り出さなかった。「統治しない政府が最良の政府である」と述べたソローは、個人の良心に反する制度や政策に対して法を犯して抗議する抵抗権を主張したのだ。

ソローが市民的不服従を概念化し擁護した一八四八年、民主主義革命前夜のヨーロッパでは共産主義者同盟の依頼でマルクスが執筆した『共産党宣言』が出版されている。「市民政府への抵抗」が形式上民主主義国家である政府のもとでの個人の権利を宣言したのに対し、『共産党宣言』はそうした市民政府を打ち立てて封建社会をくつがえしたブルジョワ革命を高く評価し、私有財産と富によって労働者を支配するこの新しい革命的資本主義システムをさらに徹底的に民主化するプロレタリアの階級闘争を呼びかけた。ソローは国家権力よりも個人の尊厳や信念が重要であり、国家は事実上消滅したほうがいいというアナキズムに近い民主的政治理念を提示した。他方、歴史的過程を考慮に入れたさらにマクロ的観点から、マルクスは権力構造の実質的な変革にはそれを担う階級的主体が必要だと理解し、その形成に力点を置いた。

森の生活を二年半営み、自然を観察し一人で思索する生活を好み、その記録を日記に綴ったソローは、産業文明から離脱した質素な修道士的生活を理想とした。そういった意味でも、霊的生活で養われたベリガン兄弟の実践はソローの思想に近い。

ベトナム戦争後も、彼らは地上の権力がもたらす惨事に対するクリスチャンの証人として市民的不服従を行い続けた。イザヤ書2章4節の「彼らは剣を打ち直して鋤とし／槍を打ち直して鎌とする。国は国に向かって剣を上げず／もはや戦うことを学ばない」という聖句から名称をとり、六人のカトリックの同志とともに開始した「鋤《プラウシェア》」運動はそのもっとも顕著な例である。一九八〇年九月九日、「鋤《プラウシェア》」活動家八名はペンシルバニア州キング・オブ・プラッシャにあるジェネラル・エレクトリック社の敷地に不法侵入し、ミニットマン・ミサイルの輸送車二台をハンマーで傷つけ、関係書類に血を垂れ流し、平和の祈りを捧げた。戦争と核兵器に反対するために同じような直接行動を七十数回繰り返し、数年から十数年にわたる禁固刑を受けてきた「鋤《プラウシェア》」活動家の道徳的に勇敢な抗議活動は、しかし、政治的に有意義な実りがあったかどうかは疑わしい。

修道女である同志のエリザベス・マッキャリスターと結婚したためにカトリック教会から破門されたフィリップは、彼女とのあいだの三人の子どもを育てた二九年にわたる結婚生活のうち一一年間を刑務所ですごしている。フィリップの市民的不服従はどれもまっとうな大義にもとづいていたが、長年の服役に甘んじる行為の意義をわたしはどうしても理解できなかった。支配者にとって目ざわりな有能な活動家を現場からとり去るのは、運動への打撃になるだけではないか。ベリガンたちにとって政治活動と霊性の関係はなんだったのか。世俗的権力とのラディカルな政治的対立に捧げられた人生、そして政治を含む世俗的な関係すべてを超越する神との絶え間なき交わりに捧げられた人生――この二つの一見相反する生き方のあいだには、どう折り合いをつけられるのか。

ベリガン兄弟と親しく、ベトナム戦争に反対する異宗教間の連合をともに立ちあげたトーマス・マートンは修道士の視点からこの問題を提起している。宣教や牧会に従事するカトリック教会の公共的な機関に所属していたダニエルとフィリップが、体を張って権力の濫用に立ち向かう活動家になったのはそれほど不自然ではない。だが、世俗から隔絶された純粋な霊的生活を生きたマートンがあえて公民権運動、ブラックパワー、反戦といった同時代の運動に独自の連帯と理解を示し、修道院という自律空間とは対極に位置する政治の世界に言葉を通じて関わったのはなぜか。

この問いは世俗的な語彙に移しかえられる。テキサス大学オースティン校でわたしにマルクスの読み方を教えてくれた経済学者ハリー・クリーヴァーは、「抵抗」と「自己価値化」を区別している。ベリガン兄弟が有名になるきっかけを作り、クリーヴァー自身も大学時代に参加した公民権運動の市民的不服従をはじめとする抵抗は、権力の支配に対する反撃を意味する。ほとんどの社会運動は何かに対する抵抗だ――反戦、反レイシズム、反性差別、反核、反資本主義。こういった社会的不正に反対する闘いには終わりがない。モグラ叩きみたいにひとつのモグラをつぶしても他のモグラがどんどんあらわれ、どうにかして全部をやっつけ、万一ゲームそのものを破壊できたとしても、新しいゲームが同じパターンを繰り返すかもしれない。

違った言い方をすると、起こりそうにない革命が仮に実現したとして、その後の新しい社会が不正な統治を復活させ、同様のあるいはよりひどいあやまちを繰り返すことを回避する必要がある。

カントの「目的の国」をいま／ここで実現する新しい代替空間や関係を創造する「自己価値化」はそうしたジレンマに応える。「神の国は、実にあなたがたのただ中にあるのだ」（ルカによる福音書17章21節）というイエスの言葉は、人間の意識が日常の中で超越的なものを体験できるという神秘的な意味合いがある。同時にこの言葉を社会的に解釈し、遠い未来ではなく、瞬時的現在において地上の天国を体現し築かなければならないという予示的政治の宣言としても理解できる。理想的には、自発的なコミュニズムを実践する信徒の交わりによって、こうした来たるべきメシア的世界が予示される場所が修道院である。コミューン、労働者の協同組合、インフォショップといった自律空間を資本主義経済の外部や周縁に作るのもこの「自己価値化」の部類に属する。

ダニエル・ベリガンの名前をまだ知らない一二歳のわたしが初めて目にしたこうしたコミューンの映像は、ロサンゼルスの郊外ローリング・ヒルズのショッピング・モール内の映画館へ親といっしょに観に行った一九六八年の映画『ミッション』に出てくる。この映画のタイトルは、一八世紀の南米にイエズス会宣教師が設立した伝道所《ミッション》を指す。先住民のグアラニー族などをキリスト教化し、彼らの共同生活の村落として機能した伝道所《ミッション》はその後「社会主義的神権政治」や「キリスト教的共産主義共和国」の一例と呼ばれるほど経済的成功を収め、スペインの植民地主義的統治が強いる奴隷制やエンコミエンダ制（スペインの封建的土地支配制度にもとづいて征服者に非キリスト教徒の先住民を労働力として与える植民地住民支配制度）の強制労働から先住民を守った。

ベリガンは『ミッション』の映画顧問を務め、映画でもイエズス会神父として少しだけ登場している。彼がつけた「映画日記」には撮影現場の日常を観想する独自の視点が端正で詩的な文章で綴られている。伝道所《ミッション》が帝国の拡張を邪魔しているという理由で強制的に閉鎖される最後の場面にこの映画のアレゴリー的核心をベリガンは見いだす。ロバート・デ・ニーロ扮する奴隷商人あがりの神父メンドーサとジェレミー・アイアンズ扮する伝道所《ミッション》の修道院長ガブリエルは異なった形で弾圧に立ち向かう。メンドーサは先住民と武器を持って闘って倒れる一方、その近くでガブリエルが率いる荘厳な非暴力的行進を行う人びともやがて襲われ殺される。

かくして省察はわたしたちを一八世紀のガブリエルとメンドーサの伝道所《ミッション》につなげる。それは普遍的な設定であり、心に残る既視感《デジャヴ》があるものだ。この伝道所《ミッション》は、ニカラグアやアフガニスタンや北アイルランドや南アフリカの正確なイメージであるように思える。また、イギリスやアメリカの姿でもある。「決着」をつけるために四方八方から集まってくる軍勢。その際、どちらの側も、みずからの大義が絶対的な正義だと必ずとなえる。戦争は起こるが、決着される問題は放置され、また別の悲惨ないさかいを誘う危機になる。

（…）

わたしたちの中でガブリエルとメンドーサは生き続け、彼らの情熱的で相反する選択とその結果が記録されている。その選択はわたしたちを神秘的に形成し、変形し、改心させ、歴史的理解と魂の道徳的あり方の限界を定め、誰が偶像《イコン》を演じ、誰が偶像破壊者になるのか、そしてその理由をさらに定める。(4)

結局は先住民をガブリエルとメンドーサの保護下に置き、彼らの主体性を後景に追いやるという「白人救世主」の枠組みで話が展開する『ミッション』のナラティブには批判すべき点がいろいろあるが、それはベリガンが指摘する偶像と偶像破壊者の問題とも関係している。偶像は単にモノやヒトを神格化するのではない。概念や理念さえも偶像になりうる。何かしらの大義のための闘いで敵を絶対悪と見なすと、どれだけその大義が事実上正しくても、その大義は偶像になり自由に考えて行動する理性を麻痺させてしまう。共産主義だろうが、反共主義だろうが、仏教だろうが、無神論だろうが、非暴力だろうが、キリスト教だろうが、暴力だろうが、保守だろうが、リベラルだろうが、そ れを絶対視する眼差しには独善や偽善が必然的に宿る。

ベリガン兄弟もアメリカ平和運動の偶像《イコン》になってしまったのは否めない。国家という怪物レヴィアタンと、貨幣という邪神マモンを崇拝する資本主義帝国のアンチテーゼを構成し英雄や指導者がいないはずの民衆運動に全身全霊でコミットした二人は、それぞれ対照的な運動と霊性の関係をあらわした。フィリップは象徴的な直接行動を繰り返し心身ともに消耗する長年の獄中生活を送り、晩年のダニエルはエイズ患者支援にもっぱら時間を割き、宗教詩的感性と内省が自然に溶け合った著作を通じて、人工中絶から死刑や戦争にわたって人命に危害を及ぼす死の統治に首尾一貫して異をとなえた。

わたしは彼らに直接出会う機会には恵まれなかったが、文章や映像や親しかった人たちの証言を見る限り、彼らはみずからが偶像《イコン》にたてまつられることにいっさいの関心を示さず、ただ信じる道を誠実に歩んだという印象を受ける。アル・ケイブがコーパス・クリスティ教会で見聞きしたダニエル・ベリガンの立ちふるまいがこの世の人とは思えないオーラを発し、まるで高い山の上で預言者のモーセとエリヤと話す「イエスの変容」と重なるようだったという証言には、そうした歩みの末に晩年のダニエルが自然にたどり着いた脱世俗的境地の気配がうかがえる。

ベリガンその他の「鋤《プラウシェア》」活動家たちによる一九八〇年代以降の非暴力直接行動は、一九六〇年代末〜七〇年代初期にベトナム戦争に反対し裁判闘争で成功を収めた効果的な直接行動とは異なり、運動が下火になった時代をさかなでした。自主的に選択されたが、重要な活動家に長期の投獄生活を強いて彼らの活動範囲を著しく制限したこうした行動は合理的ではなかったし、それが究極的に正しい判断だったとは思えない。しかし、彼らは合理的な政治判断で動いたのではなく、聖餐式で普通のパンとぶどう酒がキリストの血肉に全質変化するみたいに、社会的不正を修正する抵抗手段として公民権運動が用いた市民的不服従を「自己価値化」の行為に全質変化させようとしていた。具体的な改革や改善が得られなくても、社会状況が何も変わらなくても、市民的不服従そのものが信仰の証となり、神の意志を生きる行為になる。フィリップは牢獄を、祈りと瞑想を行い相互扶助を実践する「コミューン」さながらの場所に変えていった。事実、彼は囚人たちに法律に関する教育を提供し、ともに聖書研究を行った。そして、ダニエルのもっとも優れた詩の数多くは獄中で書かれた。

ベリガンたちの無類な活動家人生を、非現実的な理想主義に捧げた浪費として惜しんだりあざ笑ったりするのはたやすい。現実的な変革につながらない政治行為をムダなものとして切り捨て、システムの中で交渉や妥協を重ね、既存の政治政党や組織と徒党を組んで行う漸進的な改革を最優先する立場からすれば、とりわけそうだ。

だが、どれだけ独立心が強い革命思想の持ち主でも、学校、役所、企業、工場に勤め始めるやいなや、ほとんどの場合、周りのプレッシャーに屈し、ミイラとりがミイラになってしまう。運動が退潮するとともに経済格差が拡がった一九八〇～九〇年代にダニエルとフィリップはそれぞれ異なった形で、母フリーダがかつて貧者を家で歓待したように、信仰と行動が合致する活動に静かにコミットし、現実主義の算術では決して評価できない貴重な運動経験の生きた証を残した。そうした個人の意識がともなう経験がなければ、マルクスが構想した階級闘争はおろか、社会と個人の全質変化を引き起こす裏切られることのない革命を実現するのはおそらく不可能だ。

二〇一九年一一月

注

（1）Daniel Berrigan, *Selected and New Poems* (Doubleday, 1973), 4.
（2）Philip Berrigan and Fred A. Wilcox, *Fighting the Lamb's War: Skirmishes with the American Empire* (Wipf and Stock Publishers, 2018), 5.
（3）Dan Berrigan, "Catonsville 9 Statement", *History Is a Weapon*: https://www.historyisaweapon.com/defcon1/berrigancatonsvillentne.html
（4）Daniel Berrigan, *The Mission: A Film Journal* (Harper & Row, 1986), 12.

II

インフルエンザからの逃走

いったいぜんたい、なんでこうなってしまったのか。

一二時間以上経っても、三九度以上の熱が下がらない。いや、厳密には発熱したのは三六時間前だ。

三年ぶりに訪れた沖縄に着いた翌日の夜、連れ合いの姉の家でのディナーパーティーで体調が崩れ始めていた。勧められるがままにオーストラリア産の赤ワインをがぶ飲みし、ピザと刺身と牛肉に見た目が似た漬物をごちゃ混ぜに平らげ、ほろ酔い気分になっていた。わたしの胃袋の状態とシンクロするみたいに周囲は愉快なカオス状態だった。親類の子どもたち八人は一人をのぞいてみな女で、すさまじいエネルギーで踊り、歌い、しゃべり、食べていた。部屋中で複数のドラマと駆け引きと喜劇が展開され、どこに目を向けても何か気を引くパフォーマンスをやってくれて、目移りした。豪快だ。

だが、彼女たちの圧倒的なパワーに反比例するかのように、わたしのパワーはどんどん脆弱になっていった。なぜか喉がいがらっぽく、身体がだるい。調子に乗って酒を飲みすぎたせいだろうか。その晩、すみやかに寝床につくと、身体中がほてってふしぶしが痛くなり始めた。数時間ごとに目覚めて用を足しにトイレに行き、寝床に戻っては寝返りを打った。これを何度も繰り返した末、心身ともに疲れ果てると、とうとう朝だ。だが、いっこうに調子が良くならない。

近所のドラッグストアに駆けつけ、従業員のすすめにしたがい市販の風邪薬と朝鮮人参が配合されたボトル飲料を二本購入した。意識が朦朧としながら、「そばとみそ汁の店 あかの」のうまい「あかのそば」を食べ、クスリと朝鮮人参ドリンクを飲んで横になった。身体中から汗が吹き出し、まどろんだ状態でじょじょに熱が下がり、午後に目覚めると体調がほぼ正常に戻ったような気がした。

一二月の沖縄は暖かく、どこか南カリフォルニアの心地よい気候を想起させる。せっかく寒い東京を離れ、ひさびさに南島に来たのだから、病みあがりに外の空気にあたるのもいいだろう。滞在中に少なくとも一度はジョギングをしたいという念願もあった。連れ合いに海中道路のまん中まで車で送ってもらい、そこから伊計ビーチに向かって走り出した。目的は一〇キロ走行だが、体力に自信がない。走れるところまで走って、限界を感じたら戻ってくればいい。そう軽く、楽観的に考えていた。

海中道路は陸地よりもはるかに風が強く、しかも冷たい。走り出した当初、まちがった選択をしたのではないかという疑問がふと脳裏をよぎったが、そう簡単にやめるわけにはいかない。最初のペースは肝心だ。がまんや根性論はきらいだし、キツイことはできるだけ避けるように生きてきたので、自分に無理強いはしない。だが、何かをする際、グルーヴに入るまで一定の時間がかかる。とりあえず橋の終わりまでは走った。

強風で体が冷えこんだ。「これが激しい台風だったら、橋の下に吹き飛ばされるか、橋の一部を修復している工事現場から吹っ飛んできた鉄材にぶつかって死ぬかな」というやや物騒な被害妄想を頭の中でちらつかせながら、ゆったりとしたペースを保った。多少寒くても、体を温めるためにむやみにペースを上げない。最初に飛ばしすぎると、あとでめまいや貧血や脱水症状を引き起こしたりして、痛い目にあう。

この苦い経験は少なくとも中学生の頃から何度も味わってきた。中学の体育の授業でろくに水も飲まずに全力で走った結果、脱水症状で視界がまっくらになり、男子トイレの床にうずくまっていると、トイレに入ってきた生徒たちに「なんだ、お前、ドラッグでもやったのかよ」とケラケラ笑われた。そのせいで、走るペースを狂わせると、トイレを這いずり回るジャンキーだと勘違いされるという「方程式」がわたしの中で成立した。そして、この方程式を証明するみたいに、その後、わたしは懲りずにスポーツジムの男子トイレの便器の上にうなだれたり、本屋のレジの前でしゃがみこんだりする。

　ようやく海中道路を出ると、まるでイソップ寓話の筋書きどおりに、風が止み太陽が優しく挨拶してくれた。体温が上がり、汗ばみ、気持ちがいい。「風邪の痕跡をかき消す「荒療治」だ」と自分に言い聞かせ、前に進んだ。ホテル、コーヒー屋、消防署がポツリポツリと目に入ってきた。消防署の壁には、お世辞にも上手とは言えない漫画風の絵柄で作業中の消防士の姿が描かれ、その近くにRESCUE!という単語が大きく記されていた。しばらくすると、石油基地の標識が左に見え、そのあとすぐにぬちまーす（海塩）工場の看板があらわれ、右側には地元の小中学生による壁画が長々と続く。壁画には海の風景やジュゴンが稚拙に描かれたり、平和を抽象的に祈念するフレーズが綴られていたりする。海の生態を破壊し、ジュゴンを絶滅危機にさらし、平和を脅かす身近な存在であるはずの米軍基地の表象はどこにもない。この「大いなる不在」の向かい側に位置するのが外部からの石油と塩の地元産業という風景はいかにも象徴的だ。米軍基地があってもなくても結局は、地元の資源を切り崩し商品化し、資本主義市場に身をさらすしかないという「出口なし」の状況がそこには浮かびあがる。

　そろそろ五キロ地点に達するので、引き返した。

　帰り道はかなりしんどかった。海中道路に戻ると、日が暮れ始め、冷たい強風に再び体当たりされ、せっかく温まった身体が一気に冷えこんだ。一〇キロを完走しても達成感はなかった。ぐったりして元気が出ない。シャワーを浴びて一時間ほど休むと気持ちは落ち着いたが、身体がまだだるく感じられた。ジョギングの「荒療治」が裏目に出て風邪がぶり返したのか。体温を計ると四〇度近い。その晩、クスリを飲んで寝ようとしても、熱はぜんぜん下がらず寝つけず、痛みと熱との悪戦苦闘を朝まで強いられた。

　病院に行くのがきらいなわたしでもこれはさすがに大ごとだと感じ、近くのクリニックで診察を受けた。検査の結果、A型インフルエンザ感染が判明。すぐにその場でイナビルという吸入粉末剤を吸いこみ、薬の処方を待った。しかし、二、三〇分待っても、誰も来ない。堪忍袋の緒が切れそうだ。体調不良だと時間の経過が遅く感じられ、一分が重荷のようにのしかかってくる。とうとう我慢できなくなり、受付に行って訊いてみると、「まだ薬の準備が整っていない、他の患者に感染したらいけないので部屋に戻るように」と注意された。仕方がなく、ゴドーを待つようにただひたすら待った。

いったいぜんたい、なんでこうなってしまったのか。

ここ一週間の生活を顧みると、確かに危険信号はあらゆるところで発信されていた。ちょうど一週間前の土曜日、一年ぶりに再会する韓国からの友人が訪れ、仲間たちといっしょに飲んでいた。居酒屋で焼酎のロックを次から次へと飲みまくっていたわたしは、完全に酒に飲まれていた。最初のペースが肝心だと知っているのにそれを忘れ、あまりにも早いペースで多くの量の酒を飲みすぎた。果ては記憶が完全に消滅し、アルコール度数が五〇度以上あるニッカのフロム・ザ・バレルをカラオケに持ちこみ泥酔状態の火にさらに油をかけ、終電で帰っていった二人の友人の名を呼べど叫べど答えなしというぶざまで寂しい嘆きを、壊れたレコードのごとく反復していたらしい。連れ合いに迷惑をかけたばかりでなく、疎外されたうざい都会人の空虚な蕩尽行為にうつつを抜かしたせいで、せっかく遠方から訪ねてきた友人たちとの貴重な時間をだいなしにしてしまった。

反動は翌日の二日酔いでやってきた。体調はなんとか持ちこたえたが、月曜日はゲスト講師に呼ばれた高崎にまで足を運ばなければならず、その準備のせいでやや睡眠不足になった。講義はなんとかうまくやり終えたが、移動や食事を含め朝から晩までの長丁場となり、帰宅するとヘロヘロだった。

火曜の授業後、アメリカに帰国するパンクロッカー兼治安維持法研究者と日本労働者協同組合連合会の部長と新宿で落ち合い、チェーンの居酒屋に行きビールとハイボールを飲み干したとたん、体温がグッと上がり汗が出た。「これはまずい」と内心思い、三杯目に頼んだ抹茶ハイは途中で飲むのをやめた。その晩、病気になる前兆を全身で感じたが、夜どおし寝床で汗をびっしょりかいたおかげか、病気にならずにすんだ。

こまごまとした作業やまちがった選択や抜けられない義務が重なり、金曜の授業のあとに休む暇もなく羽田空港に向かったわたしは、多少疲れていたものの健康には支障をきたしていないという自信があった。いまから思うと、もちろんそれは「過信」でしかなかった。どのような病気にしろ、その原因を正確につきとめるのはきわめて困難だ。どれだけ酒を飲んでタバコを吸っても健康体のまま長生きする人もいれば、父方の従兄弟サンタみたいに信仰があつく、タバコをいっさい吸わず、運動と食事に注意を払いながらも、愛する家族に見守られて肺癌で亡くなる人もいる。

沖縄行きの飛行機の中で横に座っていた白人男性がやたら咳をするのが気になったが、たとえ彼がインフルエンザの媒介者だったとしても、発症するかしないかはわたしの免疫の度合いによって左右される。不顕性感染の場合もあるので、外部に病因を求めるのはなおさら意味がない。

インフルエンザはありふれた感染症で珍しくもなんともないが、あまり病気をしないわたしにとっては不意打ちだった。これだけの大病を患ったのは一二年ぶりになる。前回の大病もインフルエンザだった。高熱と悪寒のサイクルがひっきりなしに続き、水一滴を飲みこむだけで喉に激痛が走るという劣悪な症状に見舞われた。こうした病との非日常的な出会いがあるたびに、肉体と精神がかくももろく、いつ「死の陰の谷」に突き落とされてもおかしくないという実感がわき起こる。それはわたしの個人的存在だけではなく、わたしをとり囲む制度や国家や社会についても同じだ。遅かれ早かれ、すべて朽ち果てる。

ＨＩＶ陽性者の権利を要求する直接行動組織アクトアップのボストン支部結成二周年を記念して、大西洋の民衆史家ピーター・ラインボーが一九八九年に刊行したパンフレット『トカゲの話』（*Lizard Talk*）は、感染症の略史を通じてこの無常なる実存と権力が交錯するところに生じる階級的意味をあぶり出している。『トカゲの話』というタイトルはアフリカ系作家ゾラ・ニール・ハーストンの小説『山の人、モーセ』に由来する。出エジプト記に登場するモーセの物語をハーストンは再解釈し、奴隷の同胞たちをファラオの圧政から解放する際にモーセが用いた魔術は少年の馬丁メントゥから学んだものだと指摘する。つまり、奴隷制をくつがえす疫病や災害や殺戮をもたらした預言者モーセは、労働者がつちかった知識を応用したのだ。このように奴隷自身の視点から古代イスラエル民族の物語が語り直されるのが「初めて可能になったのは、キリスト教、ユダヤ教、ブードゥー教をまたぐ歴史的存在であるアフリカ系アメリカ人が解放されてからだ[1]」とラインボーは解説する。ヨーロッパ帝国がアメリカを侵略しアフリカ人を奴隷にするのを正当化するために改竄された聖書が、「地に呪われたる者たち」によって主従関係をひっくり返す武器として使われたとき、古代地中海の部族の解放物語は世界史の解放物語になり、本当の意味での普遍性を獲得した。

歴史上、感染症という寄生微生物《ミクロパラサイト》と支配階級という大寄生虫《マクロパラサイト》は相互依存し、おびただしい数の人間を死に追いやってきた。クリストファー・コロンブスその他ヨーロッパ人侵略者が一四九一年に開始した現在のカリブ諸島をはじめとする「新世界」の収奪は、八〇〇万人にのぼる先住民を感染症によって死に至らせ、近代史における最初の大規模な大量殺戮《ジェノサイド》とみなされている。しかし、こうした「生態的帝国主義」の破壊力がどれだけ甚大でも、それは支配者の一方的な攻撃にとどまらず、それに抗う民衆の逆襲が常に待ち受けている。

人類史上もっとも多くの死者（推定死者数は五〇〇〇万人から五億人にわたり、当時の世界人口の三〜五パーセントに相当）を出したと言われるインフルエンザのひとつである「スペインかぜ」（一九一八〜二〇年）による打撃から人間の「健康を回復したのは、ストライキ、暴動、叛乱、革命」だとラインボーは主張する。同時期に発生したロシア革命、ボンベイ繊維労働者の組織化、ハイチの叛乱、メキシコ革命、アイリッシュの蜂起、ベルリンやブダペストの労働者評議会、ポートランドとピッツバーグのゼネスト、マーカス・ガーベイの汎アフリカ主義を彼は列挙し、これらは大寄生虫《マクロパラサイト》に対する民衆が開発した独自の「抗体」だと定義する――それは「国際革命的攻撃であるがゆえに、『トカゲの話』を実践している」。

もちろん、階級闘争がインフルエンザを治癒するのではない。だがインフルエンザの原因、感染、治療は単に個体や疫学の問題ではなく、権力構造や階級関係が常に介在している。階級の経験と権力をめぐる長期の歴史的観点は、個人の身体的病や精神的苦痛に、社会的意味には還元できないより大きな意味を与える。究極的な大寄生虫《マクロパラサイト》であるわたしたちの社会はその構成員の価値を損得の秤に掛けてふり分ける。利益をもたらす構成員は「社会人」として認められ、一九世紀の労働者たちの言葉を借りると「賃金奴隷」として定年まで働かされる（ところで、労働の本質が「賃金奴隷」から「給料泥棒」という認識に変わったのは資本主義の癌腫がわたしたちの意識を侵食している度合いの目安でもある）。損になると目された構成員は異常者、障害者、社会不適合者などのレッテルを貼られて排除されるか、社会に適合するよう「更生」をうながされる。

弟をエイズで亡くし、アクトアップのメンバーとして一九八九年に直接行動を行い逮捕された前衛ミュージシャンのディアマンダ・ギャラスは、エイズをモチーフにした三部作アルバム『赤死病の仮面』（*Masque of the Red Death*）を八〇年代後半にリリースしている。その最終部のアルバム『悪魔については確信したほうがいい』（*You Must Be Certain of the Devil*）で彼女は黒人霊歌「行け、モーセ」を録音している。一九世紀半ばにメリーランド州から逃亡した奴隷たちが意思伝達の暗号として口ずさんだ歌だ。

イスラエルがエジプトの地にあったとき
わたしの民を去らせよ
虐げられすぎて彼らは立てない
わたしの民を去らせよ

行け、モーセ
エジプトの地の奥深くへ
ファラオに言え
わたしの民を去らせよ

一九世紀アメリカの逃亡奴隷をかくまう奴隷制廃止運動家のネットワークと隠れ家を指す「地下鉄道」を活用し、七〇人もの奴隷を救出したハリエット・タブマンは「モーセ」と呼ばれた。メリーランド州ドーチェスター郡の大農園に奴隷として生まれたタブマンは、思春期に大けがをしている。奴隷監督が逃走中の奴隷に投げつけた約一キロの金属製の重しがまちがって彼女の頭にぶつかり、彼女は出血して気絶し、二日間放置された。その後、ひどい頭痛に悩まされ、てんかん発作を起こす彼女は、同時に幻や夢をよく見るようになり、それらを神からの啓示として受け止め、信仰を深めた。

みずから逃亡し自由の身になったあと、八年のあいだにタブマンが担った一三回の奴隷救出作戦はすべて成功した。字が読めない小身の障害者である彼女は、大胆不敵なプロレタリア的知性の塊だった。巧みに変装し、流動的で危険な状況に臨機応変に対応し、逃亡を続けるのが安全かどうかを「行け、モーセ」の歌詞を変えて歌い、同伴者の逃亡奴隷たちに伝えた。彼女はリボルバーを常に携えていた。逃亡奴隷の一人が怖気づき脱落しようとすると、銃口を彼のこめかみに突きつけ「行くか、死ぬかだ」と言い放ち思いとどまらせた。

こうしたタブマンの荒削りでパワフルな行動力は、その後「聖人化」されるタブマン像をことごとく破壊する黒人プロレタリア的土着性にあふれている。クリハラ・ヤスシもこの点に着目し、彼女を英雄視し美化する伝記映画『ハリエット』（二〇一九年）の表象に苦言を呈している。

しかしこれがざんねん。マジでつまらなかったのだ。誤解のないように言っておくと、お金と時間をかけてつくった感はあるし、勉強にもなる。俳優さんたちもがんばっていた。しかしハリエットの描きかたがクソなのだ。奴隷解放のために、こんなに献身的で、こんなにすばらしい行いをした、こんなに立派な女性活動家がいましたよと。まるで道徳の教科書でも読まされているようだ。鼻につく。

ハリエットが神や英雄に祭りあげられる。もちろんハリエット自身、神がかりをおこして「神の声がきこえます」と言っていたのだが、そこはチャハッと笑ってテンションを上げるところだろう。だけどこの映画では、そんなぶっとんだシーンさえ感動の一場面になっている。たすけられた奴隷たちも膝をついて拝みだす。神格化だ。偉大な人物の偉大な物語が上からおしえさとされる。

悪と闘うヒーロー。反差別の正しいモラル。絶対正義に絶対服従。あらたな神話がたちあがる。みんなの思考が奴隷化していく。奴隷解放の映画があらたな奴隷をつくりだす。アベコベだ。(2)

『ハリエット』を監督したカシ・レモンズも、脚本を彼女とともに執筆した脚本家グレゴリー・アレン・ハワードも、白人が支配的なハリウッド業界で隅に追いやられ茶化されてきた黒人の表象や声をより真剣で豊かなイメージに刷新し、それはそれなりに評価できる。しかし、いままでの偏見に満ちた差別的な表象を正したとしても、それは表象の中で自己完結してしまう。つまり、英雄や指導者が結局必要であり、それなくしては変われないという奴隷根性が再び作り直される。問題は、単一の人種やジェンダーによって独占されている支配層をより多元文化主義的なものに変えるのではなく、支配そのものを消滅させることだ。タブマンが望んでいた奴隷社会の廃止は、黒人も白人を奴隷として所有できる社会を目指していなかった。奴隷制そのものの根絶だった。

奴隷主の大統領アンドリュー・ジャクソンの肖像に代わって、タブマンを二〇ドル紙幣の肖像にすると二〇一四年にオバマ大統領は約束し、その計画をいったん停止したトランプ政権に続いて、バイデン政権はそれを再開すると宣言した。国を代表する紙幣に黒人女性の元奴隷活動家のイメージを刷りこむのはアメリカ民主主義の成熟を示す証拠に見えるが、むしろ国家とカネという近現代の怪物的偶像を強化するために稀代の偶像破壊者をとりこむ冒瀆行為に他ならない。偶像破壊者を偶像にするこの権力の呪縛からどう逃げきれるか。

支配からの逃走には終わりがないことをタブマンの人生は教えている。自由になったあとも、彼女は危険な奴隷州に何度も行き来し他の奴隷の逃亡を助けた。彼女は自身の自由だけでは満足しなかったのだ。アメリカ社会の最底辺で生を受けたタブマンが全力で編み出したその逃走の技法は、身にふりかかる負の経験を集団解放のしるし、エネルギー、行動に変容し、彼女だけではなく他の人びとを救う力になった。当時の白人至上主義的奴隷社会においてもっとも無力であった黒人の奴隷女性にそれができたなら、わたしたちも独自の新しい闘争の「抗体」を密かに作り、彼女みたいに暗号の歌を交わしながら支配からの「地下鉄道」を築けるはずだ。

「行け、モーセ！」

二〇一九年一二月

注

（1）Peter Linebaugh, *Lizard Talk: Or, Ten Plagues and Another* (Midnight Notes, 1989), 6.

（2）栗原康『サボる哲学』（ＮＨＫ出版、二〇二一年）、九八頁。

12 ヤングスタウンのラディカル「聖人」活動家

ストートン・リンドの名前は彼と会う前から知っていた。ベリガン兄弟、平和運動家デヴィッド・デリンジャー、民衆史家ハワード・ジンに並び、リンドは公民権運動を草の根で支え、ベトナム戦争に反対する運動の顔だった。一九六五年八月六日にワシントンＤＣで、ナチスの腕章をつけた極右活動家たちに流血みたいな赤い塗料を投げつけられた彼とデリンジャーと学生非暴力調整委員会のリーダーであるボブ・モーゼスが、腕を組んで街頭デモを敢行している有名な写真がある。反戦運動の歴史的瞬間をとらえているだけではなく、アメリカ新左翼が実践した非暴力直接行動、道徳的連帯、参加民主主義の水平関係といった価値観をあらわすイメージだ。トップダウンの権威主義的組織を前提とする旧左翼と袂をわかつこれらの原理は、ストートン自身が（彼の評伝『尊敬すべきラディカル』（*The Admirable Radical*）の著者カール・ミラの言葉を借りると）「早すぎた新左翼」として一九五〇年代にすでに信じていたものだ。

この写真は見る者の政治的／階級的立場を明らかにするリトマス試験紙だとミラは述べている。ストートンのテニュアを拒否したイェール大学歴史学科の学科長ジョン・モートン・ブラムの反応は憎悪に満ちた罵倒だった。活動家たちは「気が狂っていた、病理的な意味ではなく感情的な意味で――過剰に感情的であり（…）都市の人種問題やベトナム戦争について理性的な言説に追随できない（…）血を浴びて腕を上げているリンドの写真は彼が自身の中でつちかったムードをまさにあらわしている」[1]。他方、反戦活動のせいで大学職を追われ労働弁護士になったストートンが家族とともに一九七六年に移住したオハイオ州ヤングスタウンの地元紙に再掲されたこの写真を、たまたま酒場で眺めていた労働活動家ジャック・ウォルシュのリアクションは対照的だった。山猫ストを先導したために失業したばかりで弁護人を必要としていたウォルシュは、「これこそおれが信頼できる弁護士だ」と膝を叩いて喜んだ。

わたしが学部生のときにアメリカ民衆史について読みあさっていると、ストートンの名前によく遭遇した。彼は現代アメリカの重要な局面を政治行動によって形成した歴史的人物であると同時に、アメリカ共和国（合衆国の別名）の原点を階級分析の観点からより深く正確に分析し直した優秀な歴史家でもあった。『階級的紛争、奴隷制、アメリカ合衆国憲法』（*Class Conflict, Slavery, and the United States Constitution*）や『アメリカン・ラディカリズムの思想的起源』（*Intellectual Origins of American Radicalism*）といった著作を大学図書館の本棚に見つけたわたしは、それらをむさぼり読んだ。歴史家としてのストートンに魅了されたのは、単に彼が新しい解釈をともなう地道で有意義な研究をしたからではない。例えば、アメリカ進歩派歴史学の泰斗チャールズ・ビアードの古典『アメリカ合衆国憲法の経済的解釈』（*An Economic Interpretation of the United States Constitution*）が資本家と農場主それぞれの利益が衝突するという単純な図式を展開したのに対し、ストートンはダッチェス郡の第一次資料をもとにさらに複雑で立体的な階級闘争の過程を再構成した。そして、そこで何よりも重要なのは、ビアードその他の歴史家たちが合衆国憲法を議論するうえで無視した、奴隷制をめぐる妥協が憲法の本質を左右したという歴史的事実を明らかにしたことだ。

著名な大学教員の家庭で育ち、ハーバード大学というエリート校を卒業した白人研究者が（アメリカの「建国の父たち」の一部が共和国の「原罪」として認めていた）奴隷制に着目しそれを批判的に直視するには、経験にもとづく並々ならぬ道徳的情熱が必要である。弱者の境遇に同情する批判的知識人だったロバートとヘレン・リンドという両親の情熱をストートンは受け継いだ。インディアナ州ミュンシーの白人住民をエスノグラフィーや統計を通じて詳しく調査したリンド夫妻の共著『ミドルタウン――近代アメリカ文化の研究』があぶり出したのは、「狂騒の二〇年代」のあいだにアメリカの典型的な中小都市は労働組合を追放する「ビジネス階級」に支配され、ほとんどの住民が労働者階級として厳しい生活を送っていたという社会的事実だ。個人の人生、雇用、宗派、消費やレジャーの種類を決定する主因が階級だと本書は多角的に実証している。リンド夫妻同様、エリート大学を卒業しエリート大学で働く未来を期待された彼らの息子は、アメリカの社会経済的矛盾を彼らよりもはるかに根源的に問いただすことになる。

大恐慌時代に全国に広まり、座りこみストライキやゼネストといった直接行動を通じて闘争していた労働運動の波は、物心つき始めたストートンの意識を深く感化した。だが、運動現場からかけ離れた特権的な環境で育った彼が戦争や資本主義やエリート的志向を徹底的に疑うラディカルな活動家に生まれ変わるには、彼を包みこむ階級や特権の殻を破ろうとする求道者の主体性と意志が発揮されなければならなかった。彼がハーバード大学に入ってからまもなくしてアメリカが突入した朝鮮戦争は、その糸口となった。徴兵されると彼は良心的兵役拒否者の立場をとり、戦場に身をさらす危険な兵務を担当する非戦闘看護兵になる道を選んだ。

出征する前に運良く戦争は終わるが、平和主義者である彼がどう戦争と向き合えばいいかを試行錯誤し苦悩したこの体験は、その後の活動を決定する重要な分岐点になった。戦争から完全に身を引いて、絶対的平和主義者として逃げるという道もあった。父親に当時宛てた手紙の文面を見ると、彼がその選択肢を真剣に考えて悩んでいた心境がうかがわれる。戦闘を拒否しつつもあえて逃げずに入隊した決意には、一般の兵卒たちと苦難を分かち合おうという連帯意識がこめられていた。彼にとって「連帯」とは政治運動で軽々しくふり回される抽象的なスローガンではなく、自身の特権や権力を解体し、命をかけてでも他者と平等な状況に身を置くという実践を意味した。

一九五〇年代半ばにストートンは妻アリスとともに「マセドニア」というジョージア州のコミューンで共

同生活を送った。三〇年代に貧者や失業者を対象に発足したマセドニアは、第二次世界大戦後、平和主義者の拠点に変わった。冬は寒く、肉体労働は厳しかったが、住民が水平関係を保ち、互いの顔を合わせながら日常生活にまつわる案件を決定するコミューンは、まさに参加民主主義そのものを実現していた。マセドニアの共同生活は、ストートンとアリスにとってもっとも重要な政治的経験となる。それは前衛や国家、代表制や位階制なしには近代社会が成立しないという固定観念をくつがえす人生の肝心な参照点であり、それを異なった形で実現しようとする努力がストートンとアリスのその後の活動の方向を定めた。やがてマセドニアがとり入れた宗教的原理主義に抵抗を感じた彼らはそこを離れ、より個人主義的なコミューンに移った。だが、そこには集団主義的で平等なエートスが欠けていたため、二人はしばらくするとコミューン生活に終止符を打ち、一般人の暮らしに戻った。

マセドニアのコミューン体験は、六四年のフリーダム・サマーでさらに政治的で実存的に深い形で再現される。一〇年にわたるおびただしい犠牲と闘争を経てようやくアメリカ連邦政府が画期的な公民権法を通過させようとしていた最中、複数の運動組織の活動家たちが立ちあげたこの野心的な政治プロジェクトの中心にストートンはいた。アメリカ深南部でも人種隔離制度が根強く死守されていたミシシッピ州の農村や町に集結し、地元の貧しい黒人家族とともに一〇週間の共同生活を送り、投票者登録に向けて草の根民主主義や黒人史をともに学んだ。

黒人と白人がいっしょに集まると、それは過剰な暴力で長年支えられてきた白人至上主義体制の構造を脅かす反社会的行為とみなされ、どんなひどい仕打ちをされるかわからない。じっさい、フリーダム・サマーの準備集会がミシシッピ州メリディアンで始まったとたん、地元出身の黒人青年ジェームズ・チェイニー、ニューヨーク出身でユダヤ系のアンドリュー・グッドマンとマイケル・シュワーナーの三人の活動家が、活動の拠点だった黒人教会が放火された事件を調べている途中に地元の警察に逮捕され、その直後行方不明になった。海軍の水兵四〇〇人に加勢されたＦＢＩの大規模な捜査は、二ヶ月後、三人の死体を発見するだけではなく、過去行方不明になっていたその他八人の黒人の死体も発見した。フォークシンガーのフィル・オークスが「ミシシッピ州にこれを捧ぐ」(一九六五年)で歌いあげた有名な事件だ。

ミシシッピ州にこれを捧ぐ
その境界の下に悪魔は線を引かない
その泥だらけの川の底を掘ると、無名の死体たちが見つかる
ああ、森の太った木木は数千もの犯罪を隠してきた
カレンダーが現在を指しているのは嘘だ
ああ、心臓をえぐり出した土地にこれを捧ぐ
ミシシッピ、違った国の一部になっちまえ!

そして、ミシシッピの諸教会にこれを捧ぐ
そこではかつての銀製の十字架が錆びついている
そして日曜日の朝の説教は彼らの欲望につけこむ
イエスの堕する顔がほこりで窒息している
彼らがどの神に頼れるか天のみぞ知る
ああ、心臓をえぐり出した土地にこれを捧ぐ
ミシシッピ、違った国の一部になっちまえ!

地元の白人至上主義団体クー・クラックス・クラン、ネショバ郡保安官事務所、フィラデルフィア警察署が共謀して暗殺テロを行う危険地帯にとどまって活動を続行するか、それとも暴力に屈して解散するか。参加者は参加民主主義の原則にしたがい話し合った。その結果、誰一人として離脱せず、みなフリーダム・サマーを続行する決心をした。彼らが共同生活を送った一〇週間のあいだ、少なくとも七人が殺され、一〇〇〇人以上が逮捕され、八〇人が殴られ、ほぼ七〇の黒人の家や教会が爆破/放火された。

今日のアメリカや日本では想像し難い勇気と決断力がフリーダム・サマーでは発揮された。だが、それは一九六四年の活動家たちがわたしたちよりも人格的/道徳的に優れていたからではない。彼ら彼女らはある歴史的状況に投げこまれ、自己犠牲をいとわない運動の文化に感化され、互いに励まし合い、マーティン・ルーサー・キングが「愛の共同体」と呼ぶ自発的な政

治的／霊的相互扶助の関係を作りあげた。同じ時代を生き、同じ場所に居合わせていたら、わたしたちもその共同体の形成に力を貸していたかもしれない。現代とそれほど変わらない、どちらかと言えばより楽観的で安定した中流階級の大量消費と政治的無関心を生んだアメリカ資本主義の主流にさからい、素朴な平等の大義を果敢に打ち立てたフリーダム・サマーはある種の「炎の洗礼」を参加者に施した。それを体験したすべての人たちが同じく変わり、その記憶を同じ強度で保っていたわけではないが、それは生涯に一度にあるかないかの稀有な集団的行為だった。

現場で使われた教材を作成したストートン・リンドにとっても、フリーダム・サマーは復活後のイエスが懐疑心に満ちたトマスに見せた聖痕のごとく、意識の奥底に刻みこまれる出来事だった。こうしたたとえ方をするのは、復活や処女懐胎を事実として認めない理性的なクエーカー教徒であるストートンには一見ふさわしくないかもしれない。しかし、彼がこだわったのは生物の必然としていつかは朽ち果てる人間の肉体ではなく、自発的に作られた平等な共同体におけるその精神《スピリット》／霊の復活だ。それを念頭に置くと、イエスの「復活」はより意味深いメタファーとして解釈できる。

それをわたしがはっきりと理解し始めたのは、ストートンの話を最後に聴いた二〇一一年一〇月二八日である。トレド大学キャンパスで開催された平和学会の会場で彼は、ベトナム戦争中に兵役を拒んだ若者たちを支援した活動について回想する文章を妻のアリスと交互に読みあげた。この対位的朗読の冒頭でストートンは二つの話をしている。ひとつは自分たちがアウシュヴィッツ収容所からさほど遠くないポーランドのクラクフにあるフランシスコ派教会でバッハ「ヨハネ受難曲」を合唱し、「こうやって人びとはナチスそしてソ連の占領に耐え忍んだのか」と感慨にふけった体験。もうひとつは、オキュパイ・オークランドのゼネストに参加していた退役軍人スコット・オルセンが警察のゴム弾で重傷を負った事件について。

「クエーカー教徒のあいだではひとを「光の中に抱く」という言い方をします。それをしているときに、わたしたち自身以外の中で何かがじっさいに起こっているという確信はわたしにはありません。ですが、ふと思ったのですが、もしここに集まっている皆さんと一緒にスコットを光の中で抱けば、彼の腫れあがった脳はもとに戻り、骨折は癒されるかもしれません」

最後の言葉を語るストートンの声は涙ぐんで震えていた。

講演が終わったあと、わたしはストートンに手を差し出し握手をした。「お元気ですか」と快活に訊いたが、彼は何も言わずに素どおりしていった。驚かなかった。以前もデトロイトのウェインステート大学で似たような場面に出くわしたからだ。だが、そのときはストートンのほうがわたしのほうに接近してきた。

それは例年開催されるアメリカ最大の労働史学会において、カリブの独立マルクス主義者C・L・R・ジェームズと米国西海岸の港湾労働者スタン・ウィールを記念する特別セッションが開始される直前だった。米国左翼研究者ポール・ビュール、労働史家デヴィッド・ロディガー、アメリカン・スタディーズ専門家ジョージ・リプシッツ、活動家グレイス・リー・ボッグスといった著名なラディカル知識人がそれぞれ手短くトークするこのイベントに、ストートンもスピーカーとして呼ばれていた。彼はわたしに歩み寄るなり、問いかけてきた。

「今日のイベントを撮影するのはあなたでしょうか？」

あまりにも唐突な質問にわたしは当惑し、とっさに「いえ、違います」と答えるので精一杯だった。

ストートンは立ち去り、わたしは混乱で思考が一瞬停止した。ヤングスタウンの連帯組合集会で初めて会い、反グローバリゼーション運動のあとにトレド、ケントステート、アナーバーといった中西部の異なる町で開かれた小規模な学生／労働者連帯集会で何度も顔を合わし、会話も交わしてきた仲だ。決して親しくはなかったが、まさかわたしの存在をきれいさっぱり忘れ去っていたとは！　しばらくすると、ボッグスのドキュメンタリーを制作している日系人のミシガン大学教員が会場に入りビデオカメラを設置し始めた。

「ストートンはおれをこいつと勘違いしたのか」

わたしは無性におかしくなり、同伴していた友人のトムにジョークを飛ばし、ゲラゲラ笑った。

「どうやら、ストートンにとってアジア人はみな同じに見えて区別がつかないみたいだぜ！」

その後、ストートンが話題になるたびに、わたしはこのエピソードを持ち出し笑い話として語った。だが、ストートンの失念を「笑い種」としてかたづけて、肝心な問いを回避していたかもしれない。すなわち、なぜわたしたちは「学生」と「労働者」をつなぐ絆を深め（「学生」を労働者階級の構成員だとみなしていたわたしは、そもそもこの区別の仕方が納得できなかった）、新しい階級構成を可能にする関係を作り、お互いを「愛の共同体」における兄弟姉妹として認識できなかったか、という問いだ。

いまからふり返ると、それは当時反グロ運動に関わっていたわたしたち若い世代が、フリーダム・サマーの体現する深くて新しい道徳的感性を創造できなかったからだと認めざるをえない。ストートンたちが払った犠牲や、彼らが長期的に静かにコミットしてきた草の根活動に比べ、わたしたちは瞬時に閃き消えていく火花みたいに派手な言動をとるくせに、些細な誤解や軋轢で挫け、「あと始末」しない中途半端で無責任な闘い方しか結局はしなかった。しかし、運動勢力が弱まり、労働者階級の破壊が突き進む時代の趨勢をわたしたち自身が否応なしに反映していたのも確かだ。

他方、ストートンたちに非がなかったわけではない。七〇年代に運動が退潮する時期の心境をストートンは、フィリピンのジャングルにとり残され三〇年近く敗戦を認めなかった日本兵のそれになぞらえている。脱工業化の蹉跌の中で苦しみ敗走するアメリカ中西部の工業労働者や囚人と四〇年以上同伴するストートンは「尊敬に値するラディカリズム」に固執した。同時に、ときには「聖人」のごとくかたくなにふるまい、同伴に値しない不真面目で無分別なわたしたちの目には、有意義でオープンな対話を苦手とする気難しい家父長的存在としてしばしば映った。先住民史家／活動家ロクサーヌ・ダンバール＝オルティスはリンドたちの政治集会に参加した際の当惑を回想している。

当時のストートンは四〇代前半だったが、数年前にハノイへ行ったためにイェール大学の歴史学科教員のポストをクビになっていた。それ以前は、南部で「愛の共同体」を構成する側近の一人として、ミシシッピ州ＳＮＣＣ〔学生非暴力調整委員会〕フリーダム・スクールの監督だった。やがて、妻のアリスとともに、オハイオ州ヤングスタウンで労働弁護士になった。彼らは非暴力と直接行動の提唱者であり、クエーカー教徒に近かった。

わたしにとって、この集会はシュールな体験だった。まわりにいるのはほぼすべて、犠牲を払って有利なキャリアを捨ててきた人たちだ。決してあきらめない、妥協しない人たちだったが、彼らの中にいると、まるで死者のあいだを歩いているような気分になった。会場には情熱や興奮の欠けらもなければ、エネルギーもなかった。彼らが口にする完璧な言葉や文章も意味不明で、解明できない専門用語《ジャーゴン》みたいなものが混ざっていた。しかし、他の人たちはそれをまるで完璧に理解し、理解されているかのように確信を持って発言した。わたしは宇宙から落ちてきたような気がした。

議論の焦点は、（白人男性の産業労働者を意味する）「労働者階級」と彼らを組織化する方法だった。しかし、労働者階級について彼らが語ったことは何も響いてこなかった。白人至上主義、好戦的な愛国主義、白人男性労働者のあいだにはびこる著しい性差別の問題を避け、その代わりに経済的問題が強調された。

わたしは自分の反応を抑え、耳を傾けた。そこで気づいたのは、彼らが革命の到来を恐れ、アフリカ系アメリカ人の反乱を恐れ、労働者階級を恐れ、女性の解放を恐れ、そして究極的には民主主義を恐れていたということだ。その恐怖は彼らの魂を死に至らしめ、彼らを無能にした。結局のところ、大量殺戮戦争、悪質な人種差別、過剰な性差別、息苦しい貧困といった醜い側面だけを根絶し、現状維持の構想を図ろうとするリベラル政治家だったのだ。より人道的な反革命計画を作り出そうとしていたにすぎない(2)。

わたしはこれほどリンドたちを手厳しく批判できない。女性解放運動の先端を切り開く分離的フェミニズムを掲げ、空手の自己防衛訓練などをとり入れた女性だけのラディカル集団「セル16」を創立／運営していた当時のダンバー＝オルティスは、一九七〇年代前半にまだ持続していた先住民運動や都市暴動や囚人闘争の革命的熱気を肌身に感じ行動をともにしていた。

他方、より暴力的で分離的な方向に向かう運動現場から身を退いたリンドたちは、荒廃の兆しがあらわれつつあった中西部の労働者とともに息長く暮らし、統合的で非暴力的な運動を建て直そうと決心していた。それは一見、体制維持を前提とするリベラリズムに見えたかもしれないが、むしろ運動の先鋭化によって忘れ去られつつあったアメリカ労働者のラディカリズムをとり戻そうとする重要な試みだった。

大学を追われたあとストートンとアリスが在野の民衆史家として着手したのは、研究／執筆する側と研究／執筆される側が「同伴」(accompany)し、おもに聞きとりの形式で構成されるオーラル・ヒストリーである。ストートンはこれを「ゲリラ史」と名づけた。

そこでとりわけ重要な原体験になった証言は、一九三〇年代半ばから後半にかけてアメリカに広がった産業別労働者会議（Congress of Industrial Organization, CIO）の従来の成功物語をくつがえす、シカゴのゲイリーで働いた草の根工場労働者たちが語ったものだ。企業が複数の組合との交渉を認めたものの労働契約を結ばなかった時期の運動について、ベテラン活動家たちは、一般の労働史や経済史の認識とは真逆の見解を述べていた。労働契約が結ばれＣＩＯが労働者全般を代表する労組になった一九四二年が労働運動にとって勝利だったというのが従来の解釈だが、じっさいにはそれが敗北だったと彼らは言う。なぜなら、まだ代表する労組や契約が確定しない時期には、山猫ストをすぐに打ったり、職場の苦情を煩雑な手続きなしに労組の担当者とともに直談判したりすることができて、底辺の労働者の声がすぐに経営側に伝わり、労働条件を改善しやすかった。他方、組合が公認され契約が結ばれると、ストは禁止され、官僚化されたルールでがんじがらめにされ、草の根の声は押し殺される。労組は企業と結託し労働規律を強いる抑圧装置になってしまう。ストを打つ自由を闘争手段として決して手放さなかった参加民主主義的労組ＩＷＷの愛称にちなんで、「組合員をもっとも効果的に助けることができた」三七～四一年の時期を「ＣＩＯの中でもより中央集権化した組合の歴史におけるワブリー的時代」とストートンは呼んでいる。そして、それが「戦闘的な下層労働者の新しい波を作る、あるいはそれに反応するうえで組織者にとって示唆に富んでいる」と述べ、未来の労働運動に向けた視点をしっかり打ち出している。(3)

その後、リンドたちが開拓した「ゲリラ史」は中西部の労働者だけではなく、パレスチナの民衆やアメリカ中西部の囚人の聞きとりにまで広がった。聞きとり対象を単に歴史家が作成する物語の素材として扱うのではなく、歴史を同等に作る共同制作者として「同伴」するその「オーラル・ヒストリー」の手法は、息が長く地道な運動体験に裏づけられている。具体的で実用的な連帯や直接行動を常にともなう彼らの民衆史の泉からわたしは多くの知識や叡智を汲みとり続けるだろう。

そういった意味では、リンドたちとの出会いが最終的には不幸せなものであり、ストートンがわたしを記憶から抹消した出来事には感謝すべきかもしれない。学部生時代からリンドたちを尊敬してやまなかったわたしの英雄崇拝の衝動を砕く重要なきっかけになってくれたのだから。ブレヒトの戯曲『ガリレオ』からの有名なセリフをもじると、おかげで「不幸な時代は英雄を必要とする」という認識が深まり、内なる偶像破壊者を覚醒させてくれた。それはまた、リンドたちが生涯実践してきた参加民主主義の精神を、「遅れてきた新左翼」であるわたしがまがりなりにも異端的な単独者として継承する「カインのしるし」でもある。大事なのは個人ではなく、わたしたちを形成する歴史的経験であり、そこでどのような行動をとりどのような関係を結ぶかである。ストートンたちの民衆史の聞きとり調査や同伴者としての政治活動の軌跡は、異なった歴史的コンテクストにおいては異なった諸関係が生じるという真実をわたしに教えている。

二〇二〇年一月

注

（1） Carl Mirra, "Radical Historians and the Liberal Establishment: Staughton Lynd's Life with History", *Left History* (Vol. 11, No.1),

2006: 74.

（2）Roxanne Dunbar-Ortiz, *Outlaw Woman: A Memoir of the War Years, 1960-1975 Revised Edition* (The University of Oklahoma Press, 2014), 326.

（3）Staughton Lynd, *Doing History from the Bottom Up: On E.P. Thompson, Howard Zinn, and Rebuilding the Labor Movement from Below* (Haymarket Books 2014), 52.

13 師匠とアルコールと「魂の遍歴」

初めてオハイオ州トレドを訪れたのは一九九八年だ。すでに二〇年以上も経っているのが信じ難い。選挙権が一八歳で得られ、法的に飲酒が認められる年齢が二一歳であるアメリカにおいて、二十数年という年月は新生児が成人になるにはじゅうぶんな時間だ。九八年にわたしはすでに二〇代半ばだったが、精神的にも感情的にもまだ大人ではなかった。ピーター・ラインボーとの自動車旅行の道中で偶然見た歴史的記念標識にアメリカ中西部が"Interior"と命名されていた慣習にならってわたしたちも同じ呼び方をするようになったが、この「内陸地」ですごした一二年を経てようやくわたしは本当の大人になった。

ここで言う「大人」とは、「大人の対応」ができる「社会人」の意味ではない。むしろ、自分がある種の「反社会人」だと受け入れ、その認識に正直にしたがって生きようという意味に近い。誰かの権威や何かしらのイデオロギーに寄りかからず、その場しのぎかもしれないが、みずからの言葉で語り、みずからの原則で主体的に動いていく。何かになりたいとか、誰かに認められたいといった野心を捨て去り、ただありのままの自分に開きなおる。世界が燃えるなら、勝手に燃えちまえという独りよがりな感覚にそれは近い。あるいは、マルクスが『資本論』初版の序文を締めくくる際に引用したダンテ・アリギエーリの言葉、「汝の道を行け、そして人々の語るにまかせよ！」を崇高な理想として受け止めるのではない、うす汚い地べたを這うみたいな生き方とでも言おうか。

いずれにしろ、「内陸地」での体験はわたしをそういった天邪鬼な意味での「大人」にしてくれた。コリントの信徒への手紙一の言葉を借りると、「幼子だったとき、わたしは幼子のように話し、幼子のように思い、幼子のように考えていた。成人した今、幼子のことを棄てた」（13章11節）という意識を揺るぎなく世俗的でふてぶてしくした感じだ。ナイーブで誇大妄想な野心を抱いて大学院に入学した二〇代半ばのわたしは、足の塵をふり払ってトレドを去る三〇代後半のわたしとはほとんど別人だった。

そもそも、トレドへ行こうと思い立った理由は、学部生として五年すごしたテキサス大学で共鳴した自律マルクス主義の源流のひとつである「底辺からの歴史」（history from below）と呼ばれる革命的民衆史の卓越した実践者ラインボー（アフリカ系アメリカ人史の大家ロビン・D・G・ケリーに「今日、彼ほど重要な歴史家はいない」とまで称賛された人物だ）に師事するためだった。夏には蒸し暑くなっても、気候が基本的に年がら年中穏やかで、映画監督クエンティン・タランティーノが定期的に参加する映画祭「サウス・バイ・サウスウエスト」が開催されたり、アレハンドロ・エスコヴェードやバットホール・サーファーズなどロックの先鋭ミュージシャンたちがダウンタウンのライブハウスで演奏したりするサブカル的環境に恵まれていたオースティンは、住み心地のいい魅力的な街だった。テキサス大学大学院歴史学科にも応募し受かったが、オースティンの都市文化とは裏腹に当学科には、わたしを惹きつけるものは何もなかった。じっさい、アメリカ外交史を美化する体制派冷戦史家ジョン・ルイス・ギャディスをやたら褒めちぎる学科長の傲慢な口調には閉口したし、そのうえ、授業料／助手職などの経済援助の雇用は院生一年にはいっさいないと警告され、むしろ嫌悪感さえ抱いた。

他方、トレド大学大学院歴史学科は授業助手職を提供するばかりでなく、当時学科長を務めていたルネサンス史専門のキャロル・ブレズナハンからは、トレド大学のジムのプールには米国唯一のスパイラル滑り台があるという余計な情報が付け足されている歓迎のメールをもらった。寒さが苦手なわたしでもオースティンよりもトレドを選ぶ条件はじゅうぶんにそろっていた。

大学院を下見に行った前日の晩、トレド大学に直結するセカー・ロード沿いにある宿泊費が高いホテルに泊まった。あまりにも興奮して部屋に待機できず、大学を一目見たいという衝動に駆られて出かけた。だが、フリーウェイを超えてまっすぐずっと歩いても、殺風景なアパートや家しかない。約四〇分後に着いた交差点には大学の気配が何もなかったので引き返した。

まちがった方向に歩いたのかもしれないと考え、ホテルには帰らずにそのまま素どおりして今度は反対方向に向かった。街灯に照らされた住宅地を通過し、ホテルからまた四〇分ほど歩くと、暗闇の中からキャンパスが幻想的にあらわれた。胸が小躍りした。キャンパスのまん中あたりにある小さな橋の上で寄り添う学生カップルの横を通りすぎたときは、ロマンチックな気分にさえなった。

翌朝、再び同じ道を歩いてキャンパスにたどり着き、歴史学科の事務所を訪ねると、大学院生アドバイザーであり米国西部史専門家のジェラルド・トンプソンという初老の男性が快く迎えてくれた。トンプソンは数ヶ月後に心臓発作で突然亡くなり、彼と会うのはこれが最初で最後になったが、「ピーターは天才だよ」という彼のコメントが印象に残った。

退官した前任者の荷物がまだ研究室から運び出されていないらしく、ピーターの臨時研究室は廊下と二つの研究室に接続するいわば「中部屋」の片隅にあった。勧めてくれたイスに座り、彼と面と向かい合うと、少し緊張した。机の上の棚には色彩豊かな象の人形が置かれていた。沈黙が続くのが気まずくなったわたしは訊いた。

「その象には何か意味があるのですか？」

少し間をとって、ピーターは答えた。

「これは、わたしの上の娘が子どもだったときにエドワード・トムスンが彼女のためにインドのお土産に買ってきたものだ」

「トムスンはあなたの先生でしたよね？」

沈黙が流れた。しかもやたらに長い。師匠と弟子が修行について語り合うために対面する禅宗の「独参《どくさん》」をしているみたいに、重く、長くはりつめた沈黙。無闇に軽口は叩けないと感じたわたしは不安や雑念をすべて放擲し、ただただ待った。

ようやくピーターは口を開いた。

「師匠に敬意を払って生きるべきだという禅のことわざがあると思うが、わたしも彼に敬意を払って生きようと今まで努めてきた」

「この人に弟子入りしてまちがいない」とその瞬間決意した。

禅のアナロジーを用いるのは単なる思いつきではない。思春期に読んだ一休宗純についての新書（西田正好『一休――風狂の精神』講談社現代新書、一九七七年）には師匠を選ぶのが重要だと記述する箇所があったので、自分に合致した「老師」を見つけ出すのは「魂の遍歴」において肝心だと心得ていた。したがって、ピーターとともに学ぶトレドの生活は、わたしにとってある種の修道生活の開始に等しかった。学術的な歴史家になるというよりは、世界においてともに創造すべきラディカルな自由、真理、美を体現して生きる歴史家になるのが目的だと真剣に考えていた。

ティーンエイジャーのわたしがヘンリー・ミラーとクリシュナムルティから教わったのは、まず自分を変えなければ、世界は変わらないという確信だった。禅を紹介してくれたミラーを読んでからは、文学、映画、音楽、思想など文化全般にあたかも自己解放のマニュアルみたいに接するようになった。わたしの感情と理性に衝撃を与え現実から逃げさせてくれる作品は、自身の弱点、神経症、自意識、限界を断ち切って自由にしてくれる触媒であると信じていた。マモンと商品的物神性を崇拝する支配的風潮にさからい「俺は俺で在り続けたい　そう願った」（「とんぼ」）「俺は俺を信じてやる」（「裸足のまんまで」）「もっと俺は／俺でありますように」（「しゃぼん玉」）という八〇年代後期／九〇年代初期の長渕剛の歌の中に、わたしは同様の不満と欲望と叛逆の旋律を聴いた（ちなみに、長渕のこの側面の意義を腹の底から理解し独創的に深めているのは、一筆書くだけで「殺仏殺祖」をやってのけてしまう友人のアナキスト菩薩クリハラ・ヤスシだ）。

ピーターをある種の「禅師」と思いこんだのは、一概に妄想ではなかった。その後、ピーターには日毎座禅を組む習慣があるのを知った。ストートン・リンドが主催する連帯組合主義の集会に出席するためにヤングスタウンへ同伴し、一晩すごした郵便局員の家の地下室で寝る前に彼は言った。

「朝目覚めたとき、わたしが部屋のすみで何も言わずにじっと座っていても驚くな」

瞑想をして何かに役立つのかとピーターに帰り道の車内で訊いた。「只管打坐《しかんたざ》」、座る行為自体以外に意味はないというたぐいの返事を期待していたが、意外な返答があった。

「あるよ。もし興味があるなら、瞑想の効用を列挙するカードがあるのでそれを見るといい。わたしにとってはマケイラとの関係に役立っている。どう反応し何を言うかに深い影響がある」

しゃべっている最中にピーターはときどき突然口をつぐんだ。おそらく瞑想の効果で、自己の言動が適切ではないと察知した瞬間だ。

しかし、逆に坐禅が夫婦関係をさかなでする話を、ピーターのパートナーであるマケイラ・ブレナンから聞いたことがある。ニューヨーク北部に住んでいた時期、ピーターは一緒にやるはずだった作業をそっちのけにし、キャッツキル山地にある禅山僧院（Zen Mountain Monastery, ZMM）で週末の接心に参加しに行ってしまう。イラついたマケイラは迎えの車を駐車場に乗りつけると、わざとクラクションを何回も鳴らした。隔離された森の中にある寺の静寂が、カーステレオから突如最大音量で流れるマケイラの好きなトーキング・ヘッズの「サイコ・キラー」か「ワンス・イン・ア・ライフタイム」で引き裂かれ、急ブレーキをかける音が駐車場にこだまし、クラクションがけたたましく鳴り響く風景をわたしは想像した（じっさいにはそれほどコミカルに大げさな騒音ではなかったはずだが）。

ＺＭＭの存在は合気道の先生ジェイ・ウェイクから聞いて知っていた。そこで座禅しようと考えたこともある。日中は父親が経営しているカーペット屋の仕事を手伝っていたウェイクは、ＺＭＭの元住職ジョン・ローリ大道のもとで禅の修行を開始し、合気道の稽古前に小さな座禅会をときどき開いていた。

貸してもらったローリ大道の法話テープに、輪廻転生を説明するくだりがあった。生前や死後を指す形而上的現象としてではなく、人生の中でじっさいに起きるものとして輪廻転生を理解すべきだと言うローリ大道の言葉は確かにそうだとうなずけた。すなわち、わたしたちは過去の自分と同じではなく、人生を通じて絶えず変わっていく。「若い頃のわたしがこの寺に来たとしたら、彼を追い返しただろう。落ち着きがなく口汚い元海軍軍人の彼はわたしの「前身」だが、現在のわたしとの共通点は何もない」と彼はみずからの「輪廻」を赤裸々に語っていた。

ピーターにもいろいろ生まれ変わった経験がある。わたしと出会った時期にはアルコールを一滴も飲まなかったし、タバコも吸わなかったが、昔はヘビースモーカーのアルコール依存症だった。大麻やコカインを吸ったり、エクスタシーもやったりした。これには世代的な差異もある。七歳年上のアル・ケイブは酒とタバコ以外はたしなまなかったが、や若者のカウンターカルチャーが盛んな六〇年代に学生だったピーターの世代以降、非合法ドラッグに対する態度がアメリカでは一般的にゆるくなった。

薬物乱用とは無縁の安定した家庭環境で育ったわたしでさえ、大麻は高校時代から吸ったし、ＬＳＤも何回か試したりした。いまでこそ酒しか飲まないが、二〇一八年に常勤の仕事についてからは酒を飲む量が圧倒的に増えた。バレルストレングスのウイスキー、原酒の焼酎など、とくにアルコール度数が高いハード・リカーを飲みまくり、果ては寝床にまで酒杯を持ちこんだ。二〇一九年にひさびさに訪れた大阪の釜ヶ崎の串カツ屋で焼酎をあおりながら、これを友人である社会学者の櫻田和也に告白し「アル中一歩手前や」とふざけて言うと、「いや、それはもう完全にアル中や」と即答されて苦笑した。笑いごとではない。ピーターの著作を紹介してくれた、やはり酒をいっさい口にしない自律マルクス主義経済学者ハリー・クリーヴァーのゼミでの発言、「労働者が酒浸りになるのは自己破壊的なある種の労働のサボタージュだ」がやけに胸に突き刺さる。

ピーターが酒をやめた理由は知らないが、わたしと親しい院生のあいだでは、看護師／保健活動家であるマケイラとの馴れ初めと関係しているのではないかという噂話があった。トレドのミドルセックス・ドライブにあるマケイラとピーターの家から引っ越しの荷物を運び出しトラックに載せる作業の手伝いに行くと、そこに来ていた他の助っ人たちはピーターのアルコホーリクス・アノニマス（一九三五年に発足し、相互援助を通じてアルコールその他薬物依存症の克服を促進する「匿名のアルコール依存者たち」の会）の仲間だった。

大量の酒を摂取するのは、わたしたち院生にとって手っとり早い余暇のすごし方だったので、ピーターの飲酒時代に彼と飲み仲間だったらどれだけ楽しかっただろうかと友人と語り合った。だが、それが単なるナイーブな妄想だと、ピーターの長女ケイトに言われた。二人だけの父子家庭だった時代を回想する彼女によると、家の床には空の酒瓶がごろごろ転がっており、当時の父と比べると、現在のほうがはるかに柔和で優しい。ピーター自身もこう言っていた。

「酔っぱらうとより論争的になるとともに論理的な議論ができなくなり、しつこく同じ話をしてしまう」

ビールをときどき飲み、寝酒にスコッチ（ジョニ黒かシーバスリーガル）を少しだけ飲む習慣があった父に、飲酒するのはいいが酔っぱらうのはよくないとたまに忠告された。彼の言う「酔っぱらう」とは、「自分を見失うぐらい飲む」行為だとわたしは勝手に解釈している。

台湾で県知事をやっていた兄が宴会で飲みすぎてその場で放尿してしまったという話を「戒め」として父から聞いた。人の善行は「手本」に、悪行は「戒め」にしなさいと口癖のように言う父は、世界観も生き方もいたってシンプルだった。飲み食いはいつも控えめで、食べ物から少しでも変な味や匂いがしたら口にしない。絶対に無理をせず、疲れたらいつでも休み、毎日昼寝をする。イマヌエル・カントに似て体質が脆弱だった彼は、やはりカントみたいに散歩をするのが好きで、自身の身体を大事にして守るのに細心の注意を払った。その結果、彼は九三歳まで生きた。

もちろん、彼が長寿を全うできたのは健康の自己管理のおかげだけではない。シンプルで揺るがない信仰に支えられた精神生活を営んでいたのも大きく関係している。一生、組織や上司のしがらみなどまったくなく、自分の好きなように生きた父は、他人の悪口は決して言わず、心配もせず、困難に直面するとひざまずいて祈ってすべて神に任せた。父にすすめられて読んだトルストイのキリスト教的寓話の登場人物ではないかと疑うぐらい、彼は世俗離れしていた。

父との暮らしは偉い家庭教師と生活するみたいだったと丸山眞男の息子は回顧している。東京大学法学部の著名な大学教員であり、戦後民主主義を代表するリベラリズムのオピニオン・リーダーだった丸山は、みずからが置かれている大学の権威主義的権力関係を攻撃する全共闘の学生運動を非難し、全共闘活動家の息子に運動から身を引くよう諭した。丸山より六歳年下の父とわたしのあいだにはこうした世代的／政治的葛藤はなかったし、父は基本的にわたしの意志を尊重し権威的な介入はほとんどしなかったが、彼には侮れない威厳があった。

これはピーターにしても同じだ。クリスチャンの牧師である父とマルキシストの歴史家であるピーターはもちろん価値観も立場も異なるが、二人とも行動をともなう「信仰」を生き、世俗的権力と妥協する政治的計算からは常に隔絶している。体制の支配と抑圧を正当化し、社会的現実を否定する個人の精神的自己満足だけにとどまりがちな聖書やキリスト教のイデオロギー的機能に楔を打ちこみ、それらを貧民の生きる言葉そして階級闘争の力強い革命理論として理解できるようになったのは、じっさい、独特にオープンなマルクス主義的民衆史観にいろどられたピーター、エドワード・トムスン、クリストファー・ヒルらの著作のおかげだ。

「クリスチャン」や「マルキシズム」とは名ばかりで、結局は、自身のキャリアや組織や私利私欲を優先する行動をとる人間は多い。父という自称「変人」の背中を見て育ったわたしは、彼の信仰を継承できなかったかもしれないが、出世や利益を一顧だにしない求道者の生き方に憧れるのは彼の「手本」があったからだ。

バード大学で新たに就職したピーターとその家族がニューヨーク州チボリに移住すると、わたしもトレドを離れようかと真剣に考え始めた。もしバード大学に博士課程があればわたしが転学できるようとり計らったとピーターは言ってくれたが、バードには修士課程しかなかった。

そもそも大学教員になるために大学院に入ったのではなかったし、歴史学という分野にもこだわりはなかったので、他の大学院に行く場合、候補の基準は卒業後の就職率やランキングではなく、ピーターぐらいわたしが「帰依」できる人物がいるかどうかだ。ピーターの同志であり、何回か会った哲学者のジョージ・カフェンティスやフェミニストのシルヴィア・フェデリーチがまっさきに思い浮かび、カフェンティスがいるサウス・メイン大学やフェデリーチがいるホフストラ大学に問い合わせたが、いずれにも博士課程はなかった。『多頭のヒドラ』をピーターと書いた大西洋の民衆史家マーカス・レディカーが所属するピッツバーグ大学も考慮に入れたが、アカデミズムを優先する空気が濃く「魂の遍歴」を誘う魅力を感じなかったので、結局はそこも断念した。

新しい行き先に思い悩み試行錯誤したが、自分が「師」に求める基準があまりにも特異で厳しいことがわかった。「魂の遍歴」という条件自体、大学関係者でなくても正直意味不明だ。わたしが抱いていた「魂の遍歴」の具体的なイメージは何かと訊かれたら言葉に窮するが、あえて言うなら、わたし自身の精神を変革する闘いと資本主義社会を廃止する階級闘争が有機的に結合されたものにおそらく近い。そして、そのイメージを満足する形で政治的に現実化しうるのは、大学時代に出会ったハリー・クリーヴァーによって開眼された自律マルクス主義やラディカル民衆史の伝統を汲む諸勢力であり、それらを熟知し体現する人物が必要だった。そうしたあまりにも特殊な要求を満たす「一無位の真人」を見つけるのは至難のわざというより、ほとんど不可能だ。わたしは新たな「師匠」を探すのを諦め、トレドにとどまる決意を固めた。

その決断の正しさは、ゆくゆくわかった。最終的に師匠や教義やイデオロギーは頼りにならないし、クリスチャンやマルキシストになっても何の保証にもならない。重要なのは、「神の国は、実にあなたがたのただ中にあるのだ」（ルカによる福音書17章21節）という「信仰」をじっさいに生きることだとようやく学び始めたのだ。

二〇二〇年二月

14　天から降ってくる鉄梁にどう適応するか

世界保健機関が新型コロナウイルスによるパンデミックを認め、イタリアの感染死亡者が八二七人（二週間後には七五〇〇人以上に膨れあがる）にまで上昇し、アメリカのトランプ大統領がヨーロッパからの旅行客の受け入れを三〇日停止するとテレビ演説で発表した二〇二〇年三月一二日、職場を離れる教員の別れの挨拶をわたしは教授会で聞いていた。まずは定年退職する二人、次は他大学に転職する二人、そして最後は任期終了する二人が一人ずつ話すという順番だった。

彼らの短いスピーチに耳を傾けながら驚いた。まずは、仕事を辞める際に同僚の面前でこうした「公式な宣言」をするという慣習だ。それは告白をともなうある種の宗教的儀式にさえ見えた。

そして、それよりもっと驚いたのは、わたしと年齢が近い二人の教員が大学院生の指導や男女共学大学での教育に打ちこみたいという理由で他大学に移ると決心したことだ。まだ二年しか働いていないいまの職場でずっとやっていけるのか、わたしが本当にやるべきなのは何か、それを全うする場は果たして大学なのかという疑問が昨年の七月から（とりわけ忙殺され睡眠不足と疲労が重なるたびに）ときどき頭をもたげていたので、同僚たちが現職を去っていく光景は、妄想が目の前で具現化されているという錯覚を一瞬引き起こした。だが、少し不思議に思ったのは、教育云々に関して以外は条件がおそらくあまり変わらない職場に移るという彼らの決断だ。

ハードボイルド犯罪小説の元祖ダシール・ハメットの名作『マルタの鷹』に、私立探偵サム・スペードが思い出深い事件を回顧する場面がある。突然何も言わずに家族を捨てて蒸発したチャールズ・フリッツクラフトという男を探してくれという依頼を、スペードは彼の妻から受ける。ようやく男を見つけ出し蒸発した理由を訊くと、彼はこう答える。ある日、いつもどおり昼飯を食べに職場の外を歩いていると、目と鼻の先に鉄梁が突然落ちてきた。一歩踏みはずせば、頭蓋骨が砕けて即死していたかもしれない。日常のルーティンに生じたこの亀裂を前にして男はうろたえた。自分が生きてきた人生、日毎の時間をともにする同僚や家族との生活がみな嘘っぱちに見えて激しく動揺し、すべてを捨てて逃げる決心をした。だが、スペードがこの事件で気に入っているところは、男が移り住んだ場所で再び仕事につき家族を持ち、昔とあまり変わらない生活のルーティンに埋没していたことだ。「やっこさんは、天から降ってくる鉄梁のたぐいに備えていたが、それ以上降りかからなくなると、こんどは降りかかってこないほうの人生にわが身を適応させたんだ(1)」。

「フリッツクラフトの寓話」と呼ばれるこの蒸発した男の挿話が何を意味するか長年議論されてきた。登場人物の心理や外見の描写がすべて削ぎ落とされ、きびきびとした小刻みの文章でアクションだけが無駄なく表現される「ハードボイルド」小説で、このエピソードは不協和音みたいに唐突に語られる。小説を忠実に映画化したジョン・ヒューストン監督の実写版でも、プロットに直接何も貢献しないこのスペードの思い出話は省略されている。

「フリッツクラフト」という名前は、ハメットがピンカートン探偵社で働いていた一九一五～二二年に保険関連の事件を担当する際に参照していた保険マニュアルの出版社アレン・J・フリッツクラフトからとられている。ピンカートン探偵社の絶頂期だった一九世紀末から二〇世紀初頭は、先住民の土地を収奪し終わったアメリカ国家がハワイ、キューバ、フィリピンなどの帝国主義的侵略を立て続けに行い、国内で発達し膨張する産業資本主義の市場を海外に求め始めた時代である。世界各地からの移民がアメリカにやってきて、加速する資本蓄積の原動力になると同時に、身にふりかかるあらゆる差別や搾取をとっ払おうと団結し闘い、資本に激しく応酬された時代でもある。ピンカートン探偵社は、そうした激しい階級闘争に介入し、労働者の連帯に亀裂を走らせる撹乱作戦や露骨な暴力的弾圧や暗殺を行使して資本の手先として活躍した。

一九一七年にモンタナ州ビュートの鉱山労働者のスト破りのために派遣されたエージェントの一人だったハメットは、一生その経験を忘れなかった。黒人公民権運動が半世紀後に活用する非暴力抵抗の戦術を開発したワブリー活動家フランク・リトルは、ビュートの労働者をオルグする中心人物の一人として目をつけられていた。五〇〇〇ドルの報酬と引き換えにリトルを暗殺するようハメットは持ちかけられた。ハメットは断ったが、結局、リトルは自警団の一味に誘拐され、自動車のうしろに縛りつけられ花崗岩の路上を膝頭が削り落とされるまで引きずり回されたあげく、後頭部を激しく打ち砕かれ絞殺された。一二年後の一九二九年、ハメットはビュートを架空の「ポイズンヴィル（毒の町）」に仕立てて、腐敗と殺し合いにまみれた弱肉強食の極限的資本主義社会の縮図みたいな場所で展開する血で血を洗う物語を処女作『血の収穫』で描き、ハードボイルド小説の原点を築きあげる。

ゆで卵が硬くなる過程を感情にたとえて、感傷を示さないクールで無慈悲な態度を意味する造語として「ハードボイルド」を一八八六年に初めて使ったのはマーク・トウェインだが、『血の収穫』のコンチネンタル・オプ（本名は明かされないコンチネンタル社の探偵）も『マルタの鷹』の主人公サム・スペードもそうしたハードボイルドな人物像が如実に投影されている。依頼された仕事をモラルや感傷やイデオロギー抜きで冷徹にやってのける彼らは、運動や革命や神なき世界を生き抜く実存的存在だ。彼らが人間の到達すべき理想なのか、あるいは回避すべき必要悪なのかはさておき、共同体が不在であり個人の生存価値がすべて労働に還元される現代都市資本主義の産物だというのはまちがいない。

同時にハメットの小説には反資本主義の批判的まなざしが寓話的に刻みこまれている。『マルタの鷹』の場合、騙し合いや殺し合いの争点として機能する歴史的財宝「マルタの鷹」が結局は偽物だというオチによって、商品形態の中身は空っぽだという現実が前面に押し出される。それ自体偽物であり人工的で何の意味も持たない貨幣や宝物は、絶対的な価値や意味として人を惑わせ支配する。この物語はそうした資本主義権力の実存的不条理を鋭く浮き彫りにしている。

　わたしたちも、鉄梁が降りかかってくる事故に相当する偶発的な出来事をきっかけに、身をゆだねている制度や生活の意味を根本から疑い始め、蒸発ほど極端な形ではないにしろ何か著しく変わった行動に出るときがしばしばある。だが、わたしたちがどこに行こうが何をしようが、最終的には人間の生存に不可欠な営みのリズムにそって以前とそれほど変わらない生き方をしてしまう。

　職場を離れていく、あるいはそこにとどまる同僚と比べて、わたしはおそらく人生の浮き沈みや移動が比較的に多く、組織や制度に対する生理的な不信感が強い。別の言い方をすると、わたしはまともに社会化されず、思春期の過剰でぎこちない反抗心をどこかで引きずってきた。つまり、意識の中でみずからの頭上に「梁を落とし」て、「本当にこれでいいのか」と自問自答してきたのだ。そのせいか、同世代や後輩がキャリアをどんどん積みあげていくあいだ、就職もせずにだらだら迷走していた時間がやたら長かった。

　ピーター・ラインボーとともに環大西洋民衆史を学び、反グローバリゼーション運動の残光を浴びて一〇年以上アメリカ中西部ですごした「見習い時代」にもしもっとまじめに研究や執筆や就職活動にコミットしていれば、アメリカのどこかで常勤の仕事を早く得て、自身の研究分野でそこそこの業績を残し、いみじくも「権威」としてふるまっていたかもしれない。少なくとも日本での生活はなく、人間関係もぜんぜん違ったものになっていただろう。だが、その良し悪しや、いずれが自分に適していたかを問うのは不毛だ。結局それは何の現実性もない思考実験にすぎないし、「鉄梁が落下してくる」現実の恣意性を否定するいわば「世俗的予定説」を設定しかねない。人間は自分の幸せや最良の選択が何かをほとんどあやまって予想する。そうでなければ、恋愛は失敗しないし、不幸や混乱が権力の必要に応じて世界に蔓延しないし、狂気や自殺は社会から根絶されるはずだ。しかし、現実は逆だ。

　神々になるために、あるいは（西洋帝国主義を分析した偉大なイギリス共産主義歴史家ビクター・キエナンの古典的著作『人類の主人たち』（*The Lords of Human Kind*）の題名をもじると）生類の主人たちになるためにバベルの塔を建立しようとするわたしたちの限界を認識するうえで、「原罪」という概念にはそれなりの意義がある。教会や学校、国家権力や会社は、人間が統率を要する本質的に弱い存在だという「原罪」に似た観念をドストエフスキーの「大審問官」のごとく用いて、支配を正当化してきた。だが、そうした組織制度そのものがじっさいには無慈悲に利己的であり収奪と蓄積の「原罪」にまみれている現状を知ったわたしたちは、「救い」をどう再定義すべきか。その答えがなんであれ、世俗上の、または神学上の形式をとる普遍的な解決策は、多くの場合、わたしたちを単に管理しやすくしたり、せいぜい絶対に食べられない「絵に描いた餅」をたてまつったりするだけだ。

一九七〇年にジョン・レノンは「神はわたしたちの苦しみを計る概念だ」と歌い、聖書、ヒトラー、ケネディ、イエス、諸王、ビートルズなど彼が信じていないものを列挙し、信じられるのは彼自身とパートナーのオノ・ヨーコだけであり、「夢は終わった」と宣言した。レノンの言う「夢」とは、カウンターカルチャーのアイドルそして活動家として彼自身が表現した若い世代の革命的希望を指す。インドシナに対するアメリカの大量殺戮戦争に献身的に反対し、セクト的に分裂し、国家の激しい弾圧を受けて疲れきった運動の退潮、世界から隔離し内向的になっていく状況をいち早く察知した歌だ。

英国に到着したばかりの大学院生のラインボーに「ここでレーニンと言えばそれはレノンのことだ」（イギリス訛りではLeninとLennonの発音が酷似している）と注意したE・P・トムスンは、レノンの歌からちょうど一〇年前の六〇年に真逆の立場をエッセイ「鯨の外に」で表明した。イギリス新左翼の宣戦布告であるこの画期的な文章の題名は、ヘンリー・ミラーを大きな魚に呑みこまれる預言者ヨナにたとえたジョージ・オーウェルのエッセイ「鯨の腹の中で」をもじっている。世界を完全に遮断した「鯨の腹の中」を好み、政治やイデオロギーにはまったく無関心であるミラーの立場を即物的に生きるルンペンプロレタリアのそれとなぞらえ、スペイン戦争において味方であるはずのアナキストや独立左翼を攻撃したスターリン主義が強い権威的な政治性よりも優れているとオーウェルは評価した。トムスンは、三〇年代末に政治参加から後退するオーウェルの動機が良心的なものだと認めながらも、ミラーみたいな「政治的無関心」は五〇年代の冷戦期には既存の体制を暗黙に肯定する順応主義に等しいと批判した。

この二つの鯨をめぐるテキストとミラー、オーウェル、トムスンを軸に、エル・グレコの絵画「フェリペ二世の夢／イエスの御名の礼拝」とオルダス・ハックスリーが幻視したフォード主義的ディストピア、ウォルト・ディズニーのアニメ版『ピノキオ』とカルロ・コッローディの原作『ピノッキオの冒険』がそれぞれ反映する米伊ブルジョア・イデオロギーの発展、カリブ出身の独立マルクス主義者C・L・R・ジェームズのメルヴィル『白鯨』論が提示する国際プロレタリアートの原像とトラピスト僧トーマス・マートンの『ヨナのしるし』が記述する修道士の共同生活などを縦横無尽に絡めて展開する、壮大（誇大妄想？）な博論をわたしは当初構想していた。だが、最初の数ページを執筆するやいなや、すぐにつまずいた。書き出しの原稿を読んだラインボーが、エリック・ホブズボームのイギリス「遍歴職人」（Tramping Artisan）論とアメリカのＩＷＷの流動的下層労働者を安易につなげるわたしの文章に丁寧な批判のコメントをメールしてきたのだ。わたしはこの「降ってきた鉄梁のたぐい」に衝撃を受け、博論を吉本隆明『カール・マルクス』と関連講演の英訳と解説に急遽変更した。

おそらく時間をかけて最初の野心的なテーマに固執し頑張れば、ゆくゆくはラインボーにゴーサインを出してもらえる博論を完成できたかもしれない。しかし、時間の余裕がなかった。その時点で大学院に入学してほぼ一〇年が経ち、しかも所属していた歴史学科の教員のあいだでどうでもいいもめごとが起こり、学部はネオリベ企業路線まる出しの大学当局のもとで財務管理下に置かれ、博士課程そのものの存続が危うくなっていた（じっさい、後輩の多くは、その後、近くの町の大学院に移籍する）。「船の甲板が燃えている。これから何が起こるかわからない。そろそろ博論を仕あげて身のふり方を考えたほうがいいかもしれない」というラインボーの助言をわたしは真剣に受け止めた。彼は院生の業務などについてふだん何も口に出さなかったので、よほどの危機が迫っていると察した。非常事態に突入した勢いで博論に打ちこむわたしには、何がなんでもそれをプラクティカルにてきぱきと終わらせる覚悟があった。

その結果、博士課程は無事修了できたが、すぐにリーマンショックが起こり、その余波は大学教員の労働市場にまで飛び火した。歴史学をはじめとする人文系の常勤の応募はたちまち急減し、不採用通知の手紙がどんどん届いてきた。二〇一一年にロサンゼルスに引っ越した際、仕事はどうにかなるとかなり楽観的に考えていたが、予想は見事に裏切られ、非常勤講師のポストさえ見つからず、半ば頼りにしていたわずかなコネは何の役にも立たなかった。

そうした絶望的な状況で「お前は二〇一五年から日本で働き始め、三年後には常勤の仕事につく」と誰かに言われたとしたら、何の根拠もない妄想として一蹴しただろう。現在所属している学科の学生雑誌に掲載した短文エッセイ「盗人が夜やってくるように」に、その心境を綴った。

「なんで、わたしが○大に!?」という塾の広告を目にすると、「なんで、わたしが日本女子大に!?」と反射的にふと思ってしまう。

わたしはポンジョとは縁もゆかりもない人間だ。いや、ポンジョどころか、そもそも日本で働いているのが不思議でならない。

二〇一五年まではアメリカに住んでいた。ラティーノ系が過半数を占めるウェスト・コヴィナというロサンゼルス東部にある小さな郊外の町だ。それ以前は脱工業化のせいでひどくさびれたオハイオ州の中小都市トレドで一〇年以上生活し、それより前は高校と大学を卒業したテキサス、そしてそこからさらにさかのぼるとロスの小中高時代に逆流する。

小学生一年から三年までのあいだ神戸で暮らしたが、それ以外に日本との接点は母や沖縄出身の祖父母ぐらいだ。日本統治下の台湾で生まれ育った台湾人牧師の父方も、日本との個人的な関係はもっぱら台湾人教会関係者や親戚を通じてしかなかった。

つまり、人生の大半をアメリカですごしてきたわたしにとって、日本の大学で働くのは限りなく「不可能」に近かった。アメリカでさえ大学の常勤の仕事につくのは、とくに（わたしがちょうど博士課程を修了した）二〇〇八年リーマンショック以来、至難のわざになり、トレドでもっとも親しかった大学院生たちは大学職をあきらめ、シカゴで移民に英語を教えたり、コロンバス市役所の統計局に勤めたりしている。

健康保険も貯金もない最低限の生活をしながらフルタイムの大学教員を目指すなら、複数の大学で低賃金の非常勤講師としてたくさんの授業のコマを受け持たなければならない。アメリカでは週に何百何千キロもの距離を運転し非常勤をこなしている人がざらにいる。そして、コマ数が足りなくなると、肉体労働で口を糊するのを余儀なくされる。こうした不安定な経済状況は大学だけではなく、小中高の教員にまでおよび、最近では本採用教員でさえ、大学卒の平均収入より二〇％も低い給料を補足するために、アマゾン社の倉庫の荷物の運搬や窓ガラスの掃除といった副業をかけもち、それにくわえ血漿を売って食いつないでいる人たちがいる。

こうしたシビアな時代において、「まったく無名であり／家路がない／転がる石のような」（ボブ・ディラン）わたしが、キツネにつままれたみたいにいつのまにか西生田キャンパスの坂をのぼり、教壇に立ち、まっとうな「教員ジラー」している。その理由は、正直、どう考えてもわからないし、多くの教員や労働者が直面する不平等がまかりとおっている世界において、わたし個人の趨勢をどうこう言うのはおこがましい。

大学院を出てからの一〇年間をふり返り、ただ言えるのは、あらゆる場面で手を差しのべてくれたのは、家族をのぞき、わたしとは制度／職業上何のつながりもない意外な人たちばかりだったという不思議な偶然の連続だ。テネシー・ウィリアムズの戯曲『欲望という名の電車』に登場するブランチの有名な台詞“I have always depended on the kindness of strangers”（「わたしは見知らぬ人たちの優しさにいつも頼ってきた」）は、まさにわたしにあてはまる。社会を支配する権力やカネや規律以外の価値や恩寵や力が存在するのをわたしが掛け値なしで信じているのはそのためだ。「信仰は経験である」と亡き父はよく言っていた。それにこうつけ加えたい。わたしたちを形成する経験は、革命や恋や「盗人が夜やって来るように」（テサロニケの信徒への手紙一5章2節）不意打ちをかけてくる。

大学で就職できたのが信じられないという驚きは、わたし自身の業績、性格、能力によってできたのではないという明確な認識で相殺される。世界は公平なところではない。評価されるべきものが唾棄され、愚劣で傲慢なものが大手をふって称賛される。まちがった人たちが権力を持ち、最良な人たちの一部は理由なく苦しみ死んでいく。

今週、同世代の同僚が急逝したという知らせがあり、そのあとすぐにやはり年齢の近い知人が睡眠中に突然息を引きとったことをＦＢの書きこみで知った。いずれもコロナウイルスとは無関係である。鉄梁が落下してきて、次はあなたの番になるかもしれない。警告の声が日常のひだのあいだから聞こえてくる。

いまこそ、無駄なことをすべて捨て去り、迫りくる嵐に備え、自分にとってもっとも大事なものと向き合う、偽りのない観想的な生活を送るときなのかもしれない。「観想」（contemplation）は、トーマス・マートンが修道士の理想と実践の本質として掲げた言葉だ。世俗のまっただ中で生きるわたしたちが、いたるところにあらわれる無数の「マルタの鷹」に惑わされずに生きるためにも、それは不可欠な指針になりうる。

丘の上にある小さな村で、彼らはくじを引いてわたしの服を分け合った
わたしは救いのために駆け引きをしたが、致死量を食らった
無垢を捧げたわたしが受けた返済はあざ笑いだった

彼女は言った、「いらっしゃい、わたしがあなた
を嵐から避難させてあげる」と

さて、わたしは外国に住んでいるが、一線を超え
ねばならない
危険な橋をわたる美をいつの日か自分のものにし
てやる
神と彼女が生まれたときに時計の針を戻せたら
彼女は言った、「いらっしゃい、わたしがあなた
を嵐から避難させてあげる」と
　ボブ・ディラン「嵐からの避難所」（"Shelter from the Storm"）

二〇二〇年三月

注

（1）ダシール・ハメット『マルタの鷹』小鷹信光訳（早川書房、二〇一二年）、一一〇頁。

15　労働が死を意味するなら、復活とは何か

一ヶ月以上どこにも遠出していないし、電車にも乗っていない。一日のほとんどを家でダラダラすごしている。もともとどちらかといえば出不精なので、ストレスは感じない。外出するのはテイクアウトをとりにいったり、散歩やジョギングをしたりするときぐらいだ。在宅勤務が簡単にできるわたしは、恵まれた特権的な状況に置かれている。

だが、世界でもっとも裕福な国のひとつである日本でさえ、多くの人たちは生活保障がない。

新型コロナウイルスの感染が世界中で進行し（現在（二〇二〇年四月二二日）の感染者数は二五〇万人以上、死者は一八万人を超えている）、その余波が急速に押し寄せている日本は、緊急ベーシック・インカムを移民労働者や野宿者も含め全住民にすぐにでも支給できるはずだ。それをしないのは、この国を支配してきた優柔不断で曖昧なエリート中心の官僚制が説く「働かざる者食うべからず」という資本主義的倫理観のせいだ（自民党の若手衆議院議員によると、政務調査会で休業補償の提案をすると、「働かざる者食うべからず」という圧倒的多数の反発があったという）。労働がまさに「死にいたる病」になりかねないこの危機的状況におよんで、民衆から搾りとった税金を財源にしてきた政府は自粛を呼びかけながらも、じっさいには「労働するか死ね」という選択肢を大衆に突きつけている。

「働かざる者食うべからず」ということわざは、テサロニケの信徒への手紙二3章10節に出てくる「働きたくない者は、食べてはならない」に由来する。「テサロニケの信徒」への最初の手紙の文体と内容の比較

分析をもとに、この第二の手紙がパウロ自身の手で書かれなかった（おそらく彼の弟子による）偽書ではないかという議論が研究者のあいだで長年交わされてきた。いずれにしろ、パウロが布教活動を行った古代ローマ帝国時代の西暦五〇年頃、ギリシャとバルカン半島を接続する巨大商業都市テサロニケは、原始キリスト教の重要な拠点になっていた。

ローマ統治下のユダヤ教の黙示的セクトを創始した預言者「イエス／ヨシュア」を中心とする運動が地中海に広まっていくこの時期は、教義や福音の内容に統一性がなく、各教会がそれぞれのやり方でコミューン的に混沌としてあらわれていた。例えば、割礼を受けていない非ユダヤ人が信徒になれるかどうかという問題に対して、パウロは異邦人を活発にオルグする方針をとり、その根拠として（それまでは大して重要視されなかった）イエスの死と復活が神と異邦人との新しい契約を意味すると主張した。

つまり、新約聖書に収録されているテサロニケの信徒への手紙をはじめとするパウロの書簡は、ユダヤ教の小さなセクト運動が異邦人の国際組織に転化したヘゲモニー闘争の記録としても読める。西暦一〇〇年代にパウロの手紙がキリスト者のコミュニティのあいだで広く出回り、三〇〇年代初期に現在の新約聖書とほぼ同様のテキストで構成されるキリスト教の聖典が定着する。こうした聖典の成立の背景には、多種多様な教理とそれをめぐる抗争が入り乱れるダイナミックな運動であるキリスト教を、ローマ帝国の国教に一元的に制度化していく世俗的権力の力学が働いていた。三位一体説などに関する教理論争において正統と異端の線引きをし始めた三二五年の第一ニカイア公会議から四六〇年余にわたって開かれる一連の公会議は、イエスの歴史性や民族性を徹底的に排除する「異邦人の教会」の紆余曲折の組織的発展をあらわし、超国家の支配的イデオロギーとして機能する宗教権力を確立した。

パウロとその弟子たちがユダヤ教の少数派セクトの同志に向けた政治的／神学的介入であるテサロニケの信徒への手紙を作成した西暦五〇年代の世界は、三〇〇年後に帝政ローマの膝下でキリスト教が抑圧的国家装置にまで発展した公会議の世界とは本質的に異なる。国家権力に立ち向かう革命勢力が国家権力にとり入れられてしまうこうした基本的な歴史の変遷を踏まえると、テサロニケの信徒への手紙二の「働きたくない者は、食べてはならない」は、当時存在すらしなかった資本主義的生産に従事する労働者への命令ではもちろんなく、古代国家の支配に甘んじる労働の美徳を謳う格言でもないのは明らかだ。イエスの再臨が速やかに起こり、ローマ帝国の統治を一挙に転覆する黙示的革命を期待する原始キリスト教のコミューンに参加した信徒の一部には、「何もしなくても、イエスが再臨すればどうせすべてがご破算になる」という理由で働くのを拒んで怠惰な生活を送る者がいたので、これはおそらく彼らを戒める目的で書かれた注意だった。

ロシア革命前夜の一九一七年八〜九月にレーニンが書いた『国家と革命』は「働きたくない者は、食べてはならない」を「社会主義的原理」に掲げ、同じ文句が翌年のロシア社会主義連邦ソビエト共和国憲法の第一八条に使われている。それは、無産階級の労働を搾りとり、地代や利潤でこやした富で労働せずに悠々自適に暮らすブルジョアジーの統治を拒絶する革命的理念だった。

レーニンがこれらの文章を書いた同時期に、「スペインかぜ」がアメリカのカンザス州の兵営を起点に、当時の人類の総人口の三分の一を占める五億人に感染し、一七〇〇万〜一億人を死に追いやっていた。それから一〇〇年後、再び世界的な感染爆発に見舞われ、「働きたくても働けない」人たちをないがしろにし、食べるために必要な労働さえも与えられない資本主義社会の破綻が目前に迫っている。大衆を動員するレーニンの戦略的政治思考を高く評価する環境歴史家／都市社会学者マイク・デイヴィスは、コロナウイルスがさらけ出した資本主義文明の危機をこう要約する。

人類の大多数のために収入を作り出し、仕事や有意義な社会的役割を提供し、化石燃料排出物を停止し、革命的な生物学的進歩を公共保健につなげることが資本主義にはできない。それゆえにわたしたちの時代は文明的危機を迎えているとわたしは考えています。これらは互いに不可分につながっている複合的な危機であり、個別にではなく、複雑な集合体の問題として見るべきです。あるいは、もっと古い言い方をすると、今日の超資本主義は、わたしたち人類の生存に必要な生産力の発展を阻む絶対的な足かせになっているのです。(1)

二〇二〇年三月後半、デイヴィスの新型コロナウイルスにまつわる文章の日本語翻訳を早急にできないかという打診メールが酒井隆史から突然届いた。二〇二〇年五月号の『世界』(岩波書店)に酒井の的確でスタイリッシュな解説とともに掲載されたこの翻訳に急遽とり組んでいるあいだ、ある思い出が意識をかすめた。二〇一九年七月に大阪のジュンク堂難波店で拙著『黙示のエチュード』をめぐるトークイベントの際にデイヴィスの話でとりわけもりあがったやりとりだ。その際に酒井はディヴィスの『要塞都市ＬＡ』が「浮かれたポストモダン都市論を根本から覆す破壊力があって、原著(一九九〇年)で出たときにはとにかく強い衝撃を世界的に与えました」と説明し、彼の「最初の著書『自由論』(二〇〇一年)は、八割くらいがフーコー論の本ですが、全体のトーンは「マイク・デイヴィス・ショック」が規定しているところがあります」と述懐し、「史的唯物論をヴァージョンアップするというほとんど前代未聞の試み」を企てた人物としてデイヴィスを評価していた。(2)

一九八〇年代半ばにロサンゼルスに住み始めたわたしにこの複雑で矛盾あふれる都会の現実を根源的に解明してくれたのは、まさに『要塞都市ＬＡ』だった。本書の「洗礼」を受けてわたしも「マイク・デイヴィス・ショック」の激震に見舞われ、みずからの思考を確認し調整するようになった。ロスの権力構造、警察暴力、階級と人種の狭間で繰り広げられる民衆闘争、都市資本主義の矛盾と悲劇等々、歴史社会的想像力の基底にある根本的なテーマについて本書から数多くのことを学んだ。

『要塞都市ＬＡ』の第六章「新・告白録」は見落とされがちな章だが、デイヴィス特有の権力分析が光彩を放っている。一九八〇年代に中南米からの移民によってカトリック教徒人口が急増したロスがアメリカ国内でカトリック教徒最多の都市になることの政治的／社会的意味にデイヴィスは劇的に切りこむ。ロスのカトリック教会と警察と政治の魑魅魍魎とした暴力的で人種差別的な権力関係や汚職や殺人事件が絡み合うジョン・グレゴリー・ダンのノワール小説『真実の告白』(*True Confessions*)[3]を繰り返し参照する本章は、事実が小説と比べても遜色ないぐらい熾烈で複雑なものだと明示している。

強固なトップダウン組織であるカトリック教会権力をロスで司る歴代統治者を的確に鳥瞰するデイヴィスの批判的視点は、教会とラティーノ・コミュニティの関係に焦点を絞る。スペイン語話者やメキシコ系移民に対する布教を開拓すると同時に、石油資本家エドワード・ドヘニーから莫大な献金を受けとって石油資本と癒着し、ファシスト政権を熱烈に支持したジョン・キャントウェル大司教。狂信的な反共主義を理由に労働運動を支援する神父を弾圧し、露骨に人種差別的な監視と暴力を黒人コミュニティに対してけしかけた悪名高いロス警察署ウィリアム・パーカーの肩を持ち、六〇年代の社会運動を憎悪したフランシス・マッキンタイヤ枢機卿。宗教間対話に参加し、ラティーノ系貧困層に同情を示し進歩的改革を開始するものの、アイリッシュとラティーノが構成するカリフォルニア的カトリック教会がすでに完璧な調和的コミュニティだという安易なリベラル幻想に固執したせいで、草の根が求める本質的変革を遂行できなかったティモシー・マニング大司教。メキシコ系農業労働者の組合指導者セザール・チャベスとともに行進し、スペイン語を流暢に話し、ヒスパニック系カトリック教徒に向けて「ラティーノ支援計画」という総括的な対策を打ち出したにもかかわらず、中央集権的体制を補強し、大司教管区の墓掘り作業者の労組活動をあからさまに潰し、コンドーム使用や中絶に強硬に反対したロバート・マーオニー大司教。こうしたロスのカトリック教会の統治史をふり返り、教会と同時代の権力や運動諸勢力とのあいだにある切っても切れない関係をデイヴィスは鮮やかに記述している。

『要塞都市ＬＡ』がリアルタイムで扱っているマーオニーの時代の重要な争点は、多数のラティーノ系不法滞在者をかくまって擁護する「サンクチュアリー」運動だ。ロスの「サンクチュアリー」運動を果敢に率いていた、ダウンタウンの「ラ・プラシタ」と呼ばれる「天使の聖母の女王教会」(La Iglesia de Nuestra Señora la Reina de los Ángeles）を司る神父ルイズ・オリヴォレスその他ラディカル・カトリック教徒の市民的不服従を戒める一方、みずからも進んで参加した中絶反対の直接行動を活発に推進するという二重規範をマーオニーはとった。その結果、ロスのカトリック教会は文化的価値観を巧みに利用して大衆を分断するアメリカ政治の反動化に加担した。

「教会の未来をめぐる地球規模の戦いの中で十字砲火にさらされて（時代の民主的精神とされているものにたいして、教会はクレムリンよりも頑強に抵抗している制度なのだ）、マーオニーのもとで大司教管区が逆コースへ――マッキンタイヤ時代の不寛容と強硬な教皇至上主義に立ち返ろうとしているのではないか」[4]という安易な楽観主義を寄せつけない現実的で冷静な状況判断で「新・告白録」は締めくくられている。デイヴィスが（ゴルバチョフが八〇年代後半に実施したソビエト連邦の市場改革にちなんで）「ペレストロイカ」と呼んだマーオニーの「ラティーノ支援計画」が座礁したあと、オリヴォレスは実質的にロサンゼルス教区から追放され、国境の南方から流れこんできた大勢の若い貧困層やホームレスの移民は教会に見捨てられ、インナーシティに蔓延するドラッグ依存、売春、ギャングの抗争で成り立つ無慈悲な非公式経済に吸収されていった。

現在もそうした貧困と暴力に切り裂かれた階級的絶望は変わっておらず、むしろ悪化してとどまるところを知らない。その他のあらゆる組織や制度同様、カトリック教（そしてそれはキリスト教全般に該当する）は階級的権力として形成され、抑圧的な国家／資本装置の重要な一環として機能している。だが、ときおり、民衆闘争の要求に譲歩せざるをえない緊張関係が生まれる。運動は抽象的な信仰によって変容しない。現存する宗教の権威的で順応主義的な性質が運動によって白日の下にさらされ、変容を迫られる。

これを何よりも明らかにしているのは、「新・告白録」に少しだけ登場する六〇年代のイマキュレート・ハート・オブ・メアリー（ＩＨＭ）大学の修道女たちの反乱である。ＦＢＩによるジョン・レノンの監視を暴露した歴史家／ジャーナリスト、ジョン・ウィーナーとデイヴィスが共著で執筆した八〇〇ページにおよぶ六〇年代ロサンゼルスの社会運動史の大著『夜に火を放て』（*Set the Night on Fire*）は、このカトリック修道女の画期的な闘争を平易でテンポのいい文体で掘りさげている。中心人物として登場するのはアンディ・ウォーホルのポップ・アートに先どり、広告のイメージをとり入れた色彩豊かなものへと宗教絵画を革新したシスター・コリタ・ケントだ。

第二バチカン公会議が掲げる「現代化」の改革をアメリカでまっ先に実践しようとしたシスター・コリタをはじめとするＩＨＭの修道女の要求は、決して異端的でも大それたものでもなかった。聖母マリアを祝う例年のＩＨＭの式典に一般人を招いてギターを弾いて歌ったり、専門外の授業の担当を拒んだり、修道名以前の名前を名乗ったり、大学の運営にもっと民主的に関わったりするという合理的な提案ばかりだったが、マッキンタイヤ枢機卿は威圧的にそれらを阻止しようとした。だが、ベトナム戦争に反対する大胆な直接行動を次々と組織していたイエズス会のダニエル・ベリガン神父との出会いと六五年のワッツ暴動はシスター・コリタたちに衝撃を与え、彼女たちもアメリカ国家の制度的暴力に対して抗議の声をあげ始める。コリタのアートもモンタージュ風の優れたラディカルな政治表現に変わっていく。

ワッツ暴動に参加した黒人の民衆を「非人間的でほとんど獣のような」ものとけなしたマッキンタイヤはますます逆上し、自分の言いなりになって黙るか、ＩＨＭを出ていくかという二者択一の選択を修道女たちに叩きつけた。マッキンタイヤの権威的立場を支持したバチカンにも見放された修道女の九割は、「追放」さながらの形でＩＨＭを断腸の思いで去っていった。五〇歳のシスター・コリタは一般人になってボストンで生涯初めての一人暮らしを始め、一七年後の八六年に癌の再発で亡くなる。世俗的な政治の世界からもっともかけ離れた修道女が急進的に政治化するという稀有な歴史的瞬間を切りとるデイヴィスとウィーナーは、根源的に「生まれ変わる」ことの意味を問い直している。

新型コロナウイルス感染を防ぐためにカリフォルニア州政府が外出禁止令を発令した四週間目の二〇二〇年四月に『夜に火を放て』は出版された。なじみ深い場所や出来事や人物や組織が有機的に構成された燃え盛る巨大な壁画みたいに活写される民衆史に、わたしは引きこまれた。壮大でラディカルな歴史社会学的想像力に加え、メタファーとアナロジーが巧みに流露する柔軟で力強い文体には、一般の研究者には欠落する率直で揺るがないラディカル民主主義的精神が貫かれ、読み応えのある明晰性とドラマがある。

ラディカリズムと大衆的知性を備えたデイヴィスの著作と政治活動を煙たがり、彼の名声に嫉妬するアカデミズムの輩は少なからずいるが、わたしは彼をロールモデルとして掛け値なしに尊敬してきた。労働者階級の家庭で育ち自身も労働者として働き、運動の渦中で闘ってきた経験の核心から物事を観察する彼の語り口には、エゴや権威とは隔絶した色あせない革命的意志を持続する「地の塩」の感性が常に息づいている。同時に豊富な科学的知識と鋭利な社会分析を織り交ぜ、階級と権力が交錯する歴史の構造を立体的につかみとるその知性は史的唯物論の可能性を独創的に切り開いてきた。さまざまな歴史的経験を接続するのは単に文体や方法の問題ではなく、現実が要請するラディカルな意識の問題だとデイヴィスから学んだ。

デイヴィスに一度だけ会ったことがある。ロサンゼルス東部のウェスト・コヴィナに住み始めてから一年あまり経っていた二〇一二年末、帝国主義と気候変動の相互関係を緻密に大胆に分析した壮大な歴史書『後期ビクトリア時代の大量殺戮』(*Late Victorian Holocaust*)の日本語訳者の一人だと自己紹介のメールを送ると、サンディエゴにある自宅に快く招待してくれた。彼の家は近所の家並とは著しく異なるスタイリッシュなモダニズム建築の意匠が施されていた。ガレージの前に停車している自動車の後部には、「ＵＳＡは移民によって作られた」というバンパーステッカーが貼られていた。玄関に向かって歩いている途中にガレージを覗くと、ベッドと机と筋トレ器具が見えた。まるで闘う労働者作家の作業部屋だ。

挽きたてのコーヒーを淹れてくれたデイヴィスは耳がじゃっかん遠かったが、ラディカル・ヒストリーのすばらしい語り部だった。ナポレオンの演説を聞いた一兵卒と知り合っていた年上の友人の女性が、自宅でワブリーのリーダーであるビッグ・ビル・ヘイウッドを泊めたところ、図体があまりにもでかいためソファに寝転がるとはみ出して落ちそうになったという挿話。あるいは、ラスベガスでの調査旅行の最中にたまたま出会ったホテルのエレベーターを操縦している従業員が、数十年前に同じホテルでチェ・ゲバラと出会い、部屋に招かれていっしょにキューバ葉巻をくゆらせながら語り合ったという体験談。第二次世界大戦でアメリカが開発した化学兵器、わたしが住んでいたサンガブリエル・バレー地域に一九世紀半ばに出没し白人の自警団とやりやったメキシコ人の荒くれ者たち、ロスの不毛でデカダンなアート博物館業界など、自由連想的に飛び交いテーマを予想不可能な力強いスピードと密度で展開するデイヴィスの語り口のおかげで、時間がまたたくまにすぎていった。

その夜、デイヴィスの五番目の妻であるメキシコ人アーティストのアレサンドラ・モクテズーマの母親が作った手料理をご馳走になった。モクテズーマの姪も加わった食卓で、戦争や芸術や政治をめぐってわたしたちは楽しい真剣な会話を交わした。まるで長年の同志か友人かのように。気さくに歓待してくれたデイヴィスとその家族に心から感謝した。別れ際に大学時代から愛読してきたデイヴィスの著作がどれだけ重要かと伝えると、それを謙虚に受け止める彼の態度が印象深かった。

こうしたデイヴィスの比類のないラディカルな人格と文体が合致した文章を通じて、わたしは自分が住んできた場所と生きている歴史を根源から問いなおす習慣を身につけた。グローバル資本主義に内在する深刻で不可逆的な危機に警告をよどみなく発してきたこの世俗的預言者は、一見絶望的な危機をラディカルな変革の主体を作り出す転機にするという「救い」の可能性も決して手放さない。

原始キリスト教の闘争と古代ローマ帝国の衰亡、ロシア革命とスペインかぜ、一九三〇年代の大恐慌とファシズムの台頭を彷彿とさせる世界資本主義システムの危機のまっただ中に突き落とされ、新型コロナウイルスのせいで自由に動き回れない現在の状況は、わたしたち自身の歴史的原点を一から考え直し始めるまたとない機会である。そうすれば、精神生活を隠遁者のように営み、経済活動に対してグローバルなゼネストを行使する集合的主体性を創出できるかもしれない。

少なくとも新しい階級構成の客観的条件はすでに可視化されている。問題は、その条件に応答し行動を起こす伝道者のパウロや戦略家のレーニンをわたしたち民衆が生み出し動員できるかどうかだ。システムの死を贖う「復活」はそれ以下のものでは決してありえない。

二〇二〇年四月

注

（1）"Mike Davis on pandemics, super-capitalism and the struggles of tomorrow," *Mada* (March 30, 2020) : https://madamasr.com/en/2020/03/30/feature/politics/mike-davis-on-pandemics-super-capitalism-and-the-struggles-of-tomorrow/

（2）「いまそのとき、史的唯物論——マルクス主義の再創造へ」、『図書新聞』三四一五号（二〇一九年九月一四日）。

（3）日本語訳の題名は『エンジェルズ・シティ』小林宏明訳（早川書房、一九八〇年）。

（4）マイク・デイヴィス『要塞都市ＬＡ』村山敏勝・日比野啓訳（青土社、二〇〇一年）、三一六頁。

16 Gotta Serve Somebody

新型コロナウイルスのせいで二〇二〇年度の前期授業は一ヶ月遅れて五月に開始された。授業が始まる直前の週末にわたしは当面のあいだ断酒する決心をした。ここ二ヶ月以上家ですごしてほぼ毎晩酒をあおってきたツケがとうとう回ってきたからだ。

ちょっとした刺激や高揚感を得るのに酒ほど簡単で楽な方法はない。しかも、グラスを傾けるだけで、世界各地で液体に凝縮された職人文化をすぐに味わえる。ウイスキーやブランデーや泡盛や焼酎やテキーラをストレートあるいはロックでゆったり飲みながら、各蒸留酒にまつわる歴史、労働過程、地域について学んで思いをはせたり、陶酔感の勢いに任せて談笑したりして、異なった世界にひとっ飛びで行ける。

二〇世紀末のグローバル資本主義に抗議した反グローバリゼーション運動には「異なった世界は可能だ」(another world is possible) というスローガンがある。資本主義市場以外に「代替はない」(there is no alternative) と言ってのけ、格差を急激に広げた規制緩和や労組つぶしを強行したイギリス首相マーガレット・サッチャーに対する草の根からの応答として知られる。わたしは酒の力を借りて、この運動の気概を独我論的に矮小化し、ほとんど無意味な自己陶酔の言いわけにしてしまった。自身の意識だけに限られた現実逃避ならまだしも、少しの判断ミスで(そして飲酒は判断ミスを引き出すのにあまりにも効果的な誘い水だ)飲みすぎて、言動の記憶が一部消えたり、二日酔いで身体が不快になったりすると、逃避そのものが苦行になってしまう。本末転倒だ。

ウイスキーを飲んで身体中に激痛が走り二七歳の若さで死んだ不世出のブルース・ミュージシャン、ロバート・ジョンソンについて最近よく考える。二〇一五年に東京に移住し、一五ヶ月にわたって雑誌『現代思想』(青土社)で連載した「ボブ・ディランがアメリカを歌う」の初回では、ディランに本質的な影響を与え、ロックンロールの原点を築いたジョンソンを扱った。当時、日本語の連載も授業も初めてで、ディランの言う「ごちゃまぜの混乱」("mixed-up confusion")の中であわてふためきながら書いた原稿は浅はかで不備な点が多く、書籍化に向けた改稿が滞っている。その勢いをつけるべく二〇年度の授業では、ディランと彼の歴史的背景を題材にした。以前も似た試みを何回かしたが、結局は日々忙殺され、改稿そのものに手をつけられなかった。今回は「三度目の正直」を狙って、ディランとジョンソンに再び向き合った。

ディランの歌に心酔し始めたのは中学三年生のときだ。父とたまに同行して訪れたロサンゼルス郊外のキリスト教書店の本棚に置かれていたディランに関する大型本が目に止まり、手にとって立ち読みしたのがきっかけだった。一九七〇年代末にディランがクリスチャンに改宗し、ゴスペル・アルバム三部作を矢継ぎ早にリリースしたとそこには記されてあった。当時のライブでは、ゴスペルだけを歌う伝道集会さながらのふるまいで観客の不評を買いブーイングされ、途中で席を立つ人も大勢いたという。わたしはいたく驚いた。

その時点でディランに対して抱いていたイメージは、正直、カセット版のベスト盤 *Greatest Hits Vol.1* だけにもとづいていた。アルバムカバーの写真は本人の横顔がどアップのうえに、光の反射でボヤケていて誰なのかさえ見当がつかない。彼の歌声は、ある音楽評論家に「牛がフェンスに引っかかって鳴く声」とこきおろされるぐらい荒々しく、魅力を感じなかった。肝心の歌詞はあまりにも難解で何を言っているのかさっぱりわからない。演奏者たち全員がじっさいハイなのではないかと思えるほどふざけた哄笑が飛び交い「みんな一発やるべきだ!」(Everybody must get stoned)という叫び声を「雨の日の女」("Rainy Day Women #12 & 35")であげていた歌手が、まさか熱烈なクリスチャンに生まれ変わったとは信じられなかった。即座に本を買い、家に帰って読みとおしたあと、近所のレコード屋に一目散にチャリで駆けつけ、『汽車がゆっくりとやってくる』(*Slow Train Coming*)、『救われた』(*Saved*)、『愛の注射』(*Shot of Love*) のカセットを購入した。これらのアルバムを繰り返し聴いたわたしはディランの音楽への「改宗者」にいつのまにかなってしまった。

ディランのゴスペル・ミュージックが表現する神学は基本的に福音派で保守的なものだが(彼の初のグラミー賞である「最優秀男性ロック・ボーカル賞」を受賞した「誰かに仕えなければならない」("Gotta Serve Somebody")はその典型例)、現在の多くの福音派クリスチャンが標榜するような中絶や銃規制に反対する政治的表明はない。アフリカ系女性のバックアップ・シンガーを用いて黒人霊歌の要素を色濃く漂わせ、新しい信者の熱情あふれる歌詞を歌う「生まれ変わった《ボーン・アゲイン》」ディランは、イエスを信じるかどうかという二者択一の選択をリスナーに迫り、鋭い詩的内省をしばしば吐露する。

わたしの告白のとき、わたしが助けをもっとも必
要としている時間
わたしの足元の涙が新しく生まれたすべての種を
水浸しにするとき
心の中の死にかけた声がどこかに手を延ばし
絶望の危険と道徳の中で苦闘している

どのあやまちをもふり返る意思はない
カインのごとくわたしが壊さなければならないこ
れら一連の出来事に目を見はる
一瞬の激怒の中で主の御手が見える
震えるすべての葉っぱの一枚の中に、すべての砂
粒の一粒の中に

夜の悲しみの中で無一文から金持ちになった
夏の夢の暴力の中で、冬の光の寒さの中で
孤独が宙に苦々しく踊っていく中で
それぞれ忘れ去られた顔に浮かぶ無垢の壊れた鏡
の中で

海の動作のような古代の足音が聞こえてくる

あるときふり返るとそこには誰かがいて、他のとき はわたししかいない
人間の現実の中をさまよっている
すべての地に落ちるツバメのごとく、すべての砂粒の一粒のごとく

ディランのゴスペル時代をきらう人たちでさえこの「すべての砂粒の一粒」（"Every Grain of Sand"）を高く評価する者は多い。その中心に添えられたイメージは、イギリス職人労働者階級の詩人ウィリアム・ブレイクが生前発表しなかった「ピッケリング原稿」というノートブックに綴られた詩「無垢の兆し」を連想させる。

砂粒の一粒の中に世界を
野花の中に天国を見る
手のひらの中に無限を
一時間の中に永遠を握りしめる(1)

ブレイクはこの四行を書いた一八〇三年にジョン・スコフィールドという兵士と一悶着を起こしている。おそらく酩酊していたスコフィールドは無断でブレイクの家の庭に入ってくつろいでいた。ブレイクは彼に立ち去るよう警告したが無視されたので、力づくで彼を近くの酒場に連れて行った。しゃくにさわったスコフィールドは親しい上官を引き連れて、ブレイクが「王なんてクソくらえ。兵士はみな奴隷だ」と叫んで暴行をふるったと訴え出た。ブレイクは反乱罪と暴行罪に問われるが、告発が偽証だったのがばれて無罪の判決を勝ちとった。一五年以上かけてブレイクが制作した野心的な長編の預言書『エルサレム』の五一番目のプレートには、「スコフィールド」と名づけられた人物が登場する。「意識が鍛造した鎖」に繋がれ、うなだれしゃがみこんでいる奴隷だ。かくして神秘主義的革命詩人の言葉は、大英帝国の兵士が扇動した支配的イデオロギーに対して文学史に永久に残る復讐を遂げた。

産業資本主義が労働者に強いる搾取を「サタンの工場」と呪い、奴隷制に反対し、大西洋を横断する革命勢力を「山脈」にたとえた詩的想像力を持つブレイク

は、神や天使を幼少期からよく幻視した。そうした途方もない意識の力は「狂気」と同時代の人たちに揶揄された。例えば、イギリスの桂冠詩人ウィリアム・ワーズワースは「このかわいそうな男が狂っていたのは疑いの余地がない」とまで断言している。

支配制度にそぐわないあるいはそれにさからう言動は「狂気」や「精神病」として処理されるのが世の常であるが、そうしたレッテル貼りが一般化したのは近代社会が西洋資本主義の胎内から誕生した一八～一九世紀だ。社会的規範を侵犯する「異常」は、それ以前はもっぱら神や悪魔の仕業とされた。だが、精神病の診断があたりまえになっている現代においても「神あるいは悪魔かもしれないが／誰かに仕えなければならない」（ボブ・ディラン）という考え方は根強く残っている。

ディランがクリスチャンに改宗したのを発見したキリスト教書店には、世俗的なロックやヘビーメタルを「悪魔の音楽」と糾弾する書籍や小冊子が本棚に並んでいた。これらの出版物は、魔術や悪魔崇拝のイメージを用いるバンド、セックスやドラッグを謳歌するアーティスト、キリスト教を風刺する歌詞をことごとく排撃し、そうした音楽のレコードを集団で燃やす「抗議活動」を推進した。道徳的に優位な立場から審判をくだすその姿勢は、近世ヨーロッパの魔女裁判を煽った『魔女に与える鉄槌（マレウス・マレフィルカルム）』（一四八六年）に似た、異端に対する被害妄想に満ちあふれている。

異端狩りにとりわけ熱心だったドミニコ会の宗教裁判官ハインリヒ・クラーマーが書いた『魔女に与える鉄槌』は、ヨーロッパ史上多大な影響をおよぼした悪魔学のテキストである。拷問を積極的に使って悪魔と関係を持つ魔女を確定し、異端者同様に死刑に処するよう勧告する本書をクラーマーが執筆しようと思い立ったのは、彼がオーストリアのインスブルックで複数の女性を「魔女」にでっちあげる愚行に失敗した直後だ。クラーマーは裕福な商人の妻エレナ・シューベリンをとくに目の敵にしていた。男性宗教者の権威を恐れないシューベリンは自身の主張を忌憚なく口にする独立心の強い女性だった。クラーマーを道ばたで「こらっ、悪僧、てんかんになって死ね！」と罵り、彼の説教を中断し「こいつは悪魔と手を組んでいる悪人だ！」とヤジを飛ばした。逆上したクラーマーは彼女を懲らしめようと躍起になり、証拠を集め、尋問を行い、彼女その他六人の女性を魔女裁判にかけた。しかし、証言者が告発された女性たちに何かしら個人的な恨みを抱いているのが明らかになり、彼女たちは釈放された。シュベーリンの性生活に病的な関心を示し魔女狩りを続けようとしたクラーマーを、インスブルックの司教は町から追放した。つまり、クラーマーは自身の家父長的宗教権力が脅かされて怒り狂い、自由に力強く発言し行動する女性たちの力を攻撃するために彼女たちを「悪魔化」し、暴力的な弾圧を正当化したのだ。魔術を大罪に引きあげ、女性をその使い手として誹謗中傷した『魔女に与える鉄槌』は、一八〇年のあいだに二八版も出版を重ね（ヨハネス・グーテンベルクの発明した印刷機はその波及に大きく貢献した）、カトリックとプロテスタントの垣根を超えて広く読まれ、むごたらしい拷問と火刑を繰り返す「魔女裁判」の炎に注がれた女性嫌悪《ミソジニー》のガソリンに他ならなかった。

フェミニスト研究者／活動家のシルヴィア・フェデリーチは『魔女に与える鉄槌』が単に女性の性的自由だけではなく、助産婦などの仕事を含む再生産労働全般を統制しようとする本源的蓄積の重要な道具だったことを名著『キャリバンと魔女』で強調している。

> 数多くの魔女は、女性自身が生殖に関する知識を持ち、それをみずから決定するための伝承者を務める産婆あるいは「賢女」だったことが知られている。母親の子宮の実の破壊に手を貸し、女性が出産する部屋から男性を締め出してそうした共謀をよりたやすくしているという理由で、彼女たちはその他のどの女性よりもひどいと『魔女に与える鉄槌』は一章全体を割いて主張している（…）産婆が押しのけられたのは、彼女たちが信頼されておらず、彼女たちを専門業から排除して女性が持つ生殖の自己決定力を弱体化させるためだったという説得力のある証拠がじっさいにはある。[2]

資本主義の礎を築いた本源的蓄積は、共有地の収奪と私有化、戦争、帝国主義、先住民の殺戮、黒人奴隷の労働といった世界をまたぐ暴力の連鎖によって成立した。その中でも軽視されがちだった女性の身体と知識の自己決定という伝統的慣習の囲い込み《エンクロージャー》と破壊に注目し、それを資本蓄積の歴史の中心に置いてくまなく独創的にフェデリーチは分析した。彼女と同志のピーター・ラインボーが所属する活動家グループのミッドナイト・ノーツのメンバーは、こうした本源的蓄積が決して一過性のものではなく、「新しい囲い込み《ニュー・エンクロージャー》」として現在もなお反復されていると強調した。

フェデリーチが一九八〇年に行った講演では、新保守派政権がこうした「新しい囲い込み」を一気に激化させ、とりわけ女性を標的にするだろうと正確に予想している。「当選したばかりのレーガン政権が約束した」政策、すなわち「福祉支出を削減し、軍事予算を増やし、企業には確実に利益をもたらすが、低所得層はわずかにしか救援せず所得のない人たちには何もしない」政策が「実現すれば、女性たちが六〇年代と七〇年代に獲得したものを守るだけでも厳しい闘いを強いられる」[3]。ディランがクリスチャン・ミュージシャンとして活躍し始めた八〇年に米国大統領選挙でロナルド・レーガンの当選に一役買ったキリスト教右派は、中絶の選択が女性の権利だと主張するフェミニストや同性愛者の人権を要求する活動家を「伝統的な家族の価値」を脅かす「魔女」的存在として「悪魔化」した。ポピュラー・ミュージックへのバッシングはそうした「文化戦争《カルチュラル・ウォー》」の一端だった。

六〇年代の新左翼《ニューレフト》や七〇年代の女性／ゲイ解放運動がもたらした文化の変化への反動で政治化し、「新保守」の基盤を形成したのは宗教者だけではない。人種的資本主義の支配を戦闘的にくつがえそうとしたブラックパワーや都市の叛乱を伝統と教養の秩序を乱す暴挙とみなし、「西洋文明」の美徳を声高に擁護する世俗的な保守派知識人もそうだ。後者の代表であるシカゴ大学教授アラン・ブルームはベストセラー『アメリカン・マインドの終焉』で、詩人は大衆の迷妄を扇動するので追放すべきだというプラトン『共和国』の議論にならい、ロック音楽をディオニュソス的反知性主義の一例として激しく批判した。

宗教的にも世俗的にも「悪魔化」されるのは性的マイノリティやフェミニストにとどまらず、皮膚の黒い貧困層の若者たちにも制度的憎悪の視線が向けられた。彼らは都会の治安を悪くし「健全な市民」を脅かすギャングや犯罪者のレッテルを貼られ、不条理な法的処罰を言いわたされ監禁され、警察や銃を持った白人による過剰な暴力を受けて殺される。

こうして黒人を「悪魔化」する一連の事件が、二〇二〇年前半の数ヶ月のあいだにも引き続き発生していた。五月二五日にミネソタ州ミネアポリスで、白人警官デレク・ショーヴァンに膝で頭を地面に八分四六秒押さえつけられ窒息死した四六歳の黒人男性ジョージ・フロイド。三月一三日にケンタッキー州ルイヴィルで警官たちに自宅アパートを襲撃され八回撃たれて死んだ二六歳の黒人女性ブリアンナ・テイラー。二月二三日にジョージア州ブランズウィックでジョギング中に白人の一般人に射殺された二五歳の黒人男性アマード・アーベリー。これらの蛮行に抗議するデモがアメリカ各地でわき起こり、フロイドが殺害されたミネアポリスでは暴動にまで発展し警察署が焼き討ちされた。

ミネアポリスは、ディランが大学生として一九五九～六〇年に一年あまり住んで、黒人公民権運動を支えたフォーク・ミュージックに目覚めた場所であり、ゲットーに住む先住民の権利を守る組織「アメリカン・インディアン運動」（ＡＩＭ）の発祥地でもある。しかも、近年は警察の蛮行件数の平均値が減少していたという事実も踏まえると、フロイドの虐殺はあまりにも皮肉で痛々しい。ノースカロライナ州ファイエットヴィルで生まれ、テキサス州ヒューストンで人生の大半を暮らしたフロイドが二〇一四年にミネアポリスに移住した理由は、就職をあっせんするクリスチャン・プログラムに参加するためだった。彼はレストランの警備員として五年働いたが、新型コロナウイルス感染防止のために州政府が実施した「自宅待機命令」のせいで失業した矢先にショーヴァンに殺された。それは単に不運の連鎖ではない。マイノリティの貧困層を経済的にも疫学的にももっとも脆弱で危険な状況に放置する、人種的資本主義のあからさまに差別的で不正な社会構造のせいだ。

熱心なクリスチャンだったフロイドはまわりから「優しい巨人」と呼ばれ、ヒューストン南東部の黒人下層地域「第三区《サード・ワード》」で若者たちがドラッグ依存症やギャングの暴力を克服できるよう支援する「アニキ」的存在だった。「わたしが生活したこともない場所で福音の前進に手を貸したジョージ・フロイドは主から送られ、平和のために尽くした人でした」とレザレクション・ヒューストン教会のパトリック・PT・ウンゴオロ牧師は回想している。[4] 低所得者の公営アパートがひしめく貧困のまっただ中で、若者が受洗する洗礼用の浴槽を傾けるたびにフロイドは感動していたとラッパー「レコンサイル」（ロニー・リリアード）は語る。「路上の文化《ストリート・カルチャー》よりも神が勝る、と彼は若い男たちにいつも言っていた。若者が銃を捨て、ストリートの代わりにイエスを受け入れることを彼は切に願っていたと思います[5]」。

「歌詞とパターン、彼が書いた古風な行の構成と彼が使用した自由な連想、生命力と才気あふれた風諭、ナンセンスな一般論という殻の奥に潜むとてつもない真実、やすやすと空気の中を飛んできて聞き手に届く主題」で若きディランを震撼させ、「わたしも彼のようになりたかった」と言わしめたロバート・ジョンソンがギターに手を出したのはミシシッピ・デルタの貧しい小作農の生活から逃れるためだった。[6] ジョンソンの歌詞には悪魔がよくあらわれ、「地獄の番犬《ヘルハウンド》に追われる」（"Hellhound on My Trail"）光景が描かれる。

ブルースが霰のように落ちてくる、ブルースが霰のように落ちてくる
そして、日々がおれを心配させ続ける
地獄の番犬《ヘルハウンド》が追ってくる、地獄の番犬《ヘルハウンド》が追ってくる

いつどこで暴力が意味もなく突然ふりかかり、拷問され私刑《リンチング》を受けるかわからない。白人至上主義的「警察国家」であった当時のミシシッピ州を旅したジョンソンは、黒人が誰でも感じた日常の恐怖を永遠のブルースに昇華させた。ミシシッピ州クラークスデールの十字路でジョンソンが悪魔と取り引きをして天才的なブルースマンになったという伝説が死後彼にしつこくつきまとう。彼が演奏した酒場《ジュークジョイント》は男女が酒を飲んでふしだらに踊って遊ぶ「罪の巣窟」と厳格なク

リスチャンに白眼視され、ジョンソンがギターの弾き方をブルース・ミュージシャンのアイク・ジマーマンから教わったのが墓地だったといった事実が、そうした伝説の素材になっている。

一七九〇〜三年のあいだにブレイクが聖書の預言を模倣して執筆した『天国と地獄の結婚』は、物質と欲望は神の秩序に相反するものではなくその一部だという独自の反律法主義的宇宙観を示し、悪魔と天使の関係を意図的に逆転させる。フランス革命に共鳴し、王権制度や私有財産を廃止する革命をイギリスで呼びかける地下運動の文書が「悪魔」の仕業と教会で糾弾された時代を生きたブレイクは、「悪魔化」される存在にこそ聖霊が宿っているという逆説をじゅうぶん心得ていた。そして、その反対も真実だと知っていた。つまり、ブレイクの反律法主義的ロジックを応用するなら、じっさいに悪魔に憑かれているのは魔女や世俗的音楽や黒人ではなく、神の名をみだりにとなえ天使のふりをして魔女裁判を司る審問官であり、一九三三年のナチスの焚書運動さながらにレコードを焼いて音楽や文学の検閲を扇動するクリスチャンであり、「法と秩序」という大義名分のもとで黒人の身体に危害を加える警察や健全な市民だ。ジョージ・フロイド、ブリアンナ・テイラー、アマード・アーベリーを襲った地獄の番犬《ヘルハウンド》と闘わないキリスト教や法や権力は、「悪魔に仕える」勢力とみなされても仕方がない。

二〇二〇年五月

注

（1）William Blake, "Auguries of Innocence", *Collected Poems*, ed. W.B. Yeats (Routledge, 2002), 88.

（2）Silvia Federici, *Caliban and the Witch: Women, the Body and Primitive Accumulation* (Autonomedia, 2004), 182-183, 184. シルヴィア・フェデリーチ『キャリバンと魔女――資本主義に抗する女性の身体』小田原琳・後藤あゆみ訳（以文社、二〇一七年）、二九四、二九六頁。ここでの訳文は著者による。

（3）Silvia Federici, *Revolution at Point Zero: Housework, Reproduction, and Feminist Struggle* (PM Press, 2012), 52.

（4）Kate Shellnutt, "George Floyd Left a Gospel Legacy in Houston," *Christianity Today* (May 28, 2020): https://www.christianitytoday.

com/news/2020/may/george-floyd-ministry-houston-third-ward-church.html

（5）前掲。

（6）『ボブ・ディラン自伝』菅野ヘッケル訳（ＳＢクリエイティブ、二〇〇五年）、三五四頁。

17　タルサと Old Man Trump と歴史の忘却

レコードを引っかくあの懐かしいスクラッチの音がはじき出されるやいなや、ヒップホップ・グループ「パブリック・エネミー」のリーダーであるチャック・Dの、闘争をいまだ辞さない骨太な声がトランプ大統領に向かって炸裂する。

何がなんでも
この独裁者をとり除け
だんな、おれが法だ
お前じゃない
じつは、おれが神だ
たくさん持っているぜ
征服して、やってくる

オレンジの髪の毛
バーコード頭を恐れよ
もうひとつ怖がるものはこれだ
手を挙げとけ
息を吸うんじゃねえ
勇気を出すな
何も言うな
アメリカを再び偉大《グレート》にしろ
中部はそれをただ喜んでいる
彼が話したいときは
みんな、まっすぐ歩け
あの焼却炉の中へ
有色人種の人たちが苦しんでいる

一般教書演説《ステート・オブ・ザ・ユニオン》
黙れよ
ひどいマザーファッカー
おれから離れろ

六月の遠隔授業の冒頭でパブリック・エネミーのこの新しいシングル「一般教書演説《ステート・オブ・ザ・ユニオン》（STFU）」（"State of the Union (STFU)"）のビデオを流した。

人生の重要な過渡期である一〇代後半のわたしにとって、ボブ・ディランやブルース・スプリングスティーンやウディ・ガスリーに並び、パブリック・エネミーはアメリカの根源的な意味を教えてくれた先達だった。冷戦が終焉を告げ、アメリカ帝国の好戦的で非情な唯我独尊が再構築された八〇年代末から九〇年代前半までの変動の時代を画し、帝国への反撃をアメリカ国内から力強く分節化した政治的プロテストの声を彼らはあげていた。六〇年代前半に黒人公民権運動をもりあげた数々のプロテスト・ソングを作ったディランでさえ、ブラックパワーのラディカルな政治的伝統を継承するパブリック・エネミーの風刺と批判を鋭く結晶したリリックには脱帽し、それに比べると自分の歌は「時代遅れ」にすら感じると述懐している。逆にパブリック・エネミーもディランに敬意を表し、みずからの軌跡をふり返る二〇〇七年のトラック「ブツブツ言う長い道のり」（"The Long and Whining Road"）ではディランの歌やアルバムのタイトルを歌詞の節々にちりばめている。商業主義的流行の消費サイクルの中で成金の宝飾品《ブリンブリン》を見せつけ、スラムの市場原理主義的暴力が商品化されたイメージを大量生産するヒップホップ業界の主流に常にさからい、「時代遅れ」になるのをいとわず三〇年にもわたって真摯で率直なメッセージを彼らはブレずに発信してきた。

そうした揺るがない逆行の姿勢こそ、現実の本質を真に迫る言葉で切りとる力を持つ。「手を挙げとけ／息を吸うんじゃねえ（…）おれから離れろ」という命令調のリリックには、呼吸自体が生命を左右しかねない新型コロナウイルス時代に、黒人を攻撃する警察や白人の暴力に抗議し蜂起する直接行動のエネルギーが脈打っている。「一般教書演説《ステート・オブ・ザ・ユニオン》（STFU）」はアメリカの奴隷解放を記念する祝日の「ジューンティーンス」、六月一九日にリリースされた。大統領が一月から二月のあいだに連邦議会で例年行う「一般教書演説」をもじってつけられたタイトルそのものが、トランプへの告発を意味するとともに、オクラホマ州タルサでのトランプの大統領選挙キャンペーン演説が当初ジューンティーンスに予定されていたことに対するアンチテーゼでもある。

　白人至上主義のルサンチマンを代弁し扇動するイコンに成り果てた病的に自己中心的《エゴマニアック》な「不動産王」大統領が黒人の歴史的記憶をさかなでしたのは単に日付だけではなく、彼が集会に選んだ場所もそうだ。「ブラック・ウォールストリート」と呼ばれるほど繁栄していたタルサの黒人地区グリーンウッドを一九二一年五月三一日に白人の暴徒が襲撃し徹底的に破壊した結果、七〇〜三〇〇人の死者が出た。そうしたタルサの血なまぐさい差別的暴力の過去を無視し、熱狂的な白人の観客を前にしてトランプがしたスピーチは、新型コロナウイルスを中国のせいにし「カンフー」になぞって「カンフルー」（「フルー」はインフルエンザの略称）と差別的に言い変えたりして、いつもながら悪趣味でとり止めがなく、まさに幼稚で自己中な独裁者にふさわしいパフォーマンスだった。しかし、何百もの観客席はガラガラだった。それはブラック・ライヴズ・マター運動に連帯するK－ポップのファンが集会のチケットをインターネットで取得し意図的に空席にした戦術が功を奏したからだという。つまり、アジア系を排する国家の元首の愚弄は、アジアのアイドルを消費するファンたちによって瞬時に蹴散らされたのだ。資本主義的消費文化は大衆の反抗心を摘みとり、彼らの意識を権力に馴致させるというフランクフルト学派の悲観的な「文化産業論」をくつがえすささやかな事例である。

　ナチス統治下のドイツからカリフォルニア州に亡命したテオドール・アドルノとマックス・ホルクハイマーは、一九四〇年代初期にファシズムとハリウッド映画を念頭に置いて「文化産業」について思考をめぐらし、その結果を代表作『啓蒙の弁証法』（一九四七年）で発表した。砂塵嵐に見舞われ土地を失いカリフォルニアに移住した同胞のオクラホマ州の難民に寄り添って地主や警察を批判する政治的な歌を作り始めたフォーク歌手ウディ・ガスリーもちょうどこの時期に代表作を次々と世に問い、目まぐるしい創作活動に明け暮れていた。アーヴィング・バーリンの愛国歌「ゴッド・ブレス・アメリカ」に対抗し、アメリカは神に祝福されるものではなく民衆に作られ民衆のために存在するのだというメッセージをこめて「この土地はあなたのものだ」（"This Land Is Your Land"）（日本語では通常「我が祖国」と訳されている）の歌詞を四〇年に書き、翌年の五月には内務省に雇われて太平洋岸北西部に赴いた。そこで連邦政府が企画するダム建設とコロンビア川に関する二六曲を一挙に作りあげ、のちに六〇年代のフォークリバイバルに大きな影響を与えるアルマナック・シンガーズの一員としてアメリカ労働者の肉声を体現し、若きディランがバイブルとしてボロボロになるまで繰り返し読んだ自伝 *Bound for Glory*（日本語訳は絶版の『ギターをとって弦をはれ』中村稔・吉田廸子訳、晶文社、一九七五年）を四三年に上梓した。第二次世界大戦中に工場労働者の士気を高めるために使われたスローガン「この機械はファシストを殺す」をギターのボディに貼りつけた元祖アンティファのガスリーは、ファシズムとの闘争の一環として米国商船隊に入隊し、四四年のノルマンディー上陸作戦の際に乗っていた船をドイツ軍の魚雷に攻撃されて命からがら帰国したあと、五〇年にニューヨーク州ブルックリンのコニーアイランド付近にある軍人用居住施設「ビーチ・ヘイヴン」に家族とともに住み着く。

連邦政府の支援金で建てられ私営会社が所有し運営する「ビーチ・ヘイヴン」の住民がなぜ全員白人なのか疑問に思って調べてみたガスリーは、不動産会社が意図的に連邦住宅局の規則を破って黒人を排除しているという事実をつきとめる。激怒したガスリーは「ビーチ・ヘイヴン」の所有者であるフレッド・トランプ（ドナルド・トランプの父親）を糾弾する歌詞を書き殴った。

おそらく
Old Man Trump は知っている
どれだけ
人種的憎悪を
彼がかき立てているのか

人間の心の血の塊の中に
あの人種を区別する
線引きをしたときに
ここにある彼のビーチ・ヘイヴン団地で

生前未発表だった「オールドマン・トランプ」(“Old Man Trump”)のこの歌詞をイギリス人研究者ウィル・カウフマンが二〇一八年一月に発掘した場所は、トランプ大統領が演説をぶったタルサにあるウディ・ガスリー・センターだ。

九ヶ月後、トランプの膨大な納税／財政記録を丹念に調査したデヴィッド・バーストウ、スーザン・クレイグ、ラス・ブエットナーのルポ記事「トランプは父親から富を得ながら不審な減税対策に関与」が『ニューヨーク・タイムズ』紙に掲載された。父フレッドからの援助なしで巨財を築いたと長年豪語していたトランプが、現在の実質ドル価値で四億一三〇〇万ドルの財産をじっさいは父からもらい受け、その大半が九〇年代にドナルドがとりしきった詐欺同然の減税対策だったという事実が関係者の証言で裏づけられ、ビーチ・ヘイヴンの役割が暴露されている。トランプ家が九二年に設立した会社「全郡建物供給・保守点検」はビーチ・ヘイヴンをはじめとする住宅アパートの設備を刷新するという名目で費用を大幅に水増しし、家賃を人為的に高騰させた。そうした典型的な悪徳家主のやり方を縦横無尽に活用してトランプは莫大な利益を得たのだ。

六八年の公正住宅法にのっとり司法省公民権局はビーチ・ヘイヴンその他トランプ不動産が所有する物件におけるあからさまな人種差別的方針を告発したが、黒人や福祉受給者に部屋を貸すなと部下に命令していたフレッド・トランプが公共の場でレイシズムと深く関わる行動をとったのはこれが初めてではない。二七年の戦没者追悼記念日である五月三〇日に彼はニューヨーク州クイーンズで白人至上主義団体ＫＫＫ（クー・クラックス・クラン）のデモ行進に参加し逮捕されている。プロテスタント信徒の市民がカトリック信徒の警官から暴行を受けたという事件に抗議するデモの内容は、アメリカ生まれのプロテスタントの白人が移民の教派であるカトリックを差別する排外主義にもとづいている。

同二七年にアラバマ州では人種関係の秩序や風紀を乱す黒人や白人に対してＫＫＫ自警団が制裁を加える暴力行為が広がり、アーカンソー州リトル・ロックでは白人女性とその娘に乱暴したという嫌疑をかけられたジョン・カーターという三〇歳の黒人男性が、白人の自警団に電信柱に吊しあげられ、二〇〇発以上の銃弾を撃ちこまれた。その後、白人たちはカーターの死体を自動車の後部にくくりつけて町中を引きずり回したあげく、黒人居住区の中心地であるブロードウェイと九番通りの交差点に死体を放り投げてその上にガソリンを浴びせ、近所の店や教会から奪いとって壊した家具を薪にして火をつけた。五〇〇〇人もの白人の老若男女が集まり、燃えさかるカーターの死体のまわりでどんちゃん騒ぎをした。アーカンソーの州兵がこの人種暴動を収束させに現場に到着すると、カーターの死体から引きちぎられた焦げた腕を使って参加者が交通整理をしているおぞましい場面に遭遇した。

こうした私刑《リンチング》がもっぱら黒人を対象にし始めたのは、奴隷が解放された南北戦争後のレコンストラクション時代だ。一九世紀末から一九三〇年代にかけて、それは白人の人種的統治を再開し、労働力を規律する手段として用いられた。ガスリーの父親チャーリーも地元のオクラホマ州オケマーでこのむごたらしい白人テロリズムの集団儀式に参加している。一一年五月二五日にオケマーから数キロ離れたノース・カナディアン川の橋から吊るされて死んだ黒人女性ローラ・ネルソンとその一四歳の息子Ｌ・Ｄの私刑《リンチング》だ。父フレッドがＫＫＫのデモに参加したことを証拠も出さずに完全に否定したトランプとは異なり、ガスリーは父が関わった蛮行に自分なりに向き合い、ネルソン母子に関する二つの歌「ハイ・バラドリー」（"High Balladree"）と「わたしの赤ん坊と息子を殺さないで」（"Don't Kill My Baby and My Son"）を作り、「スリップノット」（"Slipknot"）という地元の私刑《リンチング》を告発する歌を録音している。「スリップノット」の歌詞の一バージョンが綴られた原稿の末尾には「オクラホマ州オケマーの七マイル南方にあるカナディアン川の橋でリンチされ絞殺された多くの黒人の母親、父親、息子たち、そしてこうしたことが二度と起こらない日に捧ぐ」という文章が、署名と「一九四〇年二月二九日」という日付とともに記されている。「この土地はあなたのものだ」の歌詞を書いた六日後だ。

それから八〇年経った現在、私刑《リンチング》がいまだに健在だと思わせる事件がアメリカ各地で相次いで発生している。ジョージ・フロイドがミネアポリスの警官に殺害された六日後の五月三一日に、カリフォルニア州ヴィクトルヴィルのホームレスの居住区では木からぶらさがっている三八歳黒人男性マルコム・ハルシュの死体が発見された。九日後の六月九日にはブルックリン在住の二七歳黒人男性ドミニック・アレキサンダーが公園で同じように亡くなり、翌日の六月一〇日にはヴィクトルヴィルから八〇キロ西方に位置するパームデールで二四歳の黒人青年ロバート・フーラーが市役所の木に吊るされて死んでいた。警察はすぐに彼らの死因を自殺と決定したが、家族の証言によると、彼らのいずれにも自殺願望をほのめかす言動は生前なかったという。彼らの死がじっさい自殺かどうかはさておき、とりわけ貧困生活の中で人種的暴力やハラスメントを日毎受けるストレスが堆積し、精神や肉体の疾患を引き起こすことはよく知られている。いずれにしろ、これらの死が警察暴力によるフロイドの死と不可分だという現実を悲劇的にあらわす事件がすぐに起こった。フーラーが死んだ八日後の六月一八日、彼の兄弟であるテロン・ジャマール・ブーンがロサンゼルス郡保安局の警官に銃殺されたのだ。

フロイドが殺された五月二五日の翌日、ミネアポリスの路上で抗議がわき起こり、暴動にまで発展し警察署が焼かれた。ニュージャージー州のモンマス大学が五月二八日から六月一日のあいだに八〇七人のアメリカ人の成人を対象に行ったアンケートによると、五四パーセントの回答者は警察署への放火は正当な行為だったと答えている。この統計結果のほうがトランプやジョー・バイデン民主党大統領候補の支持率を上回っていることを指摘し、「警察署への放火」を次期大統領に推進する風刺の効いたインターネット・ミームがそのあとすぐに出回った。これを馬鹿げた冗談と一蹴するのは簡単だ。だが、六月一日にデラウェア州ウィルミントンの黒人教会で「警察は心臓を撃つのではなく、足を狙って撃つべきだ」と真顔でコメントしたバイデンこそ、根本的な問題にはいっさい触れようとせず体制維持に固執する馬鹿げた冗談を口にしているのではないだろうか。そして、同日に州兵を動員し、平和な抗議行動をしているデモ隊に向かって催涙弾を撒き散らし彼らを強制排除し、歴代大統領が礼拝してきたセントジョンズ監督派教会の前で聖書を逆さまに掲げてシャッターチャンスを作ったトランプの言動こそ、はるかにグロテスクで荒唐無稽な冗談ではないだろうか（事実、トランプの暴挙はセントジョンズ教会の管轄であるワシントン監督派教区の司教マリアン・ブッデに「わたしたちがしたがうイエスの存在やわたしたちが模範にしようと努める福音書があらわすものとは正反対です」と糾弾され、ワシントンＤＣの司法長官や市長、多数の元軍事指導者、現場にいた州兵からさえも批判された）。トランプがワシントンＤＣやタルサでさらしたこうした醜態はもちろん何も新しくなく、最終的にはとるに足らないメディアサーカスの一端だ。それは代表制政治が民衆の現実からますます乖離し、民衆の歴史を組織的に忘却しようとするアメリカの後期資本主義社会の病理に他ならない。

二〇一九年にウディ・ガスリー・センターはチャック・Ｄにウディ・ガスリー賞を授与した。センターの理事長ディアナ・マックラウドは「ウディは民衆のための戦士であり、チャック・Ｄのメッセージは首尾一貫してウディのメッセージと同じ立場をとってきました――対立する勢力の一方を選び、権力と闘い、より良い世界のためにがんばれという（…）権力に向かって真実を語る彼の傍でウディはともにラップするでしょう」と述べている。チャック・Ｄの「権力に向かって真実を語る」リリックの隙間から聴こえてくるのは、一九四〇年にニューヨークでガスリーがローラとＬ・Ｄ・ネルソンの私刑《リンチング》に悲嘆し、アメリカの大地を民衆のものと宣言した同時期に描いた労働者「イエス・キリスト」がラップする率直で真摯なメッセージだ。

イエス・キリストは国中を旅した
まじめに働く労働者で勇敢
彼は金持ちに向かって言った「カネを貧者に与えよ」と
でも彼らはイエス・キリストを墓に葬った

イエスが町にやってくると、まわりの労働者の人
たちはみんな
彼の言うことを信じた
だが銀行家と説教師は彼を十字架にはりつけた
そして彼らはイエス・キリストを墓に葬った

この歌はニューヨークシティで書かれた
金持ち、説教師、奴隷の街だ
彼のガリラヤでの説教をここでしたら
彼らはかわいそうなイエスを墓に葬るだろう

イエスは人間だった、手仕事をする大工
彼の信奉者は実直で勇敢
一人の小汚い卑怯者のイスカリオテのユダが
イエス・キリストを墓に葬った
「イエス・キリスト」（"Jesus Christ"）

二〇二〇年六月

18　「罪を犯した傍観者」とわたし

二〇二〇年七月にブラック・ライヴズ・マター運動に関連する依頼が二つあった。ひとつ目は運動について訊かれてした話を大幅に改稿した文章（『BLACK LIVES MATTER』、河出書房新社）で、二つ目は歴史家ピーター・ラインボーの記事の翻訳（『現代思想』二〇二〇年九月臨時増刊号、青土社）だ。人種主義的警察暴力に反対するブラック・ライヴズ・マターが開始されてからすでに六年の年月が流れた二〇二〇年に、まさか新型コロナウイルスの打撃がどの国に比べても深刻に蔓延していたアメリカで、運動の第二波がジョージ・フロイドの死をきっかけにもりあがり、世界中でその輪がさらに広がるとは想像もつかなかった。

わたしがブラック・ライヴズ・マターについて考え始めたのは、日本に移住して五年ぶりに大学で教えた二〇一五〜六年だ。日本という「外国」に住み慣れてくると、三〇年以上生活したアメリカでの経験を自然とふり返るようになり、それが思考や講義や文章の参照点になっていた。

トーマス・ウルフは『汝再び故郷に帰れず』（*You Can't Go Home Again*）という題名の自伝小説で、彼がドイツで観察したファシズムの台頭を株式市場の暴落で破綻するアメリカの資本主義社会と批判的に接続している。とりわけ重要な箇所は、主人公が自身の書いた小説のせいで地元の住民による糾弾の矢面に立たされ、手紙で殺しの脅迫に遭う場面だ。ウルフがじっさいに生まれ育ったノースカロライナ州アッシュヴィルを脚色して出版した『天使よ故郷を見よ』（*Look Homeward, Angel*）の反響をネタにしたこの物語は、「帰りたい帰れない、青春と呼ばれた日々に／戻りたい戻れない、狭間で叫ぶ俺がここにいる」と長渕剛が「勇次」で歌う心境がいちずに結晶化されている。どれだけ過去や故郷に哀愁を感じてしがみつこうとしても、時間は残酷に不可逆的に進んでいき、結局は歴史の変化という大きな川の激流にさらわれ跡形もなく消えていく。ウルフはそうした時間の必然性を抒情性あふれる筆致で謳いあげている。

思春期のわたしは神戸市中央区下山手通ですごした少年時代のごく短い時期を思い出し、ウルフが吐露したこの「汝再び故郷に帰れず」という心情をよく反復した。だが、ある意味それは不正確な前提のうえに成り立った気持ちだった。六歳から一〇歳までわたしが暮らした八〇年代前半の神戸は、「故郷」と呼べるほど自己の出自やアイデンティティに関わる場所ではなかった。神戸時代をふり返って、もっとも懐かしくかけがえのないものとして感じたのは唯一無二の友人たちと分かち合った少年特有の友情関係であり、そうした友情の駆け引きと遊びと連帯のドラマが繰り広げられた路上の風景だった。

アメリカに移住してから押し寄せてきた言葉と感性の疎外感、そして思春期の孤立感に加味された想像力によって、そうした友情や風景の記憶が書き換えられていた。それから二〇年以上経って神戸を再び訪れると、記憶の断片を探りながら一人でいくら歩き回っても、とり戻せるものは何もなかった。かつて友情の契りを日毎交わした少年たちの姿はもちろんどこにも見あたらなかった。何よりもノスタルジックな幻影を必要とした思春期のわたし自身が消え失せ、それもまた記憶の断片として風化していた。

現在、日本で不本意な「亡命者」として生活しながらも、アメリカにノスタルジーを感じないし、帰りたいという衝動もない。記憶がたぐり寄せる「アメリカ」とは、自己形成に関わった実存的経験もむろん含まれるが、とくに際立つのは自己の意識、感性、価値観、言語を育み、その歴史と現実の「闇の奥」に向けて根源的な批判と叛乱の光明を浴びせてくれたラディカリズムの伝統である。

その伝統の中でも思春期から現在までとりわけ指針を与えてくれたのは、『汝再び故郷に帰れず』が出版された一九四〇年、一六歳にしてハーレムの黒人教会で声を張りあげて熱烈に伝道していたジェームズ・ボールドウィンである。おそらく中学生のときに本屋でボールドウィンの『誰もぼくの名前を知らない』（*Nobody Knows My Name*）を何気なく手にとって、「北欧のプロテスタント」（"The Northern Protestant"）というエッセイに惹きつけられた。当時わたしが夢中だったスウェーデンの映画監督イングマール・ベルイマンと対談した経験を綴った文章だ。プロテスタント教派の牧師の息子として育ったボールドウィンは、ウプサラでやはりプロテスタント教派の牧師の息子として育ったベルイマン同様、幼少期の信仰とはかけ離れたところにたどり着いたが、作品では神や悪魔や地獄や救いの問題にとり組み独自の表現力を磨きあげた。台湾人のプロテスタント教派の牧師の息子であるわたしはこの文章に強く共感した。わたしたちはみなキリストのしるしを額に烙印され、生涯そのしるしの意味を否定しては問い直し、独自の形で体現していく。そうした実感が文章の行間から立ちこめ、少年時代の信仰に背反するとまではいかなくても、確実に異なる方向に向かっていた、ためらいの多くぎこちないわたしの足どりの支えになった。

ベルイマンはナチス政権下のドイツで交換学生だった時期にヒトラーのカリスマ性に心酔した過去を自伝で回想している。ホームステイしたドイツ人家庭の同世代の若者たちと、屋根裏部屋で当局から発禁処分された『三文オペラ』のレコードを密かに聴いてデカダンな気分に浸る一方、学校をはじめとする公共空間のいたるところにはヒトラーの肖像画が飾られていた。巨大な競技場で登壇するまで何十分もあらわれず観客の熱狂を巧みに煽るヒトラーの演出に魅了され、英雄崇拝の大衆心理にベルイマンもいつのまにか溺れていく。ナチスによる非道極まりない計画的大量殺戮の事実を戦後突きつけられてひどいショックを受け、それから政治とは決して関わらないと心に誓う。そのせいか、六〇年代にスウェーデンの大学を席巻した学生運動に対してはきわめて冷淡だった。

ベルイマンのヒトラー崇拝はドイツ国外でも当時珍しくはなかった。日本統治下の台湾で独立を夢見た、ベルイマンより二歳年下のわたしの父もヒトラーのニュース映像を映画館で観て心酔したと語っていた。「ヒトラーは最初のロックンロール・スターだ」というデヴィッド・ボウイの発言は物議を醸し、「ファシズムに反対するロック」活動をイギリスで引き起こすきっかけのひとつになったが、ファシズムが動員したカリスマ崇拝のスペクタクル的演出の仕方に関するコメントとしては案外まちがった見解ではない（裏を返せば、ロックンロールだけではなく大衆を動員するスペクタクルには、そのイデオロギー的内容が右翼／左翼であれ、宗教的／世俗的であれ、ファシスト的要素が常に混入していると言える）。

『汝再び故郷に帰れず』ではファシズムに批判的な態度が目立つが、一九三五年にドイツを訪れたウルフも当初はベルイマンやわたしの父同様、ヒトラーの神格化された独裁政権を中心に回る新しい全体主義社会に魅せられ、ファシズムへの賛辞を私信にしたためている。ウルフがファシズムにもっとも賛同した部分はその狂信的な人種主義的イデオロギーであった。（ヒトラーが歴史的前例としてインスピレーションを受けた）先住民の大量殺戮、黒人に対する人種的奴隷制、移民に対する排外主義を正当化し、一九世紀アメリカ社会に定着したホワイト・アングロ・サクソン的白人至上主義は、人種隔離制度が確立されたアメリカ南部で生まれ育った彼の意識にしぶとく根づいていた。アメリカ的「若き芸術家の肖像画」をダイナミックにほとばしる文体で活写したそのみずみずしい声には、文学の土壌で「アメリカン・ドリーム」を情熱的に追求する「無垢性《イノセンス》」が力強く躍動しているが、それは（アメリカのハリウッド映画、テレビ番組、マスメディアによく見られるように）自国がふるってきた歴史的暴力の忘却によって成立している。

ボールドウィンはこうしたアメリカ的「無垢性《イノセンス》」を旧約聖書の預言者さながらの熱量で溶解させ、その底知れない偽善性をあぶり出した。それができたのは単に彼がハーレムの貧しい環境で育った黒人だったからだけではない。黒人に生まれようが、白人に生まれようが、アジア人に生まれようが、それ自体は何の意味もない恣意的な現象だ。意味が付与されるのは、たまたま投げこまれた歴史的状況が強いる権力関係や経験をわたしたちが解釈し、行動をとるときだ。じっさい、ボールドウィンみたいなハーレムの黒人貧困層の住民でも、同じ境遇に対して異なった反応と生き方をする人たちのほうが多い。すなわち、預言者や詩人やアーティストの素質を活かすどころか、その素質をあらかじめ抹殺されて生きるほうが日常的であたりまえなのだ。人間は常に選択し自己決定する存在かもしれないが、その選択範囲は無限ではないし、選択する能力が開花するか否かはみずからが置かれている状況と周りにいる他者がどうふるまうかによって大きく左右される。

公民権運動が勝ちとったわずかな黒人市民権の勝利をレーガン政権がくつがえし始めた一九八〇年代に書いたエッセイ「チケットの値段」でボールドウィンは黒人作家としてたどった道をふり返り、そうした困難な状況で知性や才能をいくら持っていても結局は狂気や自殺に追いやられた同胞や先輩の運命を反芻している。この運命を司る白人の権力構造は資本主義の別名であると彼は言う。「白は力のメタファーであり、それは単にチェース・マンハッタン銀行を表現しているにすぎない(1)」。だが、悲劇的なのは、こうした資本主義の搾取を同様に受けてきたアイリッシュその他の移民が自身を「白人」と意識し始め、「黒人」を差別するという「チケットの値段」を支払って、「アメリカ人」に仲間入りしてきた歴史的皮肉だ。

一〇歳のボールドウィンは、ビル・ミラーという白人女性教員と出会い、ファシズムや政治や読書について教わり、映画や演劇に連れて行ってもらった。黒人と親しくしているため、彼女は警察から黒人同様のいやがらせを受けた。「白人」になるというチケットの支払いを拒んだミラーのおかげで、ボールドウィンは白人を憎まずにすんだ。そして、彼自身もまた、アメリカで生まれ育った者としての責任を深く考えるようになる。

そうした熟考を重ね、いろんな経験を経てたどり着いた道徳責任論をボールドウィンは、一九七〇年に人類学者マーガレット・ミードとの対話で展開している。「わたしは緑のパスポートを持っているアメリカ市民であり、この共和国の犯罪を犯したかどうかと関係なく、その犯罪に対して責任があります(2)」。このやりとりが録音されたレコード『人種に関する話』（*A Rap on*

Race）をわたしは高校時代に図書館から借りてきて聴いたが、正直、あまり印象に残らなかった。おそらくその理由はわたしの意識が典型的な未成年の欲求や衝動にもっぱらとらわれていたのと、わたし自身が永住権を持って暮らしその後帰化するアメリカの歴史的現実を把握していなかったためだ。「どうしてもまったくコントロールできない現実のシステムを作り出したのはわたしたち全員です。わたしたちが歴史と呼ぶものは、時間の中で起こってきた、起こっていることに対する責任回避の方法なのかもしれません」と容赦なく語るボールドウィンのコメントはまさに当時のわたしにふさわしい(3)。

自己と歴史と道徳的責任の関係についてわたしが真剣に考え始めたのは大学に入ってからだ。ベトナム戦争が急ピッチでエスカレートしていた一九六七年にノーム・チョムスキーは「知識人の責任」を「真実を語り、嘘を暴く」ことと定義し、ベトナム戦争をめぐるアメリカ国家とメディアの嘘を緻密に反証し税金不払い活動にコミットすることでその責任を全うしていた。同年、ボールドウィンも「ラッセル国際戦争犯罪法廷」の一員として、ベトナム戦争をアメリカ国家の歴史的犯罪の結果だと厳しく批判した。「東南アジア人を解放しようと決めたずっとずっと前にアメリカ人はわたしを解放しようとした――わたしの先祖はその傷を墓まで持っていったし、わたしもそうするでしょう。レイシストの社会はレイシストの戦争しかできません――それが苦々しい真実です。国内で実行される前提は海外でまた実行されることをアメリカの黒人はみな知っています、アメリカのインディアンのあとに、彼らが最初に被害を受けた「ベトコン」だったと」。現在のブラック・ライヴズ・マターの思想的源流とも言える「ブラックパワー」を「嘘ばかりついてきた」「アメリカ共和国」に対する「黒人の民衆が黒人の民衆に真実を語ろうとする試み」とボールドウィンは定義し、その政治的必然性を強調した(4)。九〇年代に学部生だったわたしが三〇年前に書かれたこれらの文章に感銘を受けた理由は、チョムスキーやボールドウィンの色褪せない見識がアメリカ社会の現実を根底からえぐり出していたからだ。

わたしがアメリカに移住し生活し始めた八〇年代に、

レーガン政権がラテンアメリカ的ファシズムを強化し数々の「人道に対する犯罪」を犯していたことを学校やマスコミは教えてくれなかったし、そうした外交政策を支える権力構造が国内では民衆を蔑ろにし企業を優先する格差政策を強行し、とりわけ有色人種の貧者を犯罪化しているという現状認識を持つ人は生活圏にはいなかった。「リベラリズム」を標榜するクリントン政権がアメリカ資本主義帝国の構造的不正を頑なに維持する九〇年代の政治状況は、リベラリズムに対する妄想や期待をわたしから完全に剥ぎとった。

六二年に『ニューヨーカー』誌に掲載されたボールドウィンの「十字架の下で――わたしの心の内部からの手紙」(“Down at the Cross: Letter from a Region in My Mind,” 六三年の『次は火だ』(*The Fire Next Time*) に収録) を読んで触発された修道士トーマス・マートンは、翌年に「黒人革命――白人リベラルへの手紙」(“The Black Revolution: Letters to a White Liberal”) を書いている。マートンはボールドウィンをマーティン・ルーサー・キングに並ぶ現代の預言者として高く評価し、彼らがもたらした「わたしたちの時代の社会への預言的メッセージ」に耳を傾けるよう訴えた。そのメッセージとは「白人社会が多くの罪を犯し」、「「下等」だとみなす人種や植民地化した国々に不正を働いてキリストを裏切り」、「黒人に対する嘆かわしい不正と残虐行為を通じてキリストに対して罪を犯した」歴史の認識である。(5) 体制と妥協し自身の特権に固執する「白人リベラル」が悔い改め、こうした不正を可能にする社会の「徹底した改革」が黒人のインスピレーションのもとで実現されない限り、白人社会が破壊されても仕方ないとマートンは警告する。

この文章が執筆された六三年はアラバマ州バーミングハムで非暴力直接行動に参加したキングが逮捕された年でもある。もっと忍耐強く待って直接行動を控えるよう忠告する批判に対して、キングは「バーミングハム刑務所からの手紙」で「正義をあまりにも長く延期するのは正義を否定するのに等しい」と反論し運動が急進化する必要性を説いていた。それから五年後、キングとマートン両者が死んだ六八年に出版されたマートンの文章「非暴力からブラックパワーへ」(“From Nonviolence to Black Power”) では、キリスト教的非暴力の理念を貫きながらもブラックパワーが提示する問題意識に理解を示し、黒人に対する揺るがない連帯の声を維持する「ラディカルなクリスチャン」の意味を問うている。

アメリカ権力の矛盾と暴力を指弾し、黒人の民衆運動に呼応した白人修道士マートンのこうした批判的態度は、俗世と隔絶した祈りの生活に没頭する修道士らしからぬふるまいに見えるかもしれない。だが、神をひたすら求めてケンタッキー州ルイヴィルのトラピスト修道院ゲッセマネに入って霊的に成長したマートンはじょじょに理解した。個人の魂の救済は世界から分離できるものでは決してなく、具体的な権力関係の中で生きる具体的な人間の営為とつながり、この不可避のつながり（「友愛」や「隣人愛」を意味する「フィリア」と言い換えてもいい）を現出する思考や言葉を紡ぎ出すのがキリスト者としての道徳的義務だと。六〇年代の日記から編まれた彼の代表作のタイトル『罪を犯した傍観者の憶説』（*Conjectures of a Guilty Bystander*）には、中立的立場など絶対にありえない世界において真剣に考え抜かれた立場が表明されている。デモや直接行動に参加できない修道士は「傍観者」にならざるをえないが、世俗的権力とは無関係な存在ではなく、現存する社会システムにそのインフラや制度は否応なしに組みこまれており、そうした現実が生み出す「社会的罪」の責任を負わなければならない。

ボールドウィン自身も異なった形で同様のことをミードに述べている。

この国の警察はブラックパンサーと黒人弁護士とわたしの兄弟とわたしを区別しません。警察は銃の引き金を引く前にわたしの名前など訊かないでしょう。わたしはこの社会の一部であり、その中にいる他の誰とも（他のどの黒人とも）まったく同じ状況に置かれています（…）わたしがここで言おうとしているのは責任の問題です。〔六三年九月一五日に「一六番通りバプティスト教会」で四人の黒人幼女を殺した〕爆弾を落としたのはわたしではありません。そしてわたしは誰もリンチしていません。しかし、起こったこと、そして起こりうることに対してわたしには責任があるのです。[6]

一九四八年にボールドウィンはアメリカの人種的暴力の日常から逃げてパリに移住した。そして五七年に、ウルフの地元アッシュヴィルから約二〇〇キロ東方のノースカロライナ州シャーロットの白人高校に通学する黒人女子高生ドロシー・カウントの写真をたまたま手にとった雑誌で見た。白人暴徒に憎悪の罵りを受けても黙々と歩くカウントの姿に心動かされ、公民権運動の「証人」になるべくアメリカに戻る決意をした。

この「証人」という言葉は、イエスと同伴し彼の言行を見聞し、十字架での死を見届けた弟子たちの「証し」、自身の罪を悔い改めてキリストによって生まれ変わった「証しする人」に由来する。運動現場で体を張って行動し、暴力をふるわれ、ときには命を落とす活動家たちの姿は、現存するキリストの姿に他ならなかった。ボールドウィンの言葉に並々ならぬ預言的力がいまなおしぶとく息づいているのは、彼の一語一句がアメリカの歴史的罪とそれを贖おうとする民衆闘争の意識に裏づけられているからだ。

ブラック・ライヴズ・マター運動の攻防と警察権力のおぞましい弾圧を日本から見ているわたしは、ボールドウィンが実践した「証人」におよばない「罪を犯した傍観者」により近いところにいる。同時にそれは恣意的に置かれてきた歴史的状況とみずからの選択肢の集積なので、それを悔やんだり、悪びれたりするのはすじ違いだと知っている。信仰やコミットメントを無理やり持とうとしても、鼻につく欺瞞に満ちた偽善者になったり、息苦しい自己否定や、ぶざまな罪悪感に苛まれたりしてしまう。では、何をなすべきか？

ニコライ・チェルヌイシェフスキーの小説の題名にあやかって、かつてレーニンが発したこの問いに対する普遍的な答えはない。だが、何か必然的に思えるきっかけで「罪を犯した傍観者」は「証人」または行動せざるをえない「新しい人」に変わる。直面している状況にどれだけ誠実に正しく反応できるかで、この転換プロセスは可能になる。それこそが英語の「責任」という言葉（responsibility）の本当の意味である「反応する能力」（ability to respond）だ。だが、わたしがそれを実践している証明はないし、必然性を感じる瞬間がやがてわたしに訪れる保証もない。それでも構わない。嘘の証しを立てたり、偽預言者になったりするぐらいなら、罪悪感すらない「罪を犯した傍観者」を貫きとおすまでだ。

二〇二〇年七月

注

（1）James Baldwin, *The Cross of Redemption: Uncollected Writings*, ed. Randall Kenan (Pantheon Books, 2010), 129.

（2）James Baldwin and Margaret Mead, *A Rap on Race* (J.B. Lippincott Company, 1971), 225.

（3）*A Rap on Race*, 177.

（4）*The Cross of Redemption*, 105, 108。

（5）Thomas Merton, *Passion for Peace: The Social Essays*, ed. William H. Shannon (Crossroad, 1995), 185.

（6）*A Rap on Race*, 59.

第三部　聖霊

19 『天路歴程』の「まどろみ状態のラディカリズム」

やりきれない夜だった。意味もなく悔しくて、悲しくて、こらえた夜。いくらウイスキーを一人であおって体内の奥まで滴り落としても、やり場のない心は乾ききっていった。神の愛に酔いしれたイスラム神秘主義の詩人ルーミーの陽炎が意識の深い暗闇を一瞬でも切り裂いてくれたなら、このどうしようもない孤立感がイリュミナシオンの花に聖変化したかもしれない。だが、エゴを聖霊のロゴスで寂滅させ、真のメシア的唯物主義の隠語の発見をいざなう（スティーヴン・ディーダラスの「狡猾」には手が届かなくとも）「沈黙と流浪」へみずからの魂を送りこむ準備は何もできていなかった。できることと言えば、酔いの底から噴出した不満という「ゼロ」を際限ない独我論的自己憐憫の「無」に掛けることぐらい。しょうもない滑稽劇だ。ひとときの運動や瞑想でかたづくのに、うじうじと考えあぐねたあげく、膨大な時間をムダにしたと後悔し、いてもたってもいられなくなり本当の友を探してメールを送った。

こころ優しき言葉のテロリストであり、言葉によるプロパガンダが三度の飯より好きなサイタマのアナキスト、クリハラ・ヤスシからすぐに返信があった。「目黒の光源氏」という異名を持つ超現実主義的蜂起派翻訳者ゴイ・ケンタローとともに飲んで歌ってクソ暑い夏をさらに沸騰させ、「帰らぬ人」ならぬ「終電を逃して帰れない人」になろうというい かにも彼らしいふざけた提案をしてきた。他方、ケンタローからのメールでは状況主義的入身《いりみ》転換で主語と述語が逆立され、アントロポセンを引き起こしたおれらこそが地球をことごとく破壊するウイルスであるがゆえに、惑星テロの病原体になろうという不穏なメッセージが記されていた。

かくして二〇二〇年八月某日の夕方に埼玉・与野本町駅付近の居酒屋でわたしたちは落ち合い、カラオケで自暴自棄に長渕剛を歌いまくって声を枯らし、やけに湿気が肺に染みる公園で飲み明かした。午前三時頃だったろうか、わたしたちが座っている階段の向こう側に数人の人たちが群がり突然花火を始めた。二時間以上、さまざまな花火が空中に飛び散り、煙がえんえんと立ちこめた。まるでわたしたちだけのための花火ショーだ。

腰が少し痛くなり石段に横たわると、数段下で会話をするケンタローとヤスシの声がララバイみたいに聞こえ、遠くでは花火が幻想的に燃えている。まるで青春を生き直しているかのような一場面だ。そういえば一年ちょっと前も、ヤスシと真夜中のフジサワの路上で横たわって同じ感慨に襲われた。

やはりヤスシとケンタローと居酒屋で歓談中に、不思議な懐かしい気持ちがわいてきた瞬間がある。なぜか労働者評議会が話題になり、ヤスシが予想外にコルネリュウス・カストリアディスの名を口にし、わたしとケンタローはラウル・ヴァネイジェムの『シュールレアリスムの適当な歴史』(*Histoire désinvolte du surréalisme*)と『自由心霊兄弟団の運動』(*Le mouvement du libre-esprit*)の話でもりあがり、最初でも最後でもない晩餐に労働者評議会の自由心霊が降臨した。

「ソビエト」という別名で知られる労働者評議会は、第一次世界大戦後にロシアをはじめヨーロッパ各地を席巻した、労働者自身の手による直接民主主義的革命組織だ。もともとロシア革命を推し進めた草の根の原動力だったが、やがてボルシェヴィキたちが敷いた共産党の独裁体制によってその自律的力が全面的に骨抜きにされ、「ソビエト社会主義共和国連邦」の名称だけに面影を残す有名無実の形骸になり果てる。しかし、こうした国家社会主義の弾圧にもめげずに、その後も評議会共産主義者の残党は小さな集団を構成し、細々と生き延びた。カストリアディスとクロード・ルフォールが創始した「社会主義か野蛮か」もその一例であるし、彼ら同様トロツキー主義から離脱したアメリカの「ジョンソン・フォレスト傾向」とその後身グループである「ニューズ・アンド・レターズ」、「フェイシング・リアリティ」、「コレスポンデンス」も評議会共産主義の理念をいさぎよく守ってきた「セクト」である。

大学生になって読み始めたノーム・チョムスキーの著作を通じてアメリカの外交政策や企業メディアや経済システムの実態を知って衝撃を受けたわたしは、彼が標榜する「リバタリアン社会主義」／アナキズムに興味を持つようになった。大恐慌時代に少年チョムスキーはニューヨーク在住の労働者の親戚のラディカルな政治談議や古典音楽をめぐる議論に耳を傾け、評議会共産主義雑誌『リビング・マルキシズム』（*Living Marxism*）を愛読した（友人が博士課程に在学していたアメリカン大学の図書館の本棚に『リビング・マルキシズム』を見つけたときは、ページをめくりながら興奮した）。当時は教養深いラディカリズムが脈打つ労働者独自の文化がまだ健在だった。スペインにおけるファシズムの台頭を嘆いた一〇歳のチョムスキーは当初トロツキー主義に惹かれたがすぐに関心を失い、スペイン革命で労働者が実践したアナルコ・サンディカリズムに傾倒する。彼のインタビューや解説を読むうちに、ルドルフ・ロッカーのアナルコ・サンディカリズムの古典的テキストや『ナショナリズムと文化』という大著に出会い、それらはカール・コルシュ、アントン・パンネクーク、ポール・マティックといった評議会共産主義者たちの著作とともにわたしの政治思想の核心を形成した。

リチャード・ジョンソンが所長を務めたバーミンガム大学現代文化研究センターでカルチュラル・スタディーズの薫陶を受けたパンク・ミュージックの研究者ニール・ネーリングは、授業でアナキズムとマルキシズムの親和性を強調し「シチュアシオニスト・インターナショナル」の存在を教えてくれた。そして、シチュアシオニストの創立者の一人ギー・ドゥボールがメンバーの「社会主義か野蛮か」だけではなく、C・L・R・ジェームズ、ラーヤ・ドゥナエフスカヤ、マーティン・グレーブルマン、グレイス・リー・ボッグス、ジェームズ・ボッグスが構成する「ジョンソン・フォレスト傾向」とその関連組織の文書をハリー・クリーヴァーの「自律マルキシズム」ゼミで紹介され、いつのまにかわたしは「自律マルキシスト」を名乗るようになっていた。一九九〇年代当時に続々と出版されたドゥボールやヴァネイジェムの英語訳を手に入れ、アナキズムやイタリア議会外左翼や労働者評議会やイギリス・マルキシズムの歴史家の出版物を収集しむさぼり読んだわたしにとって、これらのテキストは学術的研究対象ではなく、既存のすべての体制の転覆を目論むラディカリズムの思想的伝統が結晶されたほとんど「神聖な力」を帯びていた。

もちろん、目に見える集団の担い手がどこにもいない伝統の末裔だと言い張るのは、ときとして茶番のように思えたし、単にわたし自身が妄想を抱いているのではないかと訝しくなった。数年後、ちょうど『リビング・マルキシズム』を閲覧していた際に泊まった友人の家で、こうした政治的名称に意味があるのかどうかという疑問をふと口にした。

大学時代に「自律マルキシスト」に「改宗」し、その伝統の源流に身を投じるべくテキサスからアメリカ中西部に引っ越し歴史家ピーター・ラインボーに師事したものの、わたしが日毎生活していた労働者の町トレドは脱工業化による失業と貧困で打ちのめされていた。ラディカルな反戦／労働／公民権運動の先駆者A・J・マスティが工作者として関わりトレドを揺るがした一九三四年の伝説的な「オートライト・ストライキ」の残響はどこにも聞こえなかったし、イラク反戦の抗議も他の都会と比べて非常に小規模で、街角でせいぜい一〇人前後の人たちがプラカードを掲げる程度だった。数少ない地元のアナキストは野宿者のために毎週炊き出しをする「フード・ノット・ボム」に参加したり、ボタニカル・ガーデンで児童を相手に有機栽培の教育活動をやったり、他の地域に結集する大規模なデモに馳せ参じたりしていた。わたしは彼らの勉強会や政治集会に足繁く通った時期もあったが、アナキズムを礼賛しマルキシズムをこきおろす古くさいどうでもいい議論に辟易し、企画者以外誰も参加しない反戦集会の失敗に愛想を尽かし、そうした集いからどんどん遠ざかっていった。

しかも、ラインボーは家族と一緒にニューヨーク北部に一時期移り住んでしまい、親しい友人や同志もトレドから離れ去り、わたしは中西部の都会の荒地にポツンととり残された。そこで「自律マルキシスト」、「評議会共産主義者」、「アナキスト」を自称するのは独りよがりな空虚な「ジェスチャー」に思えてきた。そもそも労働者階級のラディカリズムの伝統はわたし個人の経験にもとづくものではなく、本や他人の話の受け売りだ。中学時代に襲ってきたどうしようもない疎外感をイエスや神への単純な信仰で埋められないという醒めた実感が、今度はわたしの政治的信条に影を落とし始めた。信仰を失いそうになった、人生二度目の経験だ。

イエスの神性や革命の必然性を信じて疑わない信仰者の観点からすると、マルクスの座右の銘である「すべてについて疑うべし」（De omnibus dubitandum）という懐疑を野放しにするわたしの立場は、ともすれば無責任な未信者や自滅的な天邪鬼のそれに見えるかもしれない。わたしはそうした見方を否定も肯定もしないが、内なる「悪魔の代弁者」からの自己批判的な尋問を受けつけない信仰は、狂信とまではいかなくても、教条化する危険性を常に孕んでいると確信している。わたしが思春期に入り幼少の信仰に対して根本的な疑念を公然と表明するようになると、両親はわたしの歩む道にときおり懸念を示し、幾度となくわたしを説き伏せようとした。しかし、わたしの懐疑はますます頑なになるばかりで、それ自体がある種の信仰になった。「信仰とは経験である」という父の言葉は、わたしの「逆張りの信仰」の経緯にそっくりそのまま該当する。

E・P・トムスンは実はクリスチャンではなかったかという話をラインボーが大学院のゼミでしていたことがある。トムスンの父エドワードも、母シオドゥーシアの親もメソジストの宣教師だった。兄のフランクにならい、トムスンはイギリス共産党に入党し第二次世界大戦に参戦し、戦後は労働者教育の教員として教鞭を執り、ラッダイトの打ち壊しや工業労働者の歴史の痕跡がいたるところに残されたヨークシャーのウェスト・ライディングで政治活動にとり組んだ。そして、共産党を内部から民主化しようとしてもうまくいかず、スターリン主義国家に対抗して労働者評議会を復活させたハンガリー革命への弾圧を機に離党し、プロテスタント的な熱烈さで「社会主義的ヒューマニズム」を宣言した。

新左翼《ニューレフト》の口火を切ったトムスンの政治評論には聖書からの引用や比喩、イギリス革命におけるラディカルな非国教徒への言及が目立つ。例えば一九五七年に発表した「社会主義ヒューマニズム——ペリシテ人〔実利主義者〕への手紙」(“Socialist Humanism: An Epistle to the Philistines”)ではスターリン主義の反知性主義と非人間性を克明に批判し、人間を経済生産や機械の一部として実利的に扱う資本主義とスターリン主義に対して、道徳意識と理性と人間性に根ざす「社会主義的ヒューマニズム」の必要性を説く。「死か生か、完全破壊か人類史を人類の手で操るか」という選択を突きつけてくる「原爆」をまずは「解体」することがそうしたヒューマニズムを生み出すと彼は締めくくる。

アルメニア系アメリカ人のマルクス主義日本史家ハリー・ハルトゥーニアンと早稲田大学の公衆便所でたまたま横に並んで用を足している際にトムスンが話題になると、八五歳のハルトゥーニアンは渋いしゃがれ声で、

「でも、結局、トムスンはイギリスの島国根性《リトル・イングランダー》だったんだよね」と言った。

何年も経ったあとにこのコメントをラインボーに伝えると、

「それはフェアじゃないな。そこにいたら、ぼくはそうハリーに答えていたよ。エドワードは若い頃にユーゴスラビアの鉄道を作るボランティア労働に力を貸したし、八〇年代に活動家として命をすり減らしてコミットした反核運動でも、ヨーロッパの東西を問わず国際的な連帯を結んでいた」という答えが返ってきた。

わたしにとってのトムスンは、何よりもキリスト教のラディカリズムを労働者の闘争と接続し、それがアナキズムやマルクス主義に先行しある意味より深い階級闘争の言行をつちかってきた伝統を教えてくれた、稀代の行動する歴史家だった。そして、わたし同様、彼も牧師の息子だったので、親近感を抱いた。

キリスト教文学の古典であるジョン・バニヤンの『天路歴程』がイギリス労働者階級のラディカリズムを担う重要なテキストだと知ったのは、トムスンの『イングランド労働者階級の形成』を読んでからだ。日本からアメリカに移住する際に、成田か羽田の空港

で乗り換えの便を長時間待っているあいだ、母は九歳のわたしに日本語訳の『天の都をさして――『天路歴程』少年版』を手わたした。「無数の若者たちは、『天路歴程』に初めての冒険物語を見いだしたのであって、それを聖　書《ブックス・オブ・ブックス》だとしたチャーティストのトマス・クーパーに同意しただろう[1]」とトムスンは書いている。主人公のクリスチャンが家族をあとにして単独で天の都を目指し、さまざまな試練にぶつかり克服するという「冒険物語」にわたしもグイグイ引きこまれ、一気に読了した。数年後、原著の完訳を購入し読んで同じ理由で夢中になり、クリスチャンが怪物アポルオンと戦うヒーローものさながらの血湧き肉躍る戦闘シーンにわくわくした。

一六七八年に『天路歴程』を出版したバニヤンは、民衆のあらゆる自由と平等が叫ばれ、王を斬首したイギリス革命の時代を生き抜き、人生の三分の一を牢獄で送った労働者階級の説教師だった。彼は国家権力が強いる検閲や権威的なキリスト教に抗い、名声やカネや社会的成功の価値観が支配する世界に背を向ける大衆の民主主義的世界観を本書に刻みこんだ。

> われわれは、とりわけバニヤンのなかに、十八世紀を通じて温存され、十九世紀に繰り返し噴出するまどろみ状態の急進主義をみてとるのである。『天路歴程』は『人間の権利』とともに、イングランド労働者階級運動の二つの基礎文献のうちのひとつである。バニヤンとペインは、コベットやオウエンとともに、一七九〇年から一八五〇年にいたるこの運動の原材料をなす思想や態度の礎を築くのに大きく貢献した。[2]

トムスンのこの指摘で重要なのは「まどろみ状態の急進主義」という両義的なフレーズである。『天路歴程』は、イギリス革命のまっ最中に荒地を共有地として耕す集団を率いたジェラルド・ウィンスタンリー（使徒言行録に記される原始キリスト教のコミューンにもとづき、土地を共有し共同生活を営む「真正レヴェラーズ」または「ディガーズ」と呼ばれる農本共産主義集団のリーダー）が呼びかけたラディカルなコミュニズムの福音や、主権在民や普通選挙や法の前の平等をとなえた大衆運動レヴェラーズ（「水平派」や「平等派」を意味するこの言葉は、土地を私有化する囲い込みに反対する一七世紀農民一揆の名称として元来用いられ、イギリス内戦時には王党軍と戦う新型軍内部の兵士たちが構成した民衆主義的勢力を指した）の文書とは著しく異なり、忌憚のない革命的集団意識を表現していない。王政復古が行われた反革命的時代の敗北意識がそこには反映され、大衆ラディカリズムは「まどろみ状態」にならざるをえない。

状況が希望に満ち、大衆運動が起こっているとき、この伝統がもつ力は最もあきらかになる。そのときには、クリスチャンが、現実の世界に住むアポルオンとまさに闘うのである。また、敗北と大衆の無関心の時代には、貧者の宿命的な諦めを強化する静寂主義が頭をもたげてくる。クリスチャンは、滅亡の都に背を向け、魂の都シオンへの道を求めながら、馬車のがたがたいう音から遠く離れて屈辱の谷で苦しむのである(3)。

バニヤンが経験したような歴史的なトラウマに満ちた、人生をひっくり返す革命とその裏切りの時代をヤスシとケンタローとわたしは生きていない。もし無理に類推するなら、むしろ反革命的な敗北の時代しかわたしたちは知らない。「敗北と大衆の無関心の時代」に資本主義の廃絶やアナルコ・コミュニズムの実現を信じるのは、「貧者の宿命的な諦めを強化する静寂主義」に陥ることに等しい。しかし、権力や特権とある程度妥協しながら現実的な運動の政治に身をゆだねてしまうと、『天路歴程』のクリスチャンが道中さらされた権力の誘惑に負けてしまいかねない。無論、現実は一か八か、絶対か無かの選択によって成り立っていない。いくら信念にしたがってラディカルな言動をとっても、それを受け止める歴史的状況の枠内で処理されてしまうのは当然だ。

バニヤンと同時代を生きた職人のジョン・リーヴスと彼の従兄弟ルドウィック・マグルトンが創立したプロテスタントのセクトである「マグルトニアン教」にウィリアム・ブレイクが影響を受けたという仮説をトムスンは立て、マグルトニアン教の最後の末裔がリンゴの木箱に保管した貴重な資料を発掘した。半年以上ぶりに対面で再会したケンタローとわたしとヤスシとの集いは、内容はともかくとして、歴史からこつぜんと姿を消す前にマグルトニアン教徒の小さな集団が酒場で行った独特な「礼拝」（ともに歌い、飲み食いし、話をする）と形式上よく似ている。マグルトニアン教徒同様、わたしたちも他人を「改宗」させる活動はまったくやらないし、塵と灰になる必然的な運命を拒まない。ヤスシとケンタローには特定の伝統の末裔だという意識はおそらくないだろうし、「伝統」という言葉そのものに抵抗を示すかもしれないが、現存する社会運動や左翼政党を含む既存の現実と妥協できない、不可逆的にラディカルな価値観、原則、態度をみずからの経験に応じて継承し体現しているのは紛れもない事実だ。

金銭や地位や名声や影響力に無頓着である彼らの日常に接すると、自分はまだ狂っていないと安堵する。ごく一般の疎外された都会の住民と変わりなく、居酒屋で飲んでは与太話を放談し、カラオケで歌い、公園で無為に時間をすごすわたしたちには何も特別なところはないし、ましてや何の模範にもならない。しかし、ディストピア的地平線が縮まる気配が何もない現状において、労働者評議会やリバタリアン社会主義革命の到来がキリストの再臨ぐらい不可能だとしても、わたしたちはまどろみ状態のラディカリズムを手放さない。

花火の煙が消えた早朝、うだつがあがらない疲弊した三人の男は立ちあがって足の裏の塵を払い落とし、近くのバラ園を散策し、駅まで歩いたあとでそれぞれの家路についた。

二〇二〇年八月

注

（1）エドワード・P・トムスン『イングランド労働者階級の形成』市橋秀夫・芳賀健一訳（青弓社、二〇〇三年）、三九―四〇頁。
（2）前掲、三九頁。
（3）前掲、四三頁。

20　アナキスト人類学者と大衆の死

アナキスト人類学者デヴィッド・グレーバーが二〇二〇年九月二日にヴェネツィアで死んだ。享年五九歳。彼に直接会う機会はなかったが、行く先々でよく彼の名前を聞いた。二〇一一年に初めて韓国の研究共同体スユノモを訪れると、わたしがアメリカ人だと知った社会学者李珍景《イジンギョン》に「グレーバーに会ったか」とすぐたずねられた。スユノモに案内してくれた、李珍景の『無謀なものたちの共同体――コミューン主義の方へ』(インパクト出版会、二〇一七年)の日本語訳を手がけたイママサ・ハジメは、一日中グレーバーと息をつく暇もなく喋った思い出を楽しそうに語っていた。そして、グレーバーが沖縄を訪れた際に、初対面の学生活動家に向かって一生懸命に早口で語ったというエピソードをその場にいた学生の一人から聞いた。

グレーバーの存在を初めて知ったのは、ピーター・ラインボーに『アナーキスト人類学のための断章』(*Fragments of an Anarchist Anthropology*, 高祖岩三郎訳、以文社、二〇〇六年)の原書を彼の家で手わたされたときだ。おそらくこの小さなポケットサイズの本が出版された二〇〇四年頃だった。大学院生のグレーバーがマダガスカルで行ったフィールドワークの観察を巧みに抽出し、常識的で日常的なアナキズムの原則と方法を明快に綴る文体に感心した。同時に「アナーキスト人類学」という名称に少し引っかかった。アナキズムを人類学その他の学問分野に還元したり、すり合わせたりするのは、学問分野を形成する制度的権力、ヒエラルキー、国家/企業の統治の根本的な解体を目指すアナキズムの精神とは相容れないのではないかと思ったからだ。もちろん、諸個人のアナキストは世界的な人類学者や歴史家や文学者になりうるし、著作を通じてアナキズムの普遍的な側面を伝えるのも可能だが、中国人やフランス人やエチオピア人のアイデンティティが自動的に優れた料理人を意味しないように、アナキズムや保守やキリスト教に依拠しても書いたものや研究の質は保証されない。

しかし、価値、負債、アクティビズム、官僚制、労働をめぐってわたしたちがあたりまえだと信じて疑わない一連の前提を次々とラディカルにひっくり返すグレーバーのその後の仕事を追っていくと、彼が「アナーキスト人類学」という独自の新しい分野の確立に大して興味を持っている様子はなかった。むしろアカデミズムの陣とり合戦には無関心で、その領域に収まらない仕事や政治活動であまりにも有名になってしまい、逆にアメリカの大学関係者から煙たがられ村八分にされた。

一九九八年にイェール大学で助教のポストを得たグレーバーの契約更新の打ち切りをめぐるいざこざは、人類学の第一人者たちをはじめとする四五〇〇人が大学当局の決定に抗議する署名運動にまで発展した。彼が雇い止めになった理由は、大学院生の組合運動に加勢したからだとか、授業に遅刻したり報告書の提出が遅かったりするなど大学業務が怠慢だったからだとか、ネオリベ資本主義に異議をとなえる直接行動の運動における活躍がめざましくなったからだとか、さまざまな理由が推測された。結局、グレーバーはイェール大学を去り、他のアメリカの大学に何度も応募するが、アメリカでは再び大学職につけなかった。イェール大学に勤めてから三年目にもらったサバティカルのあいだに再び運動にコミットし逮捕された直後に大学に戻ると、同僚の一部は彼と口をきくのも拒んだとグレーバーが回想しているとおり、彼の就職難には「政治的」理由が何かしら絡んでいただろう。だが、それは彼がアナキストであったからだとか、反体制運動にコミットしていたからだという単純なイデオロギー的反発だけではなく、アカデミック・ポリティックス上の人間関係の調整に長けていなかった、平たく言えば空気を読まない人物だったという事実も含む広義の「政治的」理由として理解されるべきだ。

グレーバーとは逆の例として、労働者自身の観点からアメリカの「新しい労働史」を開拓した歴史家デヴィッド・モントゴメリーがいる。モントゴメリーは一九五〇年代の反共時代にアメリカ共産党に入党し、ミネソタ州セイントポールで機械工の労働活動家としてFBIに目をつけられたが、ピッツバーグ大学で教員を務めたあとにイェール大学に常勤として招聘されている。イェール大学の事務員の組合闘争を支持する教員の連帯行動を組織したり、大学付近のコルト・ファイヤーアームズ社の労働者がストを打つとピケラインに参加したりして政治活動を止めなかった。だが、グレーバーと決定的に違って、彼はすでにテニュアを得た労働史の泰斗だった。グレーバーの場合、キャリアの浅い、テニュアトラックの条件が満たされる以前の任期付教員という脆弱な立場に置かれていた。そこで運動に活発に関わり知名度が高まったせいで、学部の保守的な上級教員の反感をおそらく買った。六四年にやはりイェール大学で雇われたクェーカー教徒の歴史家ストートン・リンドは優秀な若手研究者として知られていたが、公民権運動そしてベトナム反戦運動の先頭に立ち「新左翼《ニューレフト》の長老」とマスコミに大々的に呼ばれ、反共冷戦リベラリズムを標榜する歴史学部の「ビッグ・スリー」の上級教員であるC・ヴァン・ウッドワード、エドマンド・モーガン、ジョン・モートン・ブラムにおそらく睨まれ、テニュアを否定される結果になった。

いずれにしろ、イェール大学教員時代のグレーバーの単著『価値論――人類学からの総合的視座の構築』(*Toward an Anthropological Theory of Value: The False Coin of Our Own Dreams*, 藤倉達郎訳、以文社、二〇二二年)だけをもとに判断しても、彼が人類学の枠組みでは収まらない広範囲の領域を横断し独創的な見識を持つ、ずば抜けて稀有な研究者／思想家なのがじゅうぶんにうかがえる。ここでいう「独創的」という言葉は、今まで存在しなかったものを新たに創造するという意味ではない。既存の知識や実践を異なった観点からずれて見直し、それらの前提とされる一般的な常識や支配的なイデオロギーをくつがえすという意味だ。

本書はマルセル・モースの贈与論を再評価し、それをマルクスの疎外論に匹敵する普遍的な社会原理に拡張した。カネが人を支配し、消費や生存のために労働規律を強制し、命令する人と命令される人のヒエラルキーで構成された近代資本主義社会とは裏腹に、先住民や狩猟採集社会の生活では見返りを求めない贈与、相互扶助、日常的なデモクラシーやコミュニズムが現実のあらゆる場面で実践されてきたというテーゼは、グレーバー自身繰り返し強調するように、目新しいものではない。彼は（アンドレー・グルバチッチとの共著の解説を書いた新版の）クロポトキン『相互扶助論』や（彼がシカゴ大学で師事し王権論の大著を共同で執筆した）マーシャル・サーリンズ『石器時代の経済学』といった古典が切り開いた研究をより壮大に拡げ、一般に「社会理論」として受容される概念や思想に太刀打ちできる理論的普遍性を構築した。彼がその後上梓するすべての著作では、このモース的コミュニズムの実践とそれにともなう人間の自由で自発的な創造性のほうが、現存する官僚制的負債資本主義の社会よりも圧倒的に歴史が長く、そうしたコミュニズムや創造性なしでは反体制運動を組織できないばかりか、運動が対抗する資本主義を含むすべての抑圧的社会さえも成立しないと実証した。

スペイン戦争の義勇兵だった父と繊維労働者だった母を持つグレーバーは、絵に描いたようなニューヨークのユダヤ系左翼労働者階級の出身であり、徹底して世俗的であったが、贈与経済を説明するうえで宗教に内在する反資本主義的ラディカリズムをよく引き合いに出した。例えば、『価値論』でとりあげたキリスト教的贈与概念は『負債論——貨幣と暴力の5000年』（*Debt: The First 5000 Years*, 酒井隆史監訳、高祖岩三郎・佐々木夏子訳、以文社、二〇一六年）でより深く歴史的に掘りさげられている。神がイエスという人間の形をとって十字架に磔にされて人類の罪を贖ったというキリスト教の中心にある教義を、古代ユダヤ人の慣習である「ヨベル」（周期的に奴隷を解放し、私有地を分配し、負債を帳消しにする「大赦」）と接続し、負債制度を無条件で廃止するラディカルな神学概念としてとらえなおすくだりは説得力があるばかりでなく、わたしのように幼い頃から聖書に慣れ親しんでいる者でさえハッとする明晰なロジックが提示されている。

メソポタミアにおいてと同様に、聖書においても、「自由（freedom）」とは、なによりもまず負債の影響からの解放を意味するようになった。時間がたつにつれ、ユダヤ人の歴史そのものが、この観点から解釈されるようになる。エジプトにおける拘束状態からの解放は、神による贖い／救済なるものの最初の範例となるふるまいであった。ユダヤ人の歴史的苦難（敗戦、征服、国外追放）は、ついに救済者の到来によって最終的に贖い／救済されるべき逆境とみなされるようになる。しかしこれは、エレミアなどの預言者たちが警告したように、ユダヤの民が、みずからの罪業（たがいを隷属状態におとしいれること、邪神にかしずくこと、戒律にそむくこと）を心から悔いたあとで初めて達成されるはずのものだった。この観点からすると、キリスト教信者たちがこの思想を採用したことは少しもおどろくにあたらない。贖い／救済とは、個人の罪業（sin）と罪責性（guilt）の重責からの解放であり、歴史の終焉とは、天使のラッパの大音響が最終的な大赦（Jubilee）を告知するとともに、すべてが白紙に戻され、あらゆる負債が免除される瞬間のこととなる。(1)

こうしたさりげない再解釈の仕方が興味深いのは、民衆に無関心を植えつける精神の「アヘン」、あるいは既存の権力を正当化する支配のイデオロギーとして宗教をみなす、ありきたりな宗教批判を回避しているところだ。グレーバーはそうした宗教の反動的役割を熟知していたし、そうした矛盾を指摘するのに事欠かなかったが、古今東西の歴史的事例を博覧強記に組み合わせて力点を置いたのは、あくまでも宗教、慣習、儀式、生活様式に内在する解放の可能性のほうであった。そういった意味では、彼は「知性のオプティミズム」を体現するもっとも偉大な現存する思想家だったとみなしても差し支えないだろう。

わたしはグレーバーを読むたびに彼の意表をつく概念や事象のつなげ方や発想に感服し、ほとんど同意したが、何かを根本的に新しく学んだ驚きは正直なかった。むしろ彼が書いたものに対してある種の既視感が常につきまとっていた。本人が意識するイデオロギーや思想と関係なく、疎外から逃走し自由を求めて学校や仕事をサボったり、趣味やネットゲームやレジャーを通じて自発的で平等な関係を結んだりする些細な行動によって、資本主義社会のすみずみにまで階級闘争やコミュニズムの種子が散種されていることをわたしに初めて教えて衝撃を与えたのは、テキサス大学で教鞭を執っていた自律マルキシスト経済学者ハリー・クリーヴァーだった。

一九九〇年代半ば当時、メキシコ深南部のチアパスでは先住民が冷戦後の世界資本主義に宣戦布告するサパティスタ闘争を開始していた。北米でサパティスタの支援活動に従事していたクリーヴァーを通じて彼らが世界の僻地から展開していた革命的草の根民主主義の実践を知り、クリーヴァーの言う階級闘争がこうやって現実においてあらわれるのかと心震え、内なるラディカリズムの種子が芽生えた。クリーヴァーの講義には歴史、神学、哲学、文学、映画、ポピュラー・ミュージックなどの幅広い分野からの面白い事例がふんだんに散りばめられ、否応なしに労働を人間に強いる資本主義の本質的機能と、それに対して絶えまなく抵抗し、そうした搾取の世界から自由で創造的な自律空間や自己活動を作り出す終わりなき闘争が巧みに説明された。同じ授業を繰り返し受けても毎回新しい発見と知的興奮を引き起こすクリーヴァーの語り口にいつのまにかとりこになり、多くの著名な思想家や研究者と比べても遜色ない彼の仕事がより広く知られていないのはなぜかとよく疑問に思い、講義の内容を本にまとめて出版しないのはとても惜しく感じた。

金融資本が牛耳るネオリベ資本主義のもとで「社会的価値」がない「クソどうでもいい」労働が過剰に産出されているというグレーバーの『ブルシット・ジョブ』（*Bullshit Jobs: A Theory*, 酒井隆史・芳賀達彦・森田和樹訳、岩波書店、二〇二〇年）の主張をよりラディカルな形で（資本主義の秩序を作っている労働そのものを廃止しなければならないと）わたしに教えてくれたのもやはりクリーヴァーだったのを想起すると、なおさらそうした感慨がわき起こる。わたしがここで強調したいのは、グレーバーの仕事に独創性が欠けているということではない。その独創性が（クリーヴァー、マルクス、クロポトキン、モース同様）彼独自のものではなく、多くの運動や民衆闘争のラディカリズムの伝統に連なり、その伝統がわたしたちのものだという民衆史の常識だ。

そういった意味でもグレーバーの死にまつわるSNSコメントや追悼記事でもっとも違和感を覚えたのは、彼を不世出のアクティヴィスト研究者として賛美し、彼の著作が数百年後も読まれる古典になるだろうと予測するたぐいのものだった。それを書いたのがアナキストやラディカルを自称する人物である場合はとくに納得できなかった。個人の偉大性をたてまつるヒエラルキー、そして作者や研究者の業績を共有の営為の産物としてではなく、私物化された貢献として扱う資本主義の歪んだ文化を拒絶するのがラディカルでアナキスト的な共通認識であるはずだ。グレーバーの思想や業績とそれらを可能にした彼自身の特異な資質もまた、ラディカルな研究と知識と実践の伝統によって養われたものであり、どれだけ彼の死を悼んでいるとしても、それを展開し完成させるのはわたしたち自身に要求されていると言うべきではないか。少なくともわたしには、グレーバー個人の天才を称賛する言辞は彼の思想的遺産に対する侮辱にさえ思えた。偉大なラディカル活動家／学者のイコンにされ、現代における「もっとも重要なアナキスト、人類学者」などと呼ばれ、彼自身が対抗してきた「偉人史観」に組みこまれ比類なき偉人のミイラとして展示される皮肉を彼は果たして望んだだろうか。こうした一連の疑問が生じたのは、おそらくグレーバーの死を知人として追悼できなかったからだ。彼の人となりは共通の友人知人の一部から聞かされていたが、彼に関するわたし自身の知識や印象は著作や映像だけにもとづいている。

わたしを悲嘆に暮れさせた死は二〇一九年九月に亡くなった親友アル・ケイブの死であり、わたしにより大きいショックを与えた死は二〇年三月に亡くなった同世代の同僚と友人の連れ合いの死だった。死者を個人的に知っている度合いだけ死は実存的な意味を持つ。それは当然だ。そして、グレーバーの死を知ったのは、一七歳の白人カイル・リッテンハウスがウィスコンシン州ケノーシャでブラック・ライヴズ・マターの警察暴力反対デモの参加者であるジョセフ・ローゼンバウム（三六歳）とアンソニー・ヒューバー（二六歳）を射殺した矢先であり、個人的に何も知らないまさに無名の大衆であるこの二人の男の死のほうがはるかに悲劇的で不正なものに感じられた。もちろん、これらの死のいずれかがより大事だと言っているのでは決してない。ただ、たまたま有名であるがゆえに、より多くの人たちがその死を追悼するという不平等な構造が、死者のあいだにさえ優劣を作り出す既存社会の倒錯性を反映し、そうした不公平な構造と包括的に闘った思想家の一人がその構造にとりこまれていく不条理を指摘しているだけだ。

したがって、グレーバーを「「知性のオプティミズム」を体現するもっとも偉大な現存する思想家」と呼んだのは誤解を招く表現だったかもしれない。それは吉本隆明がかつてミシェル・フーコーの死について「現存する世界最大の思想家の死であった」と評した言葉を模倣したものだが、吉本が「市井の片隅で生き死にする無数の大衆」と「千年に一度しかあらわれない巨匠」であるマルクスを等しい存在として対置する有名な箇所のほうがグレーバーにはふさわしく思える。

市井の片隅に生まれ、そだち、子を生み、生活し、老いて死ぬといった生涯をくりかえした無数の人物は、千年に一度しかこの世にあらわれない人物の価値とまったくおなじである（…）市井の片隅に生き死にした人物のほうが、判断の蓄積や、生涯にであったことの累積について、けっして単純でもなければ劣っているわけでもない。これは、じつはわたしたちがかんがえているよりもずっと怖ろしいことである。(2)

この「怖ろしさ」を理解しないで素どおりすればするだけ、わたしたちが口にするデモクラシー、平等、自由、連帯といった言葉はもちろん、アナキズムやラディカリズムやアガペーの言葉も無意味になってしまう。わたしはグレーバーを「千年に一度しかあらわれない巨匠」とは考えない。「巨匠」を作り出すのはわたしたちの諸勢力である。そうした大衆の創造力を全力で解き明かす作業に生涯を捧げた人物そして一生出会えなかった同志に対する恩義は、巨匠と大衆を本質的に反転させる異なった考え方と行動をわたしたちに求める。

グレーバーの著作を紹介してくれたピーター・ラインボーに上記の文章を英訳して送ると、彼からメールの返信があり、その一部にはこう書かれていた。

> デヴィッドについてあなたがF／S〔『福音と世界』〕に掲載した記事に感謝します。また読みますね。『負債論』は読みましたが、正直、それほど彼の著作には詳しくありません。わたしは彼によりプロレタリア的な階級闘争概念をいつも求めていました。つまり、「労働者階級はどうなんだ？」ということです。ときどきでいいから、彼が物事を底辺から見て、それがどう歴史的変化のダイナミズムを説明しているかを示してくれていれば、満足したでしょう。イギリス人がよく言うように、彼は「頭の良いガキ」でした。「頭が良すぎた」ようです。イアン〔・ボール――技術《テクニック》／技法とコモンズを専門とするアイリッシュ系アナキスト社会史家〕は明らかなことを指摘しました、彼は実物よりも印刷物のほうが優れていたと。

グレーバー自身も生前参加した、ニューヨークのアーティスト／アクティヴィスト集団「16ビーバー・ストリート」が主催するオンライン集会に招かれた際に、ピーターがグレーバーについて何か一言話してくれと頼まれて作成した文章がメールには添付されていた。

> デヴィッドは世界と未来が見える窓を開けてくれた。爽やかな風を窓の中に招き入れて、歴史のクモの巣とイエダニを吹き飛ばした。言説をひっくり返した。カネの言説や進歩の言説をひっくり返した。過去幾千年もさかのぼって、それをなんとかやってのけた。いつか彼が「底辺からの歴史」をやってくれないかとわたしは願っていた。
>
> スウェーデンからの友人は、海賊についてデヴィッドが書いたテキストを引用している。*Pourquoi ne considère-t-on pas Kondiaronk comme un important théoricien de la liberté humaine?*（「なぜコンディアロンクは人間の自由を扱う重要な理論家とみなされていないのか？」）確かにそうだ、でもコンディア

ロンクとはいったい何者か？　現在のミシガン州、とくに亀《タートル》の島《アイランド》〔先住民による北アメリカの名称〕の三大湖が合流するミチリマキナックに住んでいたヒューロン族の人びとの酋長だ。立っているところを掘れというアドバイスにしたがおう。化学物質で永久的に汚染されているヒューロン川沿いのミシガン州にわたしは住んでいる。フランスの総督が文明をもたらすと主張したとき、コンディアロンクは反論した。それはちがう、ヨーロッパ人は終わりのない不幸をもたらしたと答えた。

コンディアロンクがモントリオールで大和平条約を結んだあとの一七〇一年に亡くなると、「再胎動《リクイックニング》」という葬儀の一部が執り行われた。「胎動《クイックニング》」とは、もちろん、母親が妊娠を感じる段階のことだ。したがって、「再胎動《リクイックニング》」は人生の終わりに共同体《コミュニティ》を再生する何かを意味する。それは、涙を拭き去る、耳を澄ます、喉をとおらせるという三つの稀有な言葉あるいは概念から成り立っている。わたしたちの集会はそうした「再胎動《リクイックニング》」に似ている――ともに嘆き、お互いに耳を傾け、話し合っている。

デヴィッドは教えるのをやめない。

二〇二〇年九月

注

（１）デヴィッド・グレーバー『負債論――貨幣と暴力の５０００年』酒井隆史監訳、高祖岩三郎・佐々木夏子訳（以文社、二〇一六年）、一一三頁。

（２）『吉本隆明全集９　一九六四―一九六八』（晶文社、二〇一五年）、六六頁。

21 歩くということ

父は散歩がやたら好きだった。仕事一筋だった彼は「趣味」や「レジャー」にはぜんぜん関心がなかった。仕事で頭が疲れるとテレビや映画を観たが、何かをとりわけ真剣に観ているわけではなく、チャップリンや美空ひばり以外は芸能人や俳優の名前もほとんど知らなかった。物を書いたり、説教の準備をしたり、教会で常に起こる人間関係のトラブルや信者の悩みを解決したりするのに、時間と意識のほぼすべてを捧げていた。そうした集中力を極度に要する精神労働をしていると、空気でいっぱいになった風船みたいに緊張感や疲れがどうしてもたまってしまう。疲れたらすぐに休む、調子がおかしかったらすぐに自己点検する父は自身の限界を熟知していて、絶対にその限界のラインを超えなかった。身体や精神の飽和状態が近づくと、息抜きあるいは気分転換を忠実に実行した。それはときどき寝酒にスコッチをワンショットだけ飲む彼の習慣に見られるように、いつも節度をわきまえていた。散歩も同様に息抜きの役割を果たし、自己流の呼吸法そして足腰の柔軟体操と並んで行う運動だったが、これだけはよく度を超えた。

一人で散歩に出て一人で帰ってくるのが父の習慣だったので、じっさいにどういった散歩をしたかはわからない。別に単独での散歩にこだわってはいなかったし、わたしや母が同伴したいと願い出たならば快く受け入れただろうが、わたしも母もさほど散歩には関心がなかった。方向音痴の父は散歩の途中で迷子になったり、帰宅するまで数時間費やしたり、赤の他人に頼んで車や原付で家まで送ってもらったりすることがままあった。携帯電話を持ち歩くのがあたりまえのいまでは、迷子になるリスクを背負って出歩くのは想像しがたいかもしれない。だが、手ぶらで散歩する父にとってそれは日常茶飯事であり、決して楽しくなく、むしろ不安を激しく引き起こす不本意な「災難」だったに違いない。

父が助手席にいる車をわたしが運転している最中に道に迷い、お構いなしにドライブを続けていると、彼が血相を変えてそわそわし始め、できるだけ早く車を止めて人を探して道をたずねるよう忠告してきたことが一度あった。いつも冷静沈着で尊厳に満ちた父の動揺ぶりに驚いた。おそらく運転中に何度も道に迷った苦い経験を味わい、その「トラウマ」が動揺の背景にはあった。性格が実直で誠実そのものであり、「合理的」という言葉が口癖だった彼からすると、不合理に道に迷い、膨大な時間とエネルギーを消耗し神経をすり減らすのは相当なストレスだったのだろう。車の運転は特定の目的地に運んでくれる合理的な手段にすぎず、車で迷子になって生じる時間や距離のロスは散歩中で迷子になったロスより何十倍もダメージが大きい。

合理性を徹頭徹尾重んじた父は、その反面、散歩によってみずからの好奇心を思う存分解放し、合理的規律から逸脱した自由で自発的な世界を探検した。それは自由奔放に行われ、ある程度の迷いの代償を払ってでもやりがいのある数少ない、いや、おそらく唯一の彼の「遊び」だった。

九〇代になった父の体力は衰え自分だけで散歩に出るのもおっくうになり、母が運転する車で近所の公園に連れて行ってもらうのが日課になる。やがてそれもできなくなると、母やわたしに押された車椅子でアパートの野外廊下を一周したり、歩道を行ったり来たりした。

あるとき、南カリフォルニアならではのカラッとした暖かい天気の日に彼の車椅子を押して歩道に出ると、アパートの横にあるトランクルームの入り口をくぐって坂の上まで押してくれと指示された。坂の上には倉庫しかないと説明しても、どうしても見たいと父が譲らないので、上まで押していって彼の好奇心を満足させた。眼中に入ってくるあらゆる記号、建物、言葉、広告、なんであれ好奇心をそそるものがあれば、それを指さし「あれはどういう意味か」と訊いてきた。とくに意味はないのではと適当に答えても、「いや、何か意味が必ずある」と確信をもって食いさがる。いまから思うと、そうした態度は合理性を重んじ、神の意志を信じて疑わない彼らしい馬鹿正直な性格を反映していた。

父とは対照的に天邪鬼でひねくれ者のわたしの人生は、過剰にムダで不合理な行動を積み重ね迷走ばかりしている。高校生のときに友人と一緒に車を乗り回し、どれだけ迷子になっても絶対に道を確かめず頑なに迷い、朝方まで意味もなく走行したあげく、「まじカフカ的だね」とつぶやいてハンドルを握っている友人の苦笑を買った。ジョギングの際も、行きあたりばったり走っているあいだにどこにいるのかわからなくなり、仕方がなく道を訊くと途方もなく遠いところにいて、とっくに夕暮れがすぎた暗闇の中を長時間かけてとぼとぼ歩いて帰る徒労を性懲りもなく何度も繰り返してきた。別にわざとそうしようとしているつもりはないのに、いつも自然に迷子になってしまう。

ふり返るとそれは、幼い頃に神戸のポートピアで母とはぐれてしまい、何時間もかけて一人で歩いて中央区下山手通の家に帰った記憶と共振するところがある。芥川龍之介『トロッコ』に登場する主人公の子どもみたいに、遊ぶのに夢中になるあまりいつのまにか家からはるか遠いところに来てしまい、もう帰れないのではないかという底なしの不安に身を震わせながら家の方向に必死に足を動かす感覚。さすがに大人になるとそうした不安は減少したが、「ああ、この分だといつ帰宅できるかわからない」という徒労感は幾度となく経験した。それは残業を突然やらされる労働者のくたびれた悲哀と似ていなくもない。もちろん、わたしの場合、生活に強いられた徒労ではなく、余暇を使って勝手に選んだ徒労なので、いくら疲れても自業自得だ。そこには社会関係や制度の問題はない。自己の実存が、ただがむしゃらに意味もなく転んでかすり傷を負いながら地の果てを彷徨う亡霊の形骸になり果てているという幻想はあるが。

しかし、そうした実存的疲労をいくら経験しても、同じあやまちをどうしても繰り返してしまうのは、自分でも意識できていない、そうせざるをえない「何か」に突き動かされているからかもしれない。高校時代に学校をさぼりまくり、酒、タバコ、ドラッグに手を出し、あらゆる不純行為に憧れる「背徳者」を懸命に演じようとしたわたしに向かって母は一度こう言った。

「あなたには悪魔がとり憑いている」

母がスーパーの駐車場に車を停めていると、誰もいないはずの後部座席から声が聞こえてきた。彼女の息子にとり憑いているという悪魔が自己紹介してきたのだ。当時のわたしは母のコメントにどう反応していいかわからなかったが、少なくともあまりいい気持ちではなかった。それはそうだろう。実の親に真顔で「あなたに悪魔がとり憑いている」と言われてうれしがる人はいない。

だが「背徳者」を精一杯装う者にとってそれは「名誉の勲章」と受けとれなくもなかった。ボードレール『悪の華』の「サタンへの連禱」からローリング・ストーンズ「悪魔を憐む歌」にいたるまで、悪魔主義は権威的キリスト教の体制的価値観に楯突くメタファーとしてしばしば用いられてきた。父が日曜日の説教で「「サタン」の意味は反逆者である」と指摘するたびにわたしはサタンという存在に共感を禁じえず、背教的な気分になった。ボードレールを抄訳した金子光晴の詩「反対」が宣言する気概（「僕は少年の頃／学校に反対だった。／僕は、いままた／働くことに反対だ。（…）僕は信じる。反対こそ、人生で／唯一立派なことだと／反対こそ、生きていることだ」）はそっくりそのままわたしにあてはまると真剣に信じていた時期がある。未成年によくありがちな「反抗期」にわたしが陥っているのではないかと母が父に言うと、父は「クリスチャンに反抗期などない」ととり合わなかった。確かに父の意見には一理あったかもしれない。一生「反抗期」を貫けば、それはもう「反抗期」ではなく人格そのものに到達する「生き様」としか言いようがない。もちろん、父のコメントにはそうした意味がこめられていたわけではないが。

ボードレールは都会の散策を好んだ。あてもなく散歩するそうした遊歩者《フラヌール》を近代都市の詩人として、ヴァルター・ベンヤミンは再定義した。ベンヤミンは遊歩者《フラヌール》を都市資本主義の勃興期にあらわれる独特な疎外の兆候として見ている。いつもの道順に沿って通勤する労働者やブルジョアの規則正しい生活とは異なり、遊歩者はぶらぶらできる余暇と不労所得がある。彼は群衆に同一化せず、孤立した目線で都会のすみずみを観察し、見聞したものを思考、詩作、芸術の肥やしにする。ボードレールが具現化する遊歩者《フラヌール》は自身を大衆から徹底して区別し、日用の糧や金儲けといった「下劣な」有用性を追い求めるプロレタリアやブルジョアを蔑む。芸術の理想は何にも役立たない、商品化されえないことだというその立場は、目的や役割をすべて捨て去る遊歩の行為そのものに再現される。

こうした貴族趣味の近代主義的芸術観は、君主的封建制のもとでパトロンに仕えていたアーティストが資本主義の台頭によって一介の労働者のごとく路頭をさまよい始めていたにもかかわらず、封建制の残滓として生き延びたアーティスト・ギルドの特権意識に由来する。だが、労働市場や消費の流動から切り離された遊歩の幻想は、人工的に引き起こされたつかのまのものでしかなかった。いくらアーティストが商業から自由な超越的存在だとうそぶいてみても、遅かれ早かれ、美術市場で売買され資本家の財産として投資の対象にされる「商品」を作る「労働貴族」になり、資本主義社会において彼らの労働力の価値が決定されるという厳然たる事実にぶつかる。資本主義の引力圏から逃れようとする近代アーティストの衝動は共感を呼ぶ人間的なものだが、個人でそれがどうにかなり、自身が一般大衆よりも優れているという思いあがりは、その後の文化史全般を通じて致命的な盲点を作り出す。

ミシェル・フーコー研究を専門とするフレデリック・グロの『歩くことの思想』(*Marcher, une philosophie*)によると、ボードレールみたいな都会の遊歩者は、ジャン＝ジャック・ルソーやウィリアム・ワーズワースが代表する「偉大なロマン派」の散歩者とは著しく異なる存在である。後者は「永遠の放浪者」であり、「神秘的結合の儀式」という歩く行為を通じて「「本質」と交感し」、「「実在」と共にあるので、母性的「自然」の純粋な胸の中に身を丸めた」。他方、「都会の遊歩者は「本質」が満たされる所には姿をあらわさず、散乱する視覚的衝撃にただ身をゆだねる。遊歩者は結合の深淵の中で満たされ、火花のごとく連鎖する閃きの爆発の中で満たされる」[1]。

　山を歩いていると、確かに自然との一体感を経験し、心が穏やかになり、ある種の神秘的恍惚感にひたりやすくなる。山道の細部を知り尽くしている稀有な観察者でない限り、その道のりはだいたい同じく見え、どこで始まりどこで終わるかわからないまま、永劫回帰のごとく続く。そうした状態に心身ともに任せていると、やがて時空軸を認識する意識のタガがはずれ、ロマン派の言う「神秘的結合」に向かっていく。修験者や山伏が山籠りするのも、山がそうしたトランス状態のスイッチを入れるにはもってこいの場所だからだ。

　逆に都会を歩くと、人間が作り出した疎外や偶像や人工的交通の破片のあいだを縫うように進み、そうした断片の集積が怠慢に不連続にあらわれるなかで亀裂が急に走っているのを目にしたり、ときには慌ただしく、ときには寂しくもつれ合いながら行き交う情報網を否定するのでも肯定するのでもなく、無心に観察したりする。意味や目的もなくただただ歩く。妄想や記憶や欲望でせわしなく動いていた意識は、いつのまにかスピードを落として消えていく。

　臨済宗の禅僧廓庵師遠《かくあんしおん》が禅の境地を表現した十牛図の最後のイメージ「入鄽垂手《にってんすいしゅ》」では、修行を積んで悟りを開いた人が町に出ていく姿が描かれている。最終的には、どれほど崇高な境地に達しても、煩悩にまみれて修行する暇などない大衆が生き死にする町に行かねばならない。都会の散歩者の場合、彼また彼女は煩悩を抱えたまま、煩悩のまっただ中を歩く。そして、みずからを大衆から区別する妄想を投げ捨てるときにだけ解放は訪れる。

　父は遊歩してじっさい何を見いだしていたかはもう知るよしもないが、わたし自身が彼と同じく散歩好きであるのを最近発見した。確かに衝動に駆られて長い散歩をするのがいままでに何回もあった。それは気分転換に近所を軽く歩き回るというレベルのものではなく、どこに行く目的もなくふらっと出かけているうちにぐいぐいと何かに引っ張られるかのようにただひたすら歩き、いつのまにか見知らぬところにいってしまうという「偶発的な遠征」と形容したほうがふさわしい。数ヶ月に一度ぐらいの頻度でこうした無意味に長い散歩をすることに、何も疑問を抱いてこなかった。

それは「習慣」と呼ぶにはあまりにも突発的で実行回数が少なく、「趣味」や「レジャー」と呼ぶには、それこそ何かに「とり憑かれている」みたいな異常な熱気やしつこさに満ちあふれすぎていた。

こうした狂気じみた遊歩が偶然ではなく、自己の必然と何かしら関係があるとようやくわかったのは二〇二〇年一〇月二〇日だ。前日は午後から夜にかけて新宿でレンタルスペースを借りて、今年一度も対面していなかったゼミ生と交流会をやっているあいだ、アルコール度数五五度以上のバーボンの原酒をハイボール、ロック、そしてストレートで飲みまくった。その結果、帰りの電車に乗るために新宿駅の改札口を通過したあたりからプッツリと記憶が途絶えた。次に目覚めたときは翌朝になっていて、自宅のベッドに全裸で寝ていた。みっともない。ぶどう酒を飲みすぎて酔っぱらい全裸で眠りこけたノアみたいだ。飲みすぎた夜の翌日はたいてい鬱っぽくなる。自分が犯したあやまちを悔いているのではなく、アルコールの抑制作用のせいで生理的にそう感じるのだ。昼食のあと、少し散歩することにした。二日酔いの余韻と軽い鬱を払拭したかった。

杉並区の西荻窪駅の北側を一直線に走る北銀座通りを歩き始めた。見なれた風景がゆったりと懐かしい既視感を呼び起こすものに変わっていく。去年、ジョギング中に通りすぎた建物や公園や高速道路が、スローモーションで回転する記憶の走馬灯のごとく再びあらわれては消えていく。上井草球場跡、さくらの辻公園、石神井公園ふるさと文化館、関越自動車道。日常のスケジュールや義務の束縛から解き放たれた時間（それは社会性と断絶したという意味ではまさに「死者の時間」とみなしていいかもしれない）に突入しているかのようだ。公園やコンビニの便所で用を足す以外はどこにも立ち寄らないし、誰とも話さない。ノスタルジックな風景が未知の風景に切り替わる頃、がぜん体内のエンジンに火がつき、「前進あるのみ」という意気ごみで歩調を速める。もう自分がどこにいるのかさっぱりわからない。

あとで調べると、知らないうちに北から東の方向に向かって練馬区・土支田を歩いていた。驚いたのは、光が丘に入って目にした幅広い歩道の横に幾何学的に立ち並ぶ、無機質な団地で構成された人工都市の様相だった。路上には子連れの母親や老人しかおらず、あまりにもキレイに整頓され秩序正しい疎外感は郊外ディストピアをありありと見せつけていた。そこは、第二次世界大戦後、連合国軍が神風特攻隊の出撃基地だった飛行場を接収して建設したアメリカ空軍の家族宿舎「グランド・ハイツ」が一九七三年に返還され、その跡地を再開発した地域だ。三菱地所が建てた「光が丘パークタウン」はその再開発の旗印である不動産プロジェクトだが、アメリカの帝国主義的地形をとり返しても、結局は日本の巨大資本の餌食になってしまう構図が痛々しく寂しげに四方に広がっていた。

東京を散歩すると、だいたい一〇分ほど歩けば魔法にかかったみたいに景色が急に変わる。街路の遊歩によって資本主義の回路を切断し、新たな感覚や欲望を覚醒させる方法と過程を、フランスの革命的集団シチュアシオニストたちは「心理地理学」と名づけた。環八通りが川越街道と交差したあと、若木東トンネル付近で不思議な巨大物体が眼中に突然飛び込んでくると、わたしの意識にそうした心理地理学的変容が訪れてきた。それは淡いブルーの長方形の建造物で、遠くから見ると高層ビルではないかと一瞬錯覚したが、近づいてみてもビルにしては細すぎるし、そもそも入り口がない。しかも歩道橋の真横に屹立していて、後部には非常階段が設置されているので出入りできるが、どの側面にも標識や名前が何もない。異様すぎて戦慄した。歩道橋の向こう側には「リトルチャイナ」という名の庶民的なラーメン屋が対照的にあったせいか、*Big Trouble in Little China*（日本語題名『ゴーストハンターズ』）という一九八〇年代の荒唐無稽でオリエンタリズム満載のB級妖怪アクション映画を思い出し、この謎の建物が突然「未確認飛行物体」として飛び立っても、その中から宇宙人がぞろぞろ出てきても格別驚かない心境になっていた。帰宅後、必死に地図を検索すると、それは「北町若木換気所」だと判明した。東京都建設局の説明によると、「自動車の排気ガスを含むトンネル内の空気を設備内に引き込み、浮遊粒子状物質（SPM）を除去・低減した後に、地上45mの排気塔を介して、大気中に放出」する施設だ。

わたしにとって散歩の醍醐味は、少々大げさな言い方をすると、日常のありきたりな風景を本質的に異化し、無邪気な好奇心や冒険心を刺激し神秘や喜びに「聖変化」させる「恩寵」の体験である。おそらく父にとってもそうだったのではないかと思う。行為そのものがまったく無償であり、意図したからでもなく、一定の歩数や距離を蓄積したからでもなく、ただ単に無作為に歩くという「信仰義認」に身をゆだねるだけで可能になる恩寵。それは視覚だけではなく、味覚や身体感覚にも影響をおよぼす。

土支田を離れてから東に五キロ歩いて平和台に着くと、疲労回復のためにマクドナルドに入ってサイドメニューの野菜サラダと（スモールもミディアムも同じく一〇〇円と従業員に説明されたので）ミディアムサイズのコーヒーを注文した。座ったとたん、疲れきった下半身がなんとも言えない安堵感にひたされ、足を休めて座るという単純な所作に自分でもおかしくなるくらいの快感が押し寄せてきた。頭を垂れて、じっくりコーヒーの一滴、一滴を味わい、それが聖餐式のぶどう酒よりも深く力強く全身のすみずみまで沁みわたる。この平和台のマックにはもう一生来ないかもしれないが、どれだけ荘厳な教会堂や絶景の自然の中で集う聖徒の交わりよりも、こうした無味乾燥なファストフード店の片隅で感得した、プラスチック容器に無造作に入れられたキリストの肉である野菜とミドルサイズ一〇〇円のキリストの血であるコーヒーのほうが、神により近いところに導いてくれる気がした。カフェインを摂取しすぎて気持ち悪くなってきたわたしはあまったコーヒーを捨て、空っぽになったサラダ容器もゴミ箱に入れ、外に出て再び歩き出した。

それから二時間後、日が暮れた暗闇に囲まれとぼとぼ歩いたわたしはいつのまにか北区・赤羽に着いていた。理由もなく目的もなくたどり着いた赤羽で飲み屋にも入らず、すぐに駅に向かった。そして、電車が四〇分以上遅延し人数まばらなプラットホームに併設された椅子に放心状態で腰をかけた。遅延にようやく気づき、立ちあがり、階段を降り、新宿行きの埼京線に乗った。

身体の疲労に比例して意識が心地よく高揚し、二日酔いの残滓、ムダな思考や悩みといったよけいなものの何もかもがきれいさっぱり洗い落とされていた。

汝とただより近く歩くのを
イエスよ、ゆるしていただけませんか
親愛なる主よ、汝の近くで歩きさえできればわたしは満足です
わたしは弱いですが、汝は強い
イエスよ、すべてのあやまちからわたしを守ってください
親愛なる主よ、汝の近くで歩きさえできればわたしは満足です
「汝とただより近く歩く」（"Just a Closer Walk with Thee"）

二〇一〇年一〇月

注

（１）Frédéric Gros, *A Philosophy of Walking*, trans. John Howe (Verso, 2014), 180-181.

22　与野本町まで歩き、クリハラ・ヤスシと「二酔人反経綸問答」する

二〇二〇年一一月二七日、睡眠不足の体に鞭打って早起きし、四時間半かけて東京杉並区から埼玉の与野本町まで二四キロ歩いた。クリハラ・ヤスシが担当する遠隔授業でブラック・ライヴズ・マターの話をするためだ。ここ五週間、長い散歩をする習慣がすっかりついてしまい、遠くても和光市までしか歩かなかったので、徒歩でさらに北上するとどのような風景が目前で広がり、どういう気分になるか好奇心があった。

家を出る前に野菜スムージーを飲んだものの、時間が押していたので何も飲まず食わず用を足す以外はずっと歩き、三時間以上経つ頃には荒川と彩湖をまたぐ幸魂大橋をわたっていた。その直前にさしかかった風景は、巨大倉庫や機械や化学会社ビルが連なり、大型輸送トラックがよどみなく疾走するといういかにも工業都市の疎外が集約されていた。歩道には少数の老人がポツリポツリと寂しげに歩いていた。五感を圧倒する巨大な工業の塊と、その影の下でまばらな粉のように弱々しく歩く人間の姿のあまりにもアンバランスな組み合わせは、都会の本質を寓話化する幻覚に一瞬見えた。

そうした幻覚さながらの光景を通りすぎるやいなや、疲労と餓えと渇きがひしめき合い身体が異常に熱くなり、寒風吹き荒ぶ長さ約一・五キロの幸魂大橋の上からはるか下方に見える川と湖の水面に引き寄せられるという妄想でめまいが起こり、右側の道路をひっきりなしに突っ走るトラックがガードレールに衝突し、轢き殺されるのではないかという恐怖にかられた。しかし、いくら疲れていても、いくら被害妄想が断続的に

襲ってきても、立ち止まるわけにはいかない。地べたに腰をおろして一息ついたところで、ガス欠状態の身体はただ冷えこみ、時間をムダにするだけだ。仕方がなく、終わりの見えない橋の上ですべてを諦めてただひたすら歩いた。するとじょじょに不思議な高揚感が体中に充満してきた。あとでヤスシにこの変容体験を話すと、「それってまさにトランス状態ですね」と言われた。

ようやく橋を歩き終えると、無性に腹が減り、自販機で買った一〇〇円のオロナミンCでエネルギーを一時的に補給したが、ぜんぜん足りなかった。途中に見かけたファミレスやうどん屋のチェーン店に入ろうかと迷ったが、せっかく埼玉まで来たのだから、当地にしかない店に行きたかった。出発前にあらかじめ調べていた、埼玉大学の正門の向かい側にあるBE-PLANTというカフェだ。少し遠回りになるがギリギリ間に合いそうなので、足を速めて埼玉大の周りを大きく迂回してなんとかたどり着いた。授業まであと一時間半しかない。すぐにランチプレートを注文し、最初に持ってきてもらったブレンドコーヒーをすすると、苦くて温かい液体が身体中を満たした。そして、まるでわたしがそこに来るのが予知されていたような完璧なタイミングで、ボブ・ディランのアコギ・バージョンの「彼女に会ったら、よろしく伝えてくれ」（"If You See Her, Say Hello"）がＢＧＭに流れてきた。

彼女に会ったらよろしく伝えてくれ、彼女はタンジールにいるかもしれない
彼女は早春にここを離れ、そこに住んでいると聞いた
新しいことはあらわれたり消えたりするが、おれは元気だと伝えてくれ
おれが忘れたと彼女は思っているかもしれないが、そうじゃないとは言わないでくれ

多くの恋人がそうするようにおれたちは別れた
あの夜の彼女がどう去っていったかを思い返すと、いまでも震えが止まらない
おれたちの別れは心の奥にまでつき刺さったが
彼女はまだおれの中に生きている、決して別れて

いない

妻と離別した三四歳のディランがその時期の苦悩を結晶させた一九七五年の傑作アルバム『血の轍』には収録されなかったこの歌のバージョンは、九一年に『ブートレッグ・シリーズ第1〜3集』でようやく公式にリリースされた。一七歳で初めて聴いて以来、もっとも好きなディランの歌のひとつになった。アコギ版にはアルバム版にはない荒削りの切なさ、心血注がれた抒情感がある。そうした一般的にあまり知られていない思い出深い歌がこの瞬間に流されるという偶然の恩寵にわたしは驚き、涙ぐんだ。

ランチプレートの玄米、豆、鶏肉、惣菜、味噌汁は「この世にこれほどうまいものがあるのか」と疑うほど味覚を直球で刺激した。わたしは頭を空っぽにして一口一口を深く噛みしめた。二〇キロ以上休まずに歩いて本当に良かったと感謝の気持ちで胸がいっぱいになった。

だが、たった三〇分の恩寵の時間はカフェを出るとすぐに吹き飛ばされた。スマートフォンを持っていないので、iPodのグーグルマップに頼って道順を確かめてきたのだが、無料Wi-Fiにアクセスできないと定期的に自動更新される画面から道順が消え、果てはGPS機能さえ停止してしまう。住宅街に迷いこんでまもなくして、このわずらわしい不運に見舞われた。Wi-Fiに接続できるコンビニがどこにも見あたらず、冷や汗をかいてパニクった。授業まであと四〇分未満。どの方向に行っていいのかもわからない。しょうがなく猛ダッシュでコンビニを血眼になって探した。恩寵もへったくれもない。いま必要なのはコンビニだ、Wi-Fiだ、消費資本主義のおこぼれだ。

数ブロックを必死に走ると運よくローソンが見つかり、地図を更新してチェックすると案外正しい方向に向かっているのがわかり、ジョギングするペースで最終目的地の方に駆け出した。たどり着いたアパートは以前来たような、来てないような感じで、おそるおそるインターフォンを押すと、ヤスシの声が聞こえてきて胸をなでおろした。

走って体温がだいぶ上がり、張りつめていた緊張感が突然解けたせいか、玄関でわたしを温かく迎えてくれたヤスシと彼のパートナーのチホさんに向かってわたしは「西荻から二四キロ歩いてきた」としか繰り返し言えなかった。二人は驚愕し、ヤスシは笑いながら「何をしているんですか、いやあ、あらかじめ聞かないで良かった」とつぶやいた。確かになんでこんな非生産的でばかげた行為を時間の余裕がない日にわざわざやったのか自分でも説明がつかなかった。

オンライン授業ではブラック・ライヴズ・マター運動について話した。正直、スクリーン越しに講義をするのは好きではない。ズームだと、聞き手の反応もわからないし、即興で質問したり話をふったりして対話をもりあげるのは至難のわざだ。相手の体感や情動を直接感じない。テーブルに飛びあがったり、黒板／ホワイトボードを叩いたり、とにかく自分が誰なのかも忘れるぐらい没頭する話し方をする者にとっては、不得意なコミュニケーション手段だ。

それでもなんとか授業が無事終わると、ヤスシが注いでくれたキンキンに冷えたビールで乾杯した。ひさしぶりに飲んだビールは、砂漠を放浪した果てに到着したオアシスから汲んだ命の水みたいな味がした。チホさんが次々と出してくるヘルシーでうまい手料理の品々に舌鼓を打ち、ヤスシが山形からわざわざ買ってきた美酒に酔いしれる。話に花が咲き、笑いが絶えない。いつのまにか夜更けになっていた。まるで竜宮にいるみたいだ。「お先に」とチホさんが挨拶して寝床についたあとも、ヤスシとわたしはビールを飲みながら、語り合った。

『アミスタッド号の亡霊』(*Ghosts of Amistad*) という二〇一四年のドキュメンタリー映画についてわたしはしゃべっていた。

「一八三九年にアミスタッド号で叛乱した奴隷たちの足跡をマーカス・レディカーがシエラレオネでたどるという内容のドキュメンタリーがユーチューブで最近公開されていて、これはしめたとすぐに流して観た。というのはレディカーは長年の知り合いで尊敬する歴史家だし、しかも監督はペンシルバニア州ピッツバーグの労働者の生活を記録してきた映像作家トニー・ブーバだ。何年も前から観たかったたんだよね。でも、正直、期待はずれというか、なんだこれっていう場面が幾つかあって戸惑った」

「レディカーって海賊の歴史家ですよね。『原子力都市と海賊』というブログを書いている矢部（史郎）さんやピーター・ランボーン・ウィルソンの『海賊ユートピア』を訳した菰田（真介）くんと一緒に海賊研究会をやっていたときに知りました。最近も『奴隷船の歴史』を読もうと考えていたんですけど、本の値段が高くて迷っていました」

「歴史《ヒストリー》の語源ってもともと「物語《ストーリー》」じゃん。そうした物語性を巧みに回復させたという意味ではレディカーは読み応えがあるし、奴隷や海賊や船乗りといった労働者階級や無法者の主体を活性化したとても優れた歴史家なんだけど、この映画ではそうした奴隷たちがどこからやってきて地元でどう記憶されているかを探ろうとしているにもかかわらず、結局は地元のアフリカ人に信頼されていない白人の研究者があぁだこうだ言っている話になっている。異なった言語を話す異なった部族の人たちが奴隷船に積まれているのに、彼らはどうやって協力し合って叛乱を企てたのかとレディカーがアフリカ人の歴史家に訊く場面があって、そこで前提自体がまちがっていると反論されるんだ。異なった部族でも下層階級のあいだでは共通の言語があったし、共通の秘密結社に属してそれに忠誠を誓っていたと説明されるのだけど、レディカーは「ぼくが言いたいのはまさにそれだ、彼らが協力し合ったということだ」とごまかす。そして訪問した村の人に「復讐のために、叛乱した奴隷の話を集めに来たのではないですよね」と問われる。つまり、白人を殺した奴隷の末裔を告発しに来たのではないかと疑われているんだ。それを観て、ああ、レディカーたちは白人の侵略者みたいに、住民の信頼を得ずに突然乗りこんでいったんだなってわかった。現在のシエラレオネの草の根運動や民衆闘争に連帯もせず、地元の研究者や住民の話を中心にするのでもなく、アミスタッド号について自分が書いた本をかざし、同行者の白人研究者とともに村々で長老や住民の話を聞いて回り、結局は「アミスタッド号の記憶が多くの場合残っていないのは嘆かわしい」とコメントする。民衆史家として嘆かわしいのはてめえだよって、ふと思ってしまったのだけど、言いすぎかな」

「いや、そういうのってよくありますよ。反権力であるはずの左翼が権威的になったり、こんなしゃべりかたやふるまいかたが気にくわないからと糾弾したり、ただ群衆をかき集めてきびしくデモのやり方を規制したり、同じシュプレヒコールを叫ばさせたりするのって。じつは、ブラジルのポルト・アレグレで開催された世界社会フォーラムに行ったときに、そうした場面に出くわしてめんくらいました。「もうひとつの世界は可能だ」(another world is possible)というフレーズをみんな連呼して、ぼくもそこに意味もわからず参加していたんですけど、あとから考えるとあれってまるでファシズムだなという感じがして。

むしろ、ブラジル行きの飛行機で横に座っていたアメリカ人の少年とトランプでスピードをやったのが面白かった。彼はすさまじく強くて、何回やっても勝てないんですよ。あまりにも熱中しているぼくを心配した同行者のナカタくんに「クリハラさん、だいじょうぶですか?」と訊かれたけど、「絶対勝ってやる」とぼくはやり続ける。スピードの合間にみぶりそぶりでなぜブラジルに行くんだと少年にたずねると、「伝道者になる勉強をしに行きます。イエス・キリストの福音に興味はありますか?」と逆に訊かれたので大きく首を横にふって「ノー・サンキュー!」と答えました。すると今度は彼のほうから「なぜブラジルに行くのか?」と問われて、「ワールド・ソーシャル・フォーラム。ファック・キャピタリズム、ファック・ザ・ステート、ファック・ザ・ポリス! 興味はあるか?」というぼくの返事に対し、彼もまた大きく首を横にふって「ノー・サンキュー!」と返してくる。そして何もなかったかのようにスピードを再開しました」

「それってめちゃくちゃいい話だよね。日常にあふれる本当のコミュニズムは活動家の大集会にあるのではなく、むしろ保守的な伝道者の卵との他愛ないトランプ遊びにこそあるって。

レディカーみたいにいくら良いものを書いたりしゃべったりしても、日常の所作やふるまいでそうした思想の真贋というかあり方が問われるよね。去年来日した彼の講演を聞きに行ったら、その内容はメルヴィルと船乗りを扱っていて、不必要に難解な用語とか理論をいっさい使わない、いつもながらとても面白くてわかりやすいトークだった。でも、彼が周囲の人たちにおれを紹介する際に「マニュエルの師匠はわたしと『多頭のヒドラ』を執筆したピーター・ラインボーで、ピーターはわたしの兄弟みたいなものだから、マニュエルはわたしの「甥」にあたる」って言うんだ。ピーターには「友人」や「同志」として紹介されてきたから、こんな微妙に家父長的な発言しねえなと苦笑したんだけど、こういうちょっとした仕草にその人の政治的態度や生き方が自ずから投影されてしまう。

レディカーはエージェントを雇って、世界各地で自身を中心とするシンポジウムを開いたり、ルーブル美術館で講演したり、自身の著作を劇画化したり児童書にしたりする企画に精を出していて、それはそれでもちろん悪くないけど、彼が選んだキャリアの道ははっきりしている。

ピーターはそれと非常に対照的で、同じ大学教員とはいえ、キャリアじゃなくて運動を優先したり、研究でも、マーカス以上にあっと言わせるようなすごい第一次資料をたくさん発掘し独創的な解釈を打ち出したりしていて、単にラディカルな歴史物語として面白く読ませるものを書くのではなく、細部にいたるまで歴史そのものの見方、思想や革命や階級闘争の根本的意想に食いこんでくる。ラインボーとレディカーの両者のもとで学んだ若手研究者も同様のコメントをしていたから、これはあながちおれだけの偏見ではないと思う。こうした先達の生き方をはたから見ていると、おれ自身はまともにやっているかなってたまに考えこむんだけどね。ぜんぜんできてないから。

院生時代に理論武装した修士論文の書き出しをピーターに読んでもらうと、「君はしょっぱなから「おれはマルクス主義者だぜ」ってオートバイのエンジンをヴルーン、ヴルーンって吹かしているよね」とジョークを交えて言ってくれて、ああ、どうでもいいアカデミズムの書き方に毒されちまったかなって真剣に反省したよ。

学部生のときからいわゆる「理論」を読むのは好きだったけど、それが自身の実存的経験や現場の運動体験に裏づけられていないと、内輪にしか通用しないクソ役立たない秘教的言説になっちまう。そんな理論なんて焼き捨てたほうがいい。禅宗の「教外別伝《きょうげべつでん》、不《ふ》立文字《りゅうもんじ》」はまさにそのとおりで、理論武装じゃなくて、理論解除して、自分しか使えない言葉で経験の核心に迫るのが必要だ。経験ほど根源的《ラディカル》なものはないよ」

「ぼくもそれはよくわかります。大学院生の頃、入江（公康）さんといっしょに学生の奨学金給付制度と滞納者のブラックリスト化についてパネルを組んで話したイベントがありました。めちゃくちゃ理論武装して学術的に通用する発表を準備したんです。ところが、入江さんは何も準備した様子もなくその場で即興に話している感じでびっくりしたんですが、飲み会で白石（嘉治）さんに意外なことを言われました。いつも激励しかしない白石さんが「クリハラさんの発表はだめでしたね。入江さんの話し方は良かったけど、クリハラさんは自分の話し方が良かったと思いますか」と訊いてくるんです。ぼくの発表は給付制度をぶち壊して「学生に賃金を」を無条件に要求するというラディカルな内容だったのですが、説明の仕方や話し方がアカデミックに終始していて、そういったスタイルそのものもぶっ壊さなければならなかった。じつは院生の駆け出しの時期は先輩にかなりしごかれて、毎週本を読んで発表させられ、雑談で少しでもお茶を濁そうとするとすぐ「クリハラくん、もういいよ」と止められて大変でした。白石さんの助言はそうやって身につけたアカデミックな素養を壊すきっかけになったんです」

「やっちゃんにとっては文章の書き方にもそうした分岐点があったよね。学術的文体で博士論文に専念するか、自分の書きたい文体で大杉栄について書くかという」

「じつはその選択を迫られたのは同じ日でした。ぼくの博論をめぐるいざこざがあって、そこで引き受けてくれる教員がいて、じぶんのところで一年くらい辛抱したら博論を出せるようにするからどうかって言ってくれました。とてもありがたい提案だったんですが、その夜に夜光社の編集者と会って「好きなように書いていいから、うちから大杉栄伝を出さないか」と打診されて、これでいくしかないと即断しました」

「そうした実存的な選択を迫られる瞬間は誰の人生にもあって、そうした一か八かのときに自身がやってきたこと、やりたいことが問われるんだよね。E・P・トムスンはそれを「経験」と「欲望」というキーワードで説明していて、彼も運動をするときは運動だけにコミットし、研究のときは研究だけに打ちこみ、二つを中途半端に決して混同しなかった。弟子のピーターもそうした生き方を貫き、ときにはトムスンと対立したりして、異なった政治的選択をするんだけど、根本的な信頼はいつもあった。

それに比べると、正直、おれはぜんぜん中途半端でちゃらんぽらんな生き方しかしてない。ああ、だらしないマザーファッカーになっちまったのもおれが生きてきた歴史的経験の限界かなって開きなおるのだけど、どこかで、これじゃだめだ、自分を超えた存在や力の動きに身をまかせて逆説的に自己の主体を奪還しなければならないと柄にもなく真剣に考えたりする。信仰と同じで、それは単に求めるだけで実現できるものじゃない。経験と欲望の狭間で立ち止まりながら自分なりに考えて、闘うしかないのかな」

「開きなおるのって意外に大事ですよ。それがどんなに良くても、自由や解放を目指していても、これをやらなきゃって思ってやったら、結局は自分を束縛する足かせを作っているだけで、逆に不自由で息苦しくなったりする。アナキズムは統治しない、支配しないということですが、絶対にアナキスト的にふるまわないといけない、規範を破るのが規範になったら、それこそ本末転倒で、ある種の奴隷化になります。解放というのは一回きりのものではなく、たえまなくやるものではないでしょうか。不自由を感じたらぱっとやめるみたいに」

かなり酩酊していたわたしは、ヤスシの顔をまじまじと見つめた。過激でぶっ飛んだ文章を書いたり、講演で突然奇声をあげたり長渕剛の歌を熱唱したりするが、サシで会うといつも柔和で優しく落ち着いている。友人の小説家ハヤスケ・ヨーコは彼をこう的確に評している。「いつも黙って、コツコツとお酒を飲んでいらっしゃる、道端のお地蔵さんのような、ありがたいようなお方である」(1)。お地蔵さんのやっちゃんは、彼の赤裸々な私生活のすみずみまで知り尽くしているチホさんとついぞケンカしたことがない。

ヤスシみたいな人間が存在しているという事実も不思議だが、わたしたちの友情も同じく不思議だ。同じ地域や学校の出身ではないし、学界や出版業界のつながりで知り合ったわけでもない。運動がらみの関係でもない。それは彼だけではなく、日本にいる数少ない本当の意味での「友だち」にもあてはまる。仕事や学校や組織とは無縁につながっているわたしたちの無償の友情をどう位置づけ定義すればいいのか。そうした稀有な友人の一人であるナカタ・ノリヒトに一度たずねた。すると彼は躊躇せずに即答した。

「マニュエル、友人という関係は考え方や趣味や活動が同じだから成り立つものじゃないよね。最終的には、ただ近くにいてじゅわっと気持ち良く感じて、居心地がいい人としか言えないんじゃない」

確かにそうだ。ヤスシが友人なのも、近くにいてじゅわっと気持ち良いからだ。それ以上でもそれ以下でもない。いつかは、遅かれ早かれ、帰らぬ人となるわたしたちは永遠の暗闇から理由もなく出てきて、偶然出会い、ひとときをすごし、再び永遠の暗闇に理由もなく戻っていく。そこに究極的な意味をいくら求めても、そんなものはない。

酒と疲労で意識が混濁してきたわたしは、何を考えているかわからなくなってきた。それを察したのかヤスシは別れを告げて寝室に行き、わたしはチホさんが敷いてくれた布団の上で泥のように眠りこけた。

二〇二〇年一一月

注

（1）早助よう子「解説 あの頃の栗原さん」、栗原康『はたらかないで、たらふく食べたい――「生の負債からの解放宣言」増補版』（筑摩書房、二〇二一年）、二七三頁。

23
多頭のヒドラの腹の中で

悔い改めなければ滅亡するという預言をニネベの人びとに伝えてこい、と神に命令されたヨナは拒んで逃げる。なぜ神からの使命を果たすのがいやだったかをヨナ書は説明していない。だが想像はつく。預言者は、社会の法と秩序が根っからの悪であると告発するラディカルな批判者だ。罵倒を浴びせられ、身に危険がおよぶかもしれない。最悪の場合、捕らえられて拷問を受けたり処刑されたりする。そんなたいそうなリスクを冒すのはまっぴらごめんだ。ヨナの心境は、おおよそそのようなものだっただろう。

そして、神から逃亡したヨナは船に乗りこむが、寝ているあいだに大嵐がやってくる。船が転覆するのを恐れた船乗りたちはそれぞれの神々に祈り始め、ヨナを起こしに行く。

「おい、やばいことになってるぜ、お前も自分の神さまに祈りな」

嵐がおさまる気配がないので、誰のせいで起こっているかを突き止めるためにクジを引くと、案の定ヨナにあたる。

「いったいぜんたいお前は何をしたんだ？　どうすりゃいいんだ？」

ヨナは一部始終を説明し、自分を海に投げ入れろと指図する。しかし、船乗りたちはためらい、そんな恐ろしいことはできないと答える。このやりとりはとても重要だ。神の怒りを買った異邦人でも、みずからの安全のために犠牲にするわけにはいかないという労働者の道徳的連帯意識がそこには明白にあらわれている。しかし、ヨナは断固として譲らないので、船乗りたちは仕方なく彼を海に投げ入れる。

だが、ヨナは溺れない。「巨大な魚」に呑みこまれ、その腹の中で三日三晩すごす。自然の摂理にしたがえば、消化されて魚のクソになるのが関の山だが、ヨナ書は事実ではなく寓話なのでそうした面倒な問題は起きない。

結局、ヨナは神からの使命を受け入れ、ニネベに赴き「悔い改めないと滅亡するぞ」と脅しをかける。すると、住民は警告にしたがい言動を改め、破滅を免れる。しかし、へそ曲がりのヨナは気に食わない。わざわざ勇気を出して一席ぶったのに預言が成就されず何も起こらなければ、まるで自分が嘘つきみたいだ。カッコ悪すぎて話にならない。

「こんな恥ずかしい思いをさせるんだったら、いっそおれを殺せよ」とヨナは神に迫り、ほったて小屋をニネベの端に建ててその日陰で様子を見る。だが、昼間は死ぬほど暑い。しかも熱風が東からガンガン吹いてくる。さいわい、小屋の横に生えているトウゴマの葉っぱが日陰になってくれたが、それも突然枯れてしまう。

「おい、神よ、ふざけるのもいい加減にしろよ！　クソ暑くて死にそうなのに、唯一おれが憩いにしてたトウゴマもとり去りやがって。ろくでなし！　いっそ、おれを殺しやがれ！」

思いどおりにいかないと、やたら殺せ殺せと泣きわめくヨナを神は静かにたしなめる。

「トウゴマごときがなくなってお前はガタガタ言うが、それと比べものにならないたくさんの人たちが住むニネベが滅ぼされなかったとつべこべ言うのは、マジしょうもねえぞ」

ヨナは聖書でわたしがもっとも共感できる預言者だ。重い責任からはトンズラするし、ちょっとでも思いどおりにいかないと身勝手にふてくされる。権力の不正にまっこうから立ち向かう預言者のイメージからかけ離れたどうしようもないこの腰抜けの天邪鬼は、しかし、結局神から逃げきれない。見当違いな不平は漏らすし、自己中な駄々はこねるが、なんだかんだ言って預言はやって、不満と懐疑の渦中から神と対話する。

ヨナの物語を隠喩に用いた二〇世紀の作家、修道士、革命家、歴史家の議論や交流をもとに、『ニネベに向かって』あるいは『鯨の腹の狭間で』といったタイトルで練った博論の腹案が、結局、ものにはできなかったのはなぜかとときどき自問自答する。そうするたびに返ってくる答えは同じだ。ただでさえ壮大なテーマを連想ゲームみたいにどんどん膨らませ、最終的には論点や趣旨がわからないほどカオスになってしまった「怪物的」構想をどう形にしていいかわからず、ましてやそれを二次元の文章という「パンドラの箱」に閉じこめる力量は二〇代の終わりから三〇代の初めにさしかかっていたわたしにはなかったし、そうした力量を身につけるだけの努力を惜しまない決心もなかった。そして、この構想が単に面白い事例や人物をかき集めたものではなく、自分自身が直面していた実存的問題に対する答えを真剣に模索する作業だったことも執筆を滞らせた。

わたしが手解きを受けた歴史学の分野では、一人称で語るのは長年御法度にされていて、いまでもそうした主観性を排除する姿勢を貫こうとする研究者がいる。歴史家は「実証性」と「客観性」という仮面を常に被っていなければならない。だが、歴史学の解釈の変遷をじっさいにたどると、その時代の権力や諸勢力に左右され、多くの場合「客観性」は支配的イデオロギーの隠語として明白に機能している。つまり、レオポルト・フォン・ランケが歴史学の教条として提唱した「じっさい起きたままに」という考え方そのものが不誠実きわまりない。「じっさい起きた」何かを実証するだけではなく、「じっさい起きた」何かのどれを記録しどれを記録しないか、「じっさい起きた」何かは誰によって引き起こされ、その意義は何であり他の「じっさい起きた」こととどう関係しているかという一連の基本的な問いに答えるには、歴史家自身の価値観、偏見、立場、経験に依拠せざるをえない。

わたしが大学生の頃、こうした古くさい「客観主義」の立場は集中攻撃を受け、「事実なるものはなく、あるのはただ解釈のみ」というニーチェの宣言にならい、客観性の存在を否定し歴史は恣意的に構築されるというポストモダン／ポスト構造主義的な考え方がはやっていた。しかし、相対主義を絶対化するこうした言説もまた特定の時代の産物だ。一九六〇〜七〇年代の反体制運動が下火になりその一部がアカデミズムにとりこまれ、労資間の権力関係や経済的価値形成の源が明確である産業資本主義が金融資本主義に移行すると、産業空洞化や擬制資本の支配によってそうした権力関係と価値形成が無化されてしまい、文化がアイデンティティの拠り所になり、主体性が曖昧な時代が到来する。地に足のつかない人文学の言語ゲームは、そうした時代の精神を反映していた。

勇み足で近代性に終止符を打ち、大げさな抽象的レトリックをふりかざしたあげく、何もしない静寂主義を正当化するこうした言説には惹かれる部分もあったが、わたしにもっとも衝撃を与えたのは自律マルキスト経済学者ハリー・クリーヴァーの言葉だった。他の教員が担当する「ポストモダニズムとモダニズム」の授業に突然代行であらわれ、自己紹介もせずに教科書であるデヴィッド・ハーヴェイ『ポストモダニティの条件』をこてんぱんに批判したのだ。大胆で鮮やかな分析をよどみなく理知的に述べる彼の語り口にたちまち魅了された。自分が探していたものはこれだといぅ確信が全身に満ちあふれた。いまから思うとあれはある種の回心だった。

それから四年にわたって、ハリーの授業やゼミに幾度となくもぐった。政治に無関心だったわたしは彼が支援していたメキシコ先住民のサパティスタ闘争に出会って革命の必然性を信じ始め、階級闘争のレンズを通じて資本主義を批判的に分析する独特なマルキシズムのイロハを学んだ。マルキシスト歴史学の泰斗E・P・トムスンとその弟子ピーター・ラインボーの著作もクリーヴァーのゼミで初めて読んだ。

イギリスの新左翼《ニューレフト》が鬨の声をあげた一九六〇年の論集『無関心からの脱却』(*Out of Apathy*)[1]を編集したトムスンはその主要論文「鯨の外に」で、冷戦構造の圧力に屈して転向した詩人W・H・オーデンをとりあげ、保守化をうながし権力に迎合する政治的無関心に全力で反撃している。トムスンがとりわけ槍玉にあげるのは、ちょうど二〇年前の四〇年にジョージ・オーウェルが書いた「鯨の腹の中で」という文章だ。四〇年当時、トムスンは一六歳、翌年には兄フランクにならって入隊しイタリアの戦地に赴く。オーウェルも第二次世界大戦をファシズムに対抗する人民戦争だと見なしてイギリスの参戦を支持したが、「鯨の腹の中で」は自身が義勇兵として参加し負傷したスペイン内戦の経験をふり返り、文学と政治の関係を論じている。人を殺した経験もなく人が殺される光景も見たことのないオーデンをはじめとする左翼文学者がスペインにおける人民戦線への連帯をやすやすと呼びかけ、スターリン主義的殺戮を正当化する姿勢にオーウェルは批判を浴びせた。

　除隊後に進学したケンブリッジ大学で共産党員になり、ソ連によるハンガリー革命の弾圧を機に五六年に離党するまでイギリス共産党の活動家だったトムスンは、オーウェルのスターリン主義批判は立派だったと認めるものの、政治にコミットした同世代の左翼文学者をひっくるめて断罪する論調に異をとなえる。共産党の権威主義によってねじ曲げられたにせよ、ファシズムという圧政と闘う民衆に連帯した知識人の果敢で公正な政治的行動そのものは正しかったし、冷戦期の西側諸国で支配的になるシニシズムと無関心のイデオロギーを打ち壊すうえで正当に評価されるべきだ。そういった意味では、三〇年代に政治にコミットした作家たちに対してオーウェルが「現代のヨナ」として肯定的に扱うヘンリー・ミラーなんぞは、冷戦権力を補完するオーデンの転向と紙一重だとトムスンは反駁する。

　執筆されてから三〇年以上経ったあとにトムスンの文章を読んだわたしは、その色褪せない挑発的で力強いポレミックに鼓舞されたし、風刺の効いた巧みなレトリックや詩的表現が散りばめられた名文に舌を巻いた。だが、どうしても納得がいかなかったのはミラーに関するくだりだ。わたしは一四歳でミラーを発見して以来、彼の著作を端から端まで読破し、伝記や評伝もひととおり読むほど彼に憧れて、思春期のあいだ「現代のヘンリー・ミラー」になりたいと熱望していた。したがって、アメリカ帝国主義とわたり合ったフィリピン独立運動の指導者エミリオ・アギナルドや、人種／ジェンダー／職種関係なしにすべての労働者を組織し資本主義の打倒を目指した革命的労働組合ＩＷＷやアナキストのエマ・ゴールドマンをミラーが尊敬していたのも、人間を金儲けの機械や道具としてしか扱わない資本主義文明だけではなく、先住民を虐殺したアメリカの国家暴力も『南回帰線』や『冷房装置の悪夢』で糾弾していたのも知っていた。じっさい、冷戦末期にわたしがアナキズムに関心を寄せ、ゴールドマンの自伝やクロポトキンの『相互扶助論』を読むきっかけを作ってくれたのはミラーだった。政治には徹底して無関心だったかもしれないが、その無関心の核には反権威的ラディカリズムの確固とした信念があり、英国国教会その他聖公会の連合であるアングリカン・コミュニオンに戻ったオーデンの無関心とは似て非なるものだ。

一九九八年にわたしはオハイオ州トレドに移住し、トムスンに師事したピーター・ラインボーの弟子になった。ピーターと親しくなるうちに「鯨の外に」でトムスンがミラーを誤読していることを彼に話したり、『冷房装置の悪夢』を勧めたりした。するとじっさいピーターが『マグナ・カルタ宣言』(*The Magna Carta Manifesto*)で『冷房装置の悪夢』を引用し、さらにはわたしが訳した吉本隆明の詩の抜粋をエピグラムに使ったのでびっくりした。学生に対して嘘くさい平等な態度を決してとらなかったが、若手の研究者や活動家から学ぶ彼の素直な姿勢にはいつも脱帽した。

わたしがトレドに住み始めた最初の年に、マーカス・レディカーと共著で書きあげた『多頭のヒドラ』の初稿をピーターからわたされ、ミドルセックス通りの彼の自宅に毎週集まって輪読した共同作業は、歴史学の実践をわたしに叩きこんだ原体験だ。ピーターが院生時代に、トムスンも同じように原稿を自身の学生にわたしてコメントを求めたという話をのちにゼミで聞いた。

「歴史を研究するのは、どこに生えていくかわからない木の枝先の上に座っているようなものだと感じた」とピーターは述懐していた。

一七世紀から一八世紀末のあいだ、英語圏の支配階級は蜂起する奴隷、見習い職人、女性、異端者などを総じて怪物にたとえて、ギリシャ神話のヘラクレスが倒した「多頭のヒドラ」と呼んだ。このメタファーをひっくり返し、民衆の観点から「一国史観」に抗う新しい環大西洋民衆史を切り拓くピーターとマーカスの原稿を読んで、まさに未踏の世界に踏みこんでいるという興奮があった。そして、『多頭のヒドラ』が出版された二〇〇〇年にアメリカでもりあがっていた反グローバリゼーション運動の政治集会やデモに参加し、歴史を書く行為と歴史を作る行為のあいだに切っても切れない関係があることを思い知らされた。やはり二〇〇〇年にハリー・クリーヴァーの『資本論を政治的に読む』の第二版が出版されたのも、歴史をさかなでする（ヴァルター・ベンヤミン）わたしたちの闘争のしるしに見えた。ワーカーズ・コレクティブとして運営されているアナキスト出版社 AK Press と Anti/Theses の協力のもとで、初版の出版から二一年後に再び日の目を見た『資本論を政治的に読む』の装丁はまっ黒で、サイズもコンパクトでカッコ良かった。新版を書店で目にしたピーターは「小さくてポケットに入るぜ」とうれしそうにつぶやいていた。

ピーターとハリーは一九七〇年代にアメリカ東部でゼロワーク・コレクティブという反資本主義グループの同志だった。二号だけ機関誌を発刊して短期間で消滅した組織だが、いまだに一部の若いラディカルな活動家のあいだで読まれたり参照されたりしている。その理由のひとつは、前衛主義や政治政党とはきっぱりと袂をわかつあらゆる階級闘争を究明し、賃金／未払い労働を押しつけてくる資本主義（一般に言われる社会主義国家もそこには含まれる）を徹底的に破壊する戦略を練る、妥協を許さない立場にある。同時期にイタリアの議会外左翼が展開していたオペライズモやアウトノミアのさまざまな理論的視座だけではなく、こうしたイタリアの議論にも影響を与えたデトロイトの独立派マルキシズムや、トムスンを筆頭とするイギリスのラディカルな社会史の観点を批判的にとり入れたゼロワークの活動や分析をクリーヴァーを通じて知ったのも、寒さを苦手とするわたしが毎年雪の積もるアメリカ中西部に引っ越す決意の要因になった。

ゼロワーク時代のハリーやピーターが現在のわたしよりひと回り若い三〇代だった事実に驚きを禁じえない。大学院生のピーターがイギリスに渡航した際に、彼に向かって「君の年頃にはすでにウィリアム・モリスの評伝を出していたよ」と述べたトムスンが「鯨の外に」を執筆したのは、共産党を離れて社会主義的ヒューマニズム雑誌『ニュー・リーズナー』（*The New Reasoner*）を創刊してからすでに四年経っていた三六歳。それに比べ三六歳当時のわたしは無職で、活動や発言の場はおろか、誇りを持って世に問えるまとまった研究や仕事の業績もなかった。この差は何から来るのか。単に世代的違いのせいにはできない。同世代あるいは下の世代でも目を見張る活躍をしている人はたくさんいるし、年上の世代でも自身の能力を発揮できずにくすぶり停滞している人は無数にいる。結局はわたしたちそれぞれが投げこまれた状況をどう受け止めどう行動するかによって、トムスンの言う「選択と呼ばれる場所」は決定される。

わたしの場合、運動にコミットするという揺るがない信念を持つトムスン、クリーヴァー、ラインボーたちのように生きるのはとうてい無理だ。責任や困難から逃げ去り、神に恨みつらみをぶちまけるヨナの生き方をどうしても選んでしまう。恵まれた環境で生まれ育ち、努力もせずに大学、大学院に進学し、研究者や教育者として劣等生なのに、なぜか大学で常勤の仕事についている。不思議でならない。ひとえにわたしを助けてくれた人たちのおかげなのは言うまでもないが、あまりにも受動的に物事が進み制度の中に組みこまれていく状況に対して、「これでいいのか」としばしば自問自答する。コロナ禍という歴史的に異常な時間軸が続く中ではとりわけそうした機会が増えた。

オーウェルがミラーを「現代のヨナ」と名づけた理由は、ミラーが政治に関わって世界を変えたいという意志を持っておらず、『北回帰線』で描いているルンペンプロレタリアート的日常の欲望と現実という「鯨の腹の中」を居心地の良い場所と認識しているように見えたからだ。やがてミラーはその日暮らしの生活から這い出て、売れることにおもねらずに自分の思うままに書く在野の作家として一生を終える。わたしはこうしたラディカルな反政治的無関心に自然と引き寄せられる一方、階級闘争を多元的に繰り広げる革命的主体に呼びかける世俗的預言者にならってニネベへ行くべきではないかとたまに考える。しかし、「ニネベ」がどこなのか見当もつかないし、新たな階級構成に寄与する有機的知識人としてふるまえるほどの思いあがりもない。いずれにしろ、積極的に身のふり方を決めなければ、遅かれ早かれ、呑みこまれた怪物の腹の中で消化され、意味もなく脱糞される。おそらくわたしは「鯨の腹の中」でも「鯨の外」にいても居心地が悪い。その中と外を行ったり来たりするのを運命づけられている。まずは、それを受け入れるしかない。

パウロはキリスト教徒を迫害したが、自身の意志とは関係ない契機を経てキリスト教の伝道者になった。ヨナは預言者になれという神の命令から逃げきろうとしたが、生死をさまよう危機にさらされて、いやいや預言者になった。使命は人が自由勝手に選べるものではない。否応なしに強いられるものだ。もちろん、そうした稀有な契機にめぐり合ったら、それを最終的に選ぶかどうかは当人の意志にかかっている。そうした来るか来ないかわからない契機に向けていまできることだけを淡々とやる。そして、到来しないかもしれない革命／メシアをただ忍耐強く、精一杯待つ。それしかできない。

二〇二〇年一二月

注

（1）日本語訳は『新しい左翼——政治的無関心からの脱出』福田歓一・河合秀和・前田康博訳（岩波書店、一九六三年）。

24　聖地巡礼の十字架

一九九九年一月に父とイスラエルへ旅行に行った。台湾の初代長老派教会の家庭で育ち、ティーンエイジャーの年齢から六〇年以上も聖職者を務めてきた七八歳の父は、信仰の源である場所にそれまで一度も訪れていない。いよいよ最初でおそらく最後になる父の聖地巡礼の同伴者には、大学院に入ったばかりでオハイオ州トレドに住み始めた一人っ子のわたしが選ばれた。父はロサンゼルス国際空港から出発し、わたしはトレド空港から飛行機に乗り、中間地点のシカゴ・オヘア国際空港で合流するはずだった。だが雪嵐のせいでトレド発の便はキャンセルされてしまい、わたしは車で四時間も離れたシカゴに移動するはめになり、父が乗り継いだ便には間に合わなかった。

オヘア空港に着いてイスラエル航空会社エル・アルの受付に行くと、パスポートと旅券をとりあげられ、隔離された部屋に通されて二人の若いグランドスタッフになぜ予定どおりのフライトに乗らなかったかと詰問された。天候のせいでキャンセルされたからだと正直に答えると、手荷物をまんべんなく開けられ、書籍さえも一冊ずつページごとにめくって厳重にチェックされた。検査が終わって部屋の外に出ると、今度はクマのように体格ががっしりした年配の男に同じ質問を威圧的に再び訊かれ始めた。カフカの『審判』の世界に迷いこんだみたいだったが、忍耐強く答えていくしかない。ひととおり説明を終えると、男は突然語気を荒げて「さっきの話と矛盾しているじゃないか」という意味不明な言いがかりをしてきた。さすがにわたしもキレて、「矛盾してるのはおれじゃなくておまえのほうだ、言ってねえことをでっちあげるんじゃねえよ！」と怒鳴り返した。男は黙りこくって何かを書き記して、パスポートと旅券を返してくれた。しばらくすると無表情で寡黙な兵士のいでたちをした男がやってきて、わたしを搭乗口まで案内するという。いよいよ状況がカフカ的展開になってきて、次はどこか誰もいないところに連行されて射殺される気がして苦笑した。

だが、さいわい、不条理に処刑されずに、搭乗口まで無事連れていかれた。兵士みたいな男は、すでに並んでいる乗客の列をかき分けて、わたしを機内の先頭に立たせて去っていった。なぜ特別待遇を受けられるのかと言わんばかりの怪訝な眼差しを、周りの人たちはわたしに向けてきた。名もない犯罪の容疑者扱いされたあげく、搭乗前に不審な接触をしないようにおそらく張りつかれていただけなのに、それがＶＩＰ扱いとまちがえられる。再び苦笑した。

結局、父のほうが先に一人でテルアビブ空港に着いてホテルに向かい、合流できたのは彼が到着した翌日になった。英語もろくにできず、方向音痴でカネの価値も把握できない浮世離れした父は、さぞかし心細かっただろう。少し心配だったが、携帯電話を持っていないわたしと父は互いに連絡のとりようがなかった。

旅のしょっぱなから不快な思いをしたわたしは、イスラエルにあまり行きたくないことに気づいた。確かに幼少期から聖書や説教や映像や雑誌その他のあらゆる媒体を通じてイスラエルは馴染み深い「聖地」のイメージとして脳裏に刷りこまれていたし、「ユダヤ的なもの」に対する親近感や敬意は親から受け継いでいた。中学生のときにはユダヤ教徒に改宗しようかと妄想したり、イスラエル国家を美化するシオニスト的世界観にも漠然と共鳴したりしていた。

だが、ヘブライ語学校の教員の息子であり、院生時代にイスラエル北部にある社会主義的シオニスト系のキブツ（集産主義的協同組合）で暮らした経験のあるノーム・チョムスキーが膨大な資料を駆使して裏づけたアメリカ／イスラエルの外交関係の分析を読んで、わたしの目からウロコが落ちた。イスラエルがアラブ諸国を先制攻撃して勝った一九六七年の第三次中東戦争以来、アメリカは中東の石油資源のアクセスを保つためにイスラエルを地域の「番犬」に仕立てあげ、核兵器その他の武器を提供するなどして桁外れに大きな支援をしてきた。暴力団のトップ組織が激戦区のシマを傘下組織にまかせるという図式と同じだ。パレスチナ人の土地を奪い、彼らに暗殺やテロや拷問を含む理不尽で圧倒的な暴力をふるうイスラエル国家の過酷な人種主義的制度は、他の植民地主義国家の制度と本質的に何も変わらない。そうした現在進行中の血なまぐさい現実は、宗教心や理念で作られたイメージよりもはるかに重くわたしにのしかかり、目の前に立ちはだかる生々しくリアルな十字架のように見えた。

だが、父と参加した国営観光ツアーは数日かけて聖書のゆかりの地を回るだけで、イスラエル植民地社会が抱えている矛盾や不正にはもちろんいっさい触れなかった。観光バスの中を見回すと、アメリカ訛りの英語でだべっている若い白人女性の二人組や、緑と黄と赤のニット帽をかぶったラスタファリアン風の黒人男性など、いかにも国際観光客といった感じの雑多な人たちが乗りこんでいた。

バスガイドの指示にしたがって、時間と空間の自由を束縛する集団行動が強いられた。途中でダイアモンド製造工場／販売店や土産屋に案内されると、いやでも従順に最後までつき合わねばならない。ダイアモンドがどれだけすばらしく、絶対に購入すべきものかという宣伝文句を繰り返す広告映像をダイアモンド工場の映写室で見せられると、白人女性たちは「ダイアモンドを買わなきゃっていう気にマジ洗脳されたわ！」とはしゃいで笑っていた。しかし、ダイアモンドを買ったのは彼女たちではなく、母のためにダイアモンド指輪を選ぶよう父に言いつけられたわたしのほうだった。宝石商はただでさえ客をカモにするので、観光会社が誘導するところなんてぼったくりに決まっているというわたしの危惧に父は耳を貸さなかった。結婚する際に母に約束したからどうしても必要だと譲らない。仕方なく、適当な指輪を買った。帰国後、指輪をわたされた母はそれが自分好みではなく、サイズさえも合わないと指摘し、「気持ちはうれしいけどね」とため息をもらしていた。

嘆きの壁を訪れると、野球帽を被っていたので入り口で配られた紙製キッパー（ユダヤ教徒の男性用帽子）

をつける必要はなかったが、父はそれを被ると壁に向かって目をつぶり祈り始めた。小型未確認飛行物体を不恰好に頭に貼りつけたような父のいでたちは少々滑稽だったが、彼の祈りの姿勢はそうしたコミカルな雰囲気を瞬殺するぐらい威厳に満ちていた。例のラスタファリアンは近くで身体を激しく揺り動かして祈っていた。周りで祈る黒ずくめのハシド派ユダヤ人たちも小刻みに全身を動かしていたが、彼の動きはもっと大胆で激しく、何かに憑依されたかのような異様なエネルギーを醸し出していた。まさに神に酔いしれてエクスタシーの頂点に突き進む制御不能な踊りだ。突然、ラスタファリアンが恍惚の絶頂に達した悲鳴とも叫び声とも区別のつかない奇声を張りあげた。何事かとびっくりしたハシド派ユダヤ人たちは目を開けて彼を凝視していたが、やがてまた目をつぶって祈りに戻っていった。

さまざまな宗教／宗派の信者が同じ場所で祈る、あるいは同じ神聖な空間を多宗派が共同で運営する。これは一般の教会やシナゴーグやモスクでは見られない光景だ。イエスが磔刑され葬られたという場所を記念する旧エルサレム街の聖墳墓教会を訪れて驚いたのは、この歴史的な教会がアルメニア使徒教会、ギリシャ正教会、カトリック教会、コプト正教会、エチオピア正教会、シリア正教会に共有され、門番はイスラム教徒が務めているという宗教的生態圏の錯綜する多様性だった。聖墳墓教会をはじめ、エルサレムとベツレヘムにある九つの巡礼地をめぐるキリスト教徒、ユダヤ教徒、イスラム教徒のあいだのセクト的もめ事を鎮定し、こうした多宗派の共同運営を確立したのは、イスラム教を枠組みにしたオスマン・トルコ帝国の皇帝オスマン三世が作った一七五七年の法令にさかのぼる。

聖墳墓教会の起源と歴史は、帝国主義の争いと切っても切れない関係にある。古代ローマ帝国は西暦七〇年にエルサレムを攻囲し神殿も含めて焼き尽くし、ユダヤ人を離散させた。そして、六〇年後の一三〇年に当地を「アエリア・カピトリナ」と名づけて植民地化し、巌窟の墓を埋め立ててジュピターまたはヴィーナスに捧げる神殿の土台にした。キリスト教徒に改宗したコンスタンティヌス一世の命令で、この神殿がとり壊され聖墳墓教会が建立されたのは三二〇年代だ。

ローマ皇帝の庇護のもとで国教になったキリスト教はそれまで貫いてきた非戦思想を放棄し、「正戦論」(jus bellum justum) を打ち立てる。国家の防衛や大義のためにやむを得ず行う戦争は正当だという「正戦論」は、もちろんキリスト教国家特有のものではない。西洋帝国主義の脅威を排して大東亜共栄圏を建設していると主張した大日本帝国、ハンガリー革命やプラハの春を反革命的反乱として弾圧したソビエト連邦、共産主義や国際テロから世界を守ると称して朝鮮戦争、ベトナム戦争、中東戦争をやってきたアメリカ合衆国の行いはみな近代国家が正戦論をふりかざして犯した人道に対する明らかな罪である。

いずれにしろ、古代ペルシャのササン朝による侵略の際に火事で焼けた教会をビザンチン帝国が再建した七世紀から、ヨーロッパの十字軍がエルサレムをイスラム圏から奪い返す宗教戦争を繰り広げた一一〜一三世紀までのあいだ、聖墳墓教会は国家権力の宗教的大義名分のために流血にまみれた諸帝国が衝突する中心地になった。人類の罪を贖う永遠の赦しを意味するはずの場所が、逆に永続的紛争と殺戮を招いたのは痛々しい歴史の皮肉だ。

イスラエルを旅して、こうした歴史や現実の皮肉にたびたび出くわした。例えば、滞在先のヒルトンホテルの屋外温水プールでは潤沢に水が使われ、しかもそこにひたっていたのはわたしだけなのに、近くの農村に住む多くのパレスチナ人は水道がないため、安全が保証されない水を高い値段でイスラエルから買わされていた（イスラエル人の水の平均消費量はパレスチナ人の平均消費量の四倍以上であり、アムネスティ・インターナショナルの二〇〇九年の統計によると、パレスチナ自治区であるヨルダン川西岸に住んでいる四五万人のイスラエル人入植者がスイミング・プールや農園でふんだんに使っている水の量は、二三〇〇万人のパレスチナ人総人口が使う量に匹敵するかそれより多い）。階級社会において多かれ少なかれ常態化されている不平等な格差がイスラエルでは過剰な形で圧縮され、観光業に巧みにとりこまれた伝統宗教の遺跡や儀式はそれを覆い隠す装置として機能していた。

そうした人工的な幻影に惑わされないように、イエスが磔にされる前に十字架を背負って歩いたと言われる旧エルサレムの苦難の道《ヴィア・ドロローサ》を父とともにたどって思い浮かべていたのは、イエスの処刑の話を聞いて涙を流したという幼少期の信仰の記憶ではなく、パレスチナの人民の苦難を暗示する不穏で悲壮なしるしの痕跡だった。迷路のように入り組んだ旧エルサレムの細い道を歩いている途中で通りすぎたパレスチナ人の小売店内で、数人のイスラエル兵が罵声をあげている光景が眼中に飛びこんできた。しばらくして広々とした空間に出て立ち止まると、近くの壁に落書きされた、ダビデの星とナチスの鉤十字章が重ねられたシンボルに目を引かれた。それは、新バビロンの王の息子であるベルシャザル（「バルタザール」とも呼ばれる）が開いた饗宴の最中にあらわれた巨大な手が壁に書いた筆跡に一瞬見えた。バビロンの宮廷に仕えるユダヤ人のダニエルはベルシャザルに呼ばれ、誰も読解できない謎めいた壁の文字を解き明かす。

そのしるされた文字はこうです。メネ、メネ、テケル、ウパルシン。その事の解き明かしはこうです、メネは神があなたの治世を数えて、これをその終りに至らせたことをいうのです。テケルは、あなたがはかりで量られて、その量の足りないことがあらわれたことをいうのです。ペレスは、あなたの国が分かたれて、メデアとペルシャの人々に与えられることをいうのです。（ダニエル書5章25－28節）

つまり、バビロン帝国に侵略され捕虜としてバビロンに強制連行されたユダヤ民族の一員であるダニエルは、統治者に向かって「お前の支配は終わり、お前の帝国は分裂する」と大胆に宣告しているのだ。反植民地主義的預言を告げる虐げられた民衆の声が、そこにはこだましている。ベトナム戦争に抗議する直接行動をやってコネチカット州ダンベリーの連邦矯正施設に二年収容された反戦神父ダニエル・ベリガンは、この聖句がすべての帝国の運命に対する警告であり、アメリカもその例外ではないと述べている。

神の御言葉は決して曖昧ではありません。饗宴の場面においてわたしたちは、「帝国は本質そのものからして偶像的だ」という普遍的であると同時に心地よくない真理に触れます。帝国の犯罪は、正義と平和の神を侮辱します。帝国の支配者は途方もない戦争を行い、荒廃をもたらし、略奪し、貧乏人をだまして押しつぶし、生死を左右する権力を世界に主張します。歴史に例外はありません。

(…)

アメリカの偶像崇拝？　銀と金の神々は、強欲と略奪の中で尊ばれています。カリフォルニア州リバモアの研究所からニューヨーク州リバーサイドの研究所にわたる軍神マルスの作業場では帝国のイデオロギーがさらに恐ろしい武器に変換され、青銅と鉄の神々が作られ彼らに忠誠が誓われています。木と石の神々は悪徳資本家や戦士をうさんくさく記念する偶像として、わたしたちの公共空間にそびえ立っています。これらをただつなげて考えてください！　アメリカの歴史と地理は偶像崇拝が行われている広大なジオラマなのです。(1)

ベリガンはまた一九七三年の演説で「帝国主義の結果にしたがう」イスラエルを痛烈に批判している。イスラエルは「その起業家や軍産複合体の副産物である人間の廃棄物を製造し（…）ゲットー、収奪された人びと、亡命者、絶望的なマイノリティ、安い労働力、パレスチナ人の出稼ぎ労働者を生み出し（…）刑務所制度を拡大し、諜報活動を完成させ、あの高価な血まみれの商品であり、技術化された西洋の残酷な勝利である暴力そして暴力の道具を世界市場に輸出しています」という彼の発言は、アメリカのイスラエル支持者の非難にさらされた。(2)現代アメリカの政治言説において、イスラエルの植民地主義の人権侵害を批判する非ユダヤ人は「反ユダヤ主義」というレッテルを貼られ、ユダヤ人がそれをすると「自虐的ユダヤ人」と罵られる。それは「反米」や「反日」と同じく、国家に対するすべての批判を無差別に「国賊」と同一視し抑圧しようとするファシスト的概念に他ならない。古典的ファシズム権力によって大量殺戮された民族の末裔が創始した国とその擁護者がそうした誹謗中傷を用いるのもまた「歴史の皮肉」と言えるが、権力のロジックはそれが「皮肉」だとは認めない。逆にそうした歴史的事実さえも包摂し、露骨な自己正当化の手段にしてしまう。

ホロコーストの犠牲者を追悼する国立記念館ヤド・ヴァシェムを訪れると、その端正で静かなモダニズムの建築様式にまず目を惹かれる。「滅亡」や「壊滅」をヘブライ語で意味し、ナチスによる大量殺戮を指す「ショア」という聖書からとられた言葉をまさに可視化した博物館は、死者を荘厳に神聖化する。しかし、追悼の対象はユダヤ人だけに絞られ、同じくナチスに虐殺された二二～五〇万人のロマの人びとや強制収容所に拘禁された政治犯や同性愛者や精神障害者などについては何も触れていない。死体の山が写っている一連の拡大された白黒写真が劇的に展示されていたが、歴史的文脈や説明は何もなく、見るものをただ圧倒して畏怖させる。近くではキッパーをつけた青年が若者の集団に向かって怒りをこめて声高に語っていた。同胞のむごたらしい殺戮を二度と繰り返させないというその口調が、イスラエルの軍事化と植民地主義を強硬に進める国家理性に直結するのは手にとるようにわかった。

帰りのバスの中で首をふって「人間は残虐で悪い」とつぶやく父にわたしは反論した。ホロコーストが起こったのは単に人間の悪のせいではなく、数百年にわたる西洋帝国主義の結果である。ナチスが大量殺戮の正当化に用いた人種主義や優生学だけではなく、その国家経済体制も近代資本主義の産物なので、それは個人に還元できない権力構造の問題だ。そもそもファシズムの台頭を可能にしたのは、第一次世界大戦で敗れたドイツに連合国がヴェルサイユ条約で多額の賠償金を課したせいでドイツ経済を混乱に陥れ、社民党政権が義勇軍を動員して戦後の労働者革命を弾圧したからだと必死に説明した。しかし、父は心ここにあらずという佇まいで黙っていた。わたしは口をつぐんだ。

父は歴史的議論をしたくてああしたコメントをしたのではなかった。彼のつぶやきには何か内省的な響きがあった。青年時代にナチスの悪行を知らずにヒトラーに魅了された自分を回顧していたのかもしれないし、人間の原罪の深さを痛感していたのかもしれない。彼のそうした内なる声に感づかず、ついムキになって反論した未熟さを少し悔いた。

旅から帰ったあとに父はわたし宛に手紙をしたため

た。母はそれを清書し、わたしにわたしした。

愛する息子Manuelへ

今回あなたと一緒にイスラエルを旅する事が出来て大変嬉しく思いました。私にとって忘れられない大切な思い出となることでしょう。飛行機の中で別れる際、私はあなたに語るべき事を考えていたのですが、あの時には機会がなかったので手紙を書く事にしました。

私が中学校に入った頃、一番上の兄（神戸の彰奮の父）からよく〝昭明（私の幼名）！　偉くなればなるほど、謙虚な人になりなさい〟と言われました。度々言われたこの言葉は、いつのまにか私の心に深く刻み込まれていきました。そしてこれまでの人生の経験の中で、その事を実際に何回も教えられてきたのです。

〝板は板、たとえどの場所の水に投げ込まれようとも必ず浮かぶ〟との諺がありますが、人もまたこの板のように、如何なる環境に置かれても浮かぶ事が出来る方法があるのだと私は考えています。そのためには三つの条件が必要だと思っています。それが誠実、慈愛、謙遜なのです。

有名な大学で学び、多くの本を読み、博士の称号を得ているにもかかわらず、どうしても浮かぶ事のできない人々もいます。

母さんは時々こんな事を言います。〝あなたのように、もうすぐ八〇にもなろうとしている人が、何処に行っても歓迎され、今も尚、現役で働けるのは不思議です。〟その訳は私自身よく知っています。聖書に基づいて誠実、慈愛、謙遜の三つを常に心に留めて、己を励ましつつ歩んできたからなのです。（箴言3章3－7節、22章4節参照）。そして日曜日に教会へ礼拝に行くことを怠ってはなりません。このことは、あなたが神様から受ける祝福と大いに関係しています。どうか身を以て体験してください。あなたは頭の良い思想家です。私も母さんもあなたの成功を待ち望んでいます。これがあの飛行機の中で別れ際に言いたかった事です。

最後になりましたが、旅行中色々と助けてくれ

て有り難う。どうかこれからも身体に気をつけて
学業と仕事に励んでください。

楊石林
父より　1/28, 99

イスラエル旅行から一一年後の二〇一〇年末、神戸に母と住んでいた父は九〇歳になり、博士課程を修了して二年経っても無職だったわたしは二人を訪問していた。

新幹線の新神戸駅の長いエスカレーターを降りたところにある巨大な丸太の形をしたカフェの近くに位置したテーブルに、父とわたしは腰かけていた。一〇年ちょっと前と比べて痩せて身体が確実に脆弱になっていたものの、聖書研究会をリードするぐらい意識が明晰で、一人で散歩ができるほど足腰がまだしっかりしていた父は、長い沈黙のあと、何の脈絡もなく急に口を開いた。

「クリスチャンは安息日を守るのが必要だと前に何回も話しましたが、洗礼を受けたあなたが教会に行かなくても、はっきりと神様に向かって救いを捨てると宣言しない限り、あなたはだいじょうぶです、救われています」

その静かでたどたどしい口調を聞きながら、わたしは目頭が熱くなった。物心がつく頃から大人になるまで、安息日の礼拝はクリスチャンとしての絶対的義務だと厳しく教えられてきた。その父がこうした言葉を口にするのはほとんど奇跡的であった。彼は確実に少しずつ弱っていくみずからの肉体の変化を通じて迫りくる死を予感し、教会にも行かず背徳行為を重ねて地獄に向かってまっしぐらに進んでいるように見える一人息子に最後の救いの手を差し伸べたかったのかもしれない。厳格な戒律や律法を破ってでも救いの可能性を提示するこの晩年の父の姿は、「その独り子をお与えになったほどに、世を愛された」（ヨハネによる福音書3章16節）神の愛の炎のごとくわたしの記憶に焼きついている。

地上にいない父とは、もう話せないし、一緒に旅行もできない。知人友人からの手紙を読んだらすぐに捨てるほど感傷的なものとはほど遠かった彼でさえ、

「昔の知り合いがどんどん亡くなってわたしだけ残されて寂しい」とときどき漏らしていた。親しい人を失うのは、誰でもいつか経験する。そうした必然性に向けてどれだけ心の準備をしても、それがじっさいに起こると、どうしても理不尽に感じてしまう。この不条理こそ、個人にとっての十字架の実存的意味なのかもしれない。他方、わたしには真似できない父の素朴で純粋な信仰によると、十字架におけるキリストの死は人類が背負う罪を贖い、「神の国」に「帰化」するのを可能にした究極的な自己犠牲行為を意味する。

　古代ローマ帝国の被植民の職人の子として生まれ預言者になった男は、すべての支配の終わりを民衆が理解し共感できる言葉で語り、エルサレムの神殿を貨幣の流通で汚す両替商人のテーブルをぶっ飛ばし彼らを追い出した。そして、帝国の統治者からも同胞のエリートからも睨まれ逮捕され、拷問を受けて処刑された。言わば「非国民」／「国賊」の犯罪者として壮絶な死を遂げたこのイエスの死は、逆説に満ちている。この「逆説」を世の権力や体制に迎合するよう安易に解消すればするほど、その恐ろしいほどラディカルな真意は隠蔽され、「あなたたちのことは全然知らない。不法を働く者ども、わたしから離れ去れ」（マタイによる福音書7章23節）というイエス自身の言葉が身に降りかかってくる。現代の支配者たちがさまざまな形で強いるむごたらしい死の制度と、必然的に息絶える「類」そして「個」としての人間の不条理が交錯する普遍的現実をイエスの磔刑は示唆している。

あなたもそこにいたのか　主が十字架につくとき
ああ、なんだか心が震える　震える　震える
あなたもそこにいたのか

"Were You There (When They Crucified My Lord)"

二〇二一年一月

注

（1）Daniel Berrigan, *Daniel: Under the Siege of the Divine* (WIPF and Stock Publishers, 1998), 84.

（2）"Daniel Berrigan's 1973 prophecy: Israel is becoming 'the tomb

of the Jewish soul,” *Mondoweiss* (September 2, 2016): https://
mondoweiss.net/2016/09/berrigans-prophecy-becoming/

コーダ――On the Road to Nowhere

さて、どこへ行くかはわかっている
でも、どこへ行ったかはわからない
そして、知っていたことは知っている
でも、何を見たのかは言えない

心の中にはひとつの街がある
いっしょに来て、乗っていこうぜ
そして、だいじょうぶだよ、ベイビー、だいじょうぶだよ

そして、それはとても遠く離れている
でも、日に日に育っている
そして、だいじょうぶだよ、ベイビー、だいじょうぶだよ

いっしょに行きたいかい？
君はこの歌をいっしょに歌える
そして、だいじょうぶだよ、ベイビー、だいじょうぶだよ

彼らは君に命令できる
でも、君を笑いものにするだろう
そして、だいじょうぶだよ、ベイビー、だいじょうぶだよ

わたしたちはどこにもたどりつかない路上を行く
わたしたちはどこにもたどりつかない路上を行く
わたしたちはどこにもたどりつかない路上を行く

わたしたちはどこにもたどりつかない路上を行く
トーキング・ヘッズ「どこにもたどりつかない路上」（"A Road to Nowhere"）

四年ぶりの二〇二二年八月末に訪れたロサンゼルスの路上は汚かった。母が最近引っ越したロス郊外にあるエルモンテの歩道を歩いていた。酒かドラッグでラリっている行く手のない寂しげな人が、ポツリポツリとあらわれてはすぐに消える水滴の蒸気みたいに、周りのだだっ広い空間に吸いこまれていく。廃業に追いこまれ柵に囲まれたモーテル、愛想が悪い従業員が働くコンビニ、鉄条網越しの暗闇に包まれ人の気配がいっさいない駐車場にずらっと並ぶアマゾン社のロゴが塗られたトラックの群れ、ひっきりなしに無意味に流れる交通。

ここ四年のあいだにわたしが変わったせいか、目に入ってくる風景は以前の馴染み深いはずのものとは確実に異なっていた。ロスの郊外はこれほど露骨に疎外感がむき出しだったか。まだこの街に住んでいた二〇一三年にニューヨーク在住のアナキスト高祖岩三郎を迎えの車に乗せて走っていると、無機質なビルをどれだけ通りすぎても永劫回帰のごとく同じ街並みが続く光景に向かって彼が「ＬＡはモンスターだよ！」と叫んでいたのを思い出した。

この怪物性に理解可能な形状を与えてくれたのは、マイク・デイヴィスの『要塞都市ＬＡ』だ。初めて手にとったのがいつかもう忘れるぐらい、本書の存在はわたしの意識の奥底にまで食いこんでいる。ロスに大人として再び住んだ二〇一一〜一五年のあいだ、日本からの訪問者を案内したり、新しくできた友人と会ったりするために自動車であちこちを回っていると、デイヴィスが必然的に省略せざるを得なかった記述よりもロスは、はるかに複雑で手に負えない都市だという実感が自然とわいた。

デイヴィスが本書の原稿を執筆していた一九八〇年代末は、レーガン大統領の新保守派政権による社会福祉の破壊と国家暴力の強化に呼応して、軍事化したロサンゼルス警察署がスラム住民の弾圧を加速した時代だ。九二年ロス暴動／反乱はそれに対する民衆の応答だった。やられたらやり返す悲惨な抗争を続けてきた若者ギャング団のブラッズとクリップスが一時的に手打ちし、人種やエスニシティを超えた労働者団体が立ちあがり、野宿者やスラム住民を主体とするさまざまな運動組織があらわれたのも、この歴史的蜂起がきっかけだ。デイヴィスと同じく新左翼活動家だったエリック・マンがこの時期に率先して作った「バス乗客組合」（Bus Riders Union）に参加した活動家には、ブラック・ライヴズ・マター運動の名づけ親になるティーンエイジャーのパトリース・カラーズもいた。デイヴィスがこうしたその後の運動の趨勢や権力の変容などを一冊の本にまとめなかったのは残念でならない。

だが、今回のロス再訪には、そうした歴史社会学的理解の枠には収まらない深い違和感があった。まるですべてが崩壊し終わったあとの救いも未来もない世界を目撃しているようだ。セックス・ピストルズのジョニー・ロッテンが名曲「神よ女王を守りたまえ」（〝God Save the Queen〟）で叫んだ不朽のフレーズ「未来はない《ノー・フューチャー》！」というふうに。『要塞都市ＬＡ』の続編におそらくもっとも近い本である『恐怖のエコロジー』（*Ecology of Fear*）では、どれだけ数多くの小説や映画でロスが災害や世界の黙示的終末の舞台にされてきたかをデイヴィスは概観している。干ばつと嵐が交互に不連続にやってくる極端なロス特有の地中海的気候のせいで、山火事や洪水などの自然災害がよく起こるという独特な風土だけが理由ではない。白人入植者／統治者の想像力が喚起する先住民や有色人種などの被支配者に対する恐怖心そして殲滅願望が、何よりもそうした娯楽作品に如実に投影されているのだ。だが、空想上の廃墟になった世界がすでに訪れているという感覚に襲われながらロスの歩道をひさびさに歩いていたわたしが、メタファーでも象徴でもない唯物的亡霊が路上を徘徊しているという既視感に襲われた理由はまったく異なる。おそらくコロナ禍において、とりわけ二〇二二年を通じてわたしに何か異変が起こったのだ。

確かに寅年生まれのわたしにとって二二年は不思議な年だった。三月末に連日飲み会に参加し、果ては渋谷のクラブに朝まで連行された破天荒な週からすべてが始まった。デトックスしようとサウナ付きの銭湯に行き、サウナに二〇分入ったあとに湯にぬくもっていると急に気持ち悪くなり、脱衣所に出てしばらく座ってトイレに行こうと立ちあがると、眩暈がしてその場に倒れた。

「だいじょうぶですか」

誰かが肩に手をおいて声をかけてくれた。気絶したのはほんの一瞬だった。視界はまだまっくらだ。

「だいじょうぶです」

嘘をついて、腰に巻いてあるタオルを押さえながら、すぐにトイレに駆けこんだ。数分経っただろうか、子どもの声が外から聞こえてきた。

「お父さん、なんでトイレに入れないの?」

頭が何か重いものに押さえつけられているようでうつむいている。かろうじて目を開けると、腰に巻いていたタオルが床に落ちて挟まり、ドアがロックされていないことに気づいた。あわててタオルを引っぱって施錠した。視界がだんだん正常に戻ると、便座をおろさずに便器に直接座っているという感覚も戻ってきた。

二日後、発熱して出勤できなかった。

これは身体がきっと悲鳴をあげている兆候に違いないと考えて、酒量を減らそうと決めた。多くても飲む回数は週に一度だけと決めた。以前だったら、これほどテキパキと対応していなかっただろうが、職場で直面している深刻な危機が行動のバネになった。コロナ禍でオンライン授業になって、受講生が激減したのだ。以前は数十人いたのに、ひどいときは三人になった。そして、ゼミ生がゼロになった。

こうした状況を当初憂いていなかった。正直、どうでも良かった。むしろ、仕事が減るという理由で内心喜んでいた。だが、学科長に呼び出され、ある程度の学生の数を確保しないと、その授業は自動的に閉じられ、その代わりに非常勤のコマが自分に回されると言われたのだ。愕然とした。ただでさえ収入が通常少ない非常勤は大変なのに、その生計の糧を奪うはめになる。弱肉強食の労働規律を維持する残酷なルールに身震いした。従来のシラバスを一から書き直し、全力で授業の準備にとりかかった。しかし、それをするには体調管理を怠ってはならない。三月末の不摂生はそうした危機意識をとりわけ高める警告だった。

それから、数ヶ月間、わたしは人が変わったみたいに馬車馬のごとく働いた。毎晩の睡眠時間は三、四時間に減った。わざとではなく、自然にそうなった。四六時中、授業について考えているか、関係資料や書籍をひたすら読んだ。酒を飲みまくって遊び呆ける膨大なエネルギーが、今度は授業の準備に傾けられた。受講する学生の数は増え、教室内外で無我夢中にしゃべりながらトランス状態になるのが普通になった。

そして、いままで数ヶ月に一回ぐらいしか会っていなかった友人と毎週のように顔を合わせたり、突然近所で行われた反開発デモの渦中から仲間の呼び出しを食らったり、自分からではなく向こう側からたくさんの人たちが平日／週末関係なくやってきて、あわただしく社交的で交歓あふれる日常に投げこまれた。しかし、いままでにない激しさで身体と精神をひっきりなしに動かしたせいで、数週間に一度は発熱して寝こんでしまう。

またもや体調改善が必要だと痛感し、職場に近いジムに通い始めた。しばらくすると、熱は出なくなり、筋肉も引き締まり、身体全体がメキメキ強くなっていく実感があった。二〇代、三〇代でも絶対にできなかったこと（例えば、逆立ち腕立て伏せ）ができるようになり、驚いた。

こうした急激な一連の変化を味わった日々の直後に帰ってきたアメリカが異なった場所に見えたのは当然だったかもしれない。

この変化の本当の意味を理解したのは、ロスを旅立ってアメリカ中西部に滞在したときだ。中西部は日本に移住してから七年も訪れていない。もともと行くつもりはなかったが、わたしが真剣に授業にとり組み始めていた四月上旬にピーター・ラインボーからメールをもらって、心変わりした。

親愛なるマニュエル

亀の島《タートルアイランド》への往復航空券の費用をあなたのためにに出したいと思っています。それから、アナーバーにあるマケイラとわたしの家で滞在するのも大歓迎だと強調しておきましょう。あなたの名前が書かれた部屋がここにはあります。トム・チズムにも同じく伝えました。ですから、計画を立てる際にはそれも心に留めておいてください。あなたに会うのがとても楽しみです。

近々、またトムと連絡をとります。インディアン居留地内外のオジブワ／チペワ族に関する彼の知識を借りなければなりません。ネイティブ・アメリカンの歴史、とりわけアニシナアベ族について少し読んでいます。勇気を出して、智の女神《ミューズ》の訪れを祈り、メイデーとマヌーミン（「野性米《ワイルドライス》」）について何か書くかもしれません。

あなたが元気で健康であり、そして闘志を燃やしていることを願っています。

あなたの友人であり同僚である同志

ピーター

ピーターはもうすぐ八〇だ。会えるときに会っておかないと、またいつ会えるかわからない。このありきたりなフレーズの真実味をここ数年何度も切実に思い知らされてきた。

デトロイトのホテルに迎えに来てくれたトムは、以前よりも確実に少し太っていた。図体のデカいトムがより大きな巨人に見えた。巨人は足を引きずっていた。

「足はだいじょうぶか」

「自己免疫疾患のせいで、痛みが最近ひどいんだ」

ティックノア・コートにあるピーターとマケイラの家に行く前に、近所の「フレイザー」というバーで一杯ひっかけようとトムが提案した。ひさしぶりに飲むミシガン州の地ビールは苦くてうまかった。

「ここのエッグロールはなかなかいけるだろう」

「まあまあだな」

「まあまあかよ」

トムが声を立てて笑った。院生時代に一瞬戻ったような気がした。フレイザーに面するステイト・ストリートを右にまっすぐ車で数分行けば、左手にトムが約二〇年前に借りていた部屋があり、その屋上でわたしたちはいまみたいに酒を飲み交わし語り合い笑っていた。

修士課程を修了してすぐにトムは南部の黒人大学レーン・カレッジに就職し学生に慕われる人気教員になり、わたしは世捨て人さながらの無職時代を迎えた。しかし、やがて契約を更新されず雇用止めになったトムは現在無職で、わたしは大学に勤めている。立場が逆になった。

　人間そのものの才能やメリットと関係なく、わたしたちは無慈悲な労働市場のせいでそれぞれ浮かんだり沈んだりする。「結局、これがくそったれた資本主義かよ」とわたしは苦々しく思い、ビールを飲み干し勘定を払い、トムが運転する車でティックノア・コートに向かった。

　わたしたちを家に招き入れると、ピーターはいつもの芝居がかった張りのある声で宣言した。

「同志よ、酒を持ちこんで飲まないというこの家のルールだけは守ってくれたまえ。もし飲酒したい衝動にどうしても駆られたら、近くにフレイザーというバーがある」

　見透かされている気がして、ギクリとした。旅行カバンの中にはロスで買ったボブ・ディランのオリジナル・ラベルのバーボンのサンプルセットとスコッチのグレンフィディックのやはりサンプルセットが入っている。あとで合流する元ＵＥ（米電気・無線・機械労働組合）オーガナイザーのアル・ハートとパレスチナ人ＤＪ／レコード屋のアムジャード・ドゥマーニとトムと共有するために買ったのだ。

　数日後の夜、元アルコール依存症のピーターをおもんぱかってのこのルールをわたしたちは見事に破ってしまう。おそらく大麻で皆ハイになっていたせいだ。牧場から帰ってきたあと、アルとわたしはキッチンの横にある赤い長方形のテーブルの前に腰かけていた。すると、アルはつぶやいた。

「例のディランのバーボンを飲もうじゃないか」

　ベルを鳴らすと条件反射でよだれを垂らすパブロフの犬みたいに、わたしは立ちあがり、寝泊まりしている地下室にそそくさと降りていった。元来ピーターの書斎として使われている地下室は、四方八方本棚が立ち並び、彼が関わってきた運動や集会や書籍のポスターが飾られている。階段の下の右側にある壁には、ドイツで最近博士課程を修了した次女ライリーと彼女のパートナーが屈託なく微笑んでいる写真が貼られ、その横には丸で囲まれたハングル文字のまん中にダチョウの顔がどアップで黄色に印刷されたポスターがあった（日本に帰って韓国人の友人にそのポスターの写真を見せると、それが韓国語に訳されたピーターの論集『動くな、どろぼう！――コモンズ、囲い込み《エンクロージャー》、抵抗』（*Stop, Thief!: Commons, Enclosure, and Resistance*）にちなむものだと判明した）。

ディラン自身が作成したデザインのバーボン「ヘヴンズドア」をグラス二つに入れて、片方をアルにわたして乾杯すると、目の前の異常な光景が目に入ってきた。キッチンでマケイラがピーターの耳もとで何かをささやき、ピーターが彼女の背中をさすって「だいじょうぶだ」となだめている。

「いいバーボンじゃないか」と能天気にアルはコメントした。

「裏庭で飲もうぜ」とわたしは彼をうながした。

そうした無作法を数日後に働くとはつゆ知らず、応接間のソファに座っているマケイラに挨拶すると、いつもの馴染み深いぶっきらぼうな口調で彼女は言った。

「マイク・デイヴィスは、もうすぐくたばるね」

数日前にマケイラが送ってくれたメールのリンク先にあるデイヴィスの最新インタビューを読んだばかりだ。末期癌であと数ヶ月後に迫っている死期を意識しているデイヴィスの言葉は意外と前向きだった。若い人たちが地球温暖化の危機に抗ってラディカルな運動を立ちあげている状況を見ると、わたしたちに絶望する暇などない。だが、個人的に後悔があるとしたら、それは革命のバリケードの上で死ねなかったことだ。在宅ケアを受けている残りの時間は、家族と一緒に北欧サスペンスドラマをネットフリックスで観ながらすごしている。飾り気がなく、直球で質問に答えるデイヴィスの姿がまざまざと浮かんだ。「老いた革命家は決して死なないし、消え去りもしない、ただ他の闘争が彼の闘いを受け継ぐだけだ」――なぜか、ダグラス・マッカーサーの名文句を脱構築したフレーズが頭に浮かんだ。

祝日である「労働の日《レイバー・デイ》」の週末に毎年開催されるデトロイト・ジャズ・フェスティバルを観に行く途中でアルとアムジャードが訪ねてきたので、近くの公園まで散歩に出かけた。マケイラはプールで関節炎のリハビリをする予定が入っていたので、行けなかった。

「おい、マーニー、ここにくるのは本当にひさしぶりだな」とトムが言った。

「確かに、もう二〇年ぐらい経つぜ」

「あれは冬だっけ。そう言えば、ジョージ・カフェンティスとかシルヴィア・フェデリーチとか、まだガキだったライリーもいたな」

「そうだね、まだベヴィンも生きていて、一緒に歩いた」

ベヴィンは、かつてピーターとマケイラが飼っていたゴールデン・レトリーバー犬だ。名前はイギリス労働党の政治家アーネスト・ベヴィンにちなんでつけられた。ベヴィンが亡くなった直後、ピーターたちの家の裏庭で車座になって一人ずつベヴィンの思い出を語り合った。ベヴィンがトレドのミドルセックス通りの以前住んでいた家から飛び出し、行方不明になり、みんなで手分けして探し出した事件をわたしは話した。それから、レーニンが猫や子どもをなでると心が落ち着いたように、テーブルの下にうずくまっているベヴィンの頭や顔や体をなでるとわたしも気持ちが自然と穏やかになったのを。

公園には近隣の人たちがボランティアで栽培している小さな植物園があり、ほぼ野生化した草むらにおおわれ、いったん中に入ると外からは何も見えない小さな空間があった。アムジャードは大麻タバコに火をつけ、わたしたちに回した。まるでラスタファリアン儀式を再現するみたいに交互にわたしたちはタバコを胸いっぱいに吸いこみ、煙がじわじわと体内に駆け巡るのをじっくり待ったあと、ゆっくりと煙を吐き出した。ピーターはポケットから折り曲がった用紙を引き出し、それを開いて朗読し始めた。

「小羊が第三の封印を開いたとき、第三の生き物が『出て来い』と言うのを、わたしは聞いた。そして見ていると、見よ、黒い馬が現れ、乗っている者は、手に秤を持っていた。わたしは、四つの生き物の間から出る声のようなものが、こう言うのを聞いた。『小麦は一コイニクスで一デナリオン。大麦は三コイニクスで一デナリオン。オリーブ油とぶどう酒とを損なうな』」

自著『黙示のエチュード』にもこの聖句を引用したという偶然が、何かくすしいしるしに思えた。パトモス島のヨハネが記したとされるこの文章が何を意味するか意見がいろいろ交わされたが、その詳細は何も覚えていないし、そもそもなぜピーターがこのタイミングで黙示録の一節を読んだかも理解できない。確かなのは、わたしたちが『不思議の国のアリス』に出てくるような奇妙に縮こまった場所でともに大麻を吸って、黙示録を議論したことだ。

その際にアムジャードが撮った数枚の証拠写真もあるので、それが決して夢でも幻想でもなかったのは保証できる。最後の一枚にはわたしたち五人がそろって写っている。アムジャードがあの手この手を使って、木の枝の隙間に携帯を固定して、一〇分以上費やして撮った苦心の一枚だ。彼が地面を這いつくばったり、木に登ったり、葉っぱを蹴散らしたりしている姿は、チャップリン映画の一場面を一人芝居で再現しているようであまりにも滑稽だった。大麻のハイがそのおかしさをさらに倍増させ、わたしたちは笑い転げた。

アムジャードたちが去った二日後、ピーターとわたしとトムはそれぞれ目下とり組んでいる調査や執筆について発表し合った。ピーターのアイデアだ。キッチンにある赤い長方形のテーブルでバゲットの切れはしと自家製ガスパッチョを食べたあと、二十数年にわたって数々の訪問者が囲んできた年季の入ったそのテーブルで面と向かい合って対話をする、あるいはマケイラが野菜を育てている裏庭で折りたたみ式ラウンジチェアを寄せ合って資料を朗読し合う。そして、気分転換に外出して、近所のカフェや酒場で討論を続ける。ピーターと学外でこうした即興ゼミ兼「移動祝祭」を数えきれないぐらいやってきた院生時代に、まるでタイムトリップしたみたいだった。

ノースダコタ州の石油パイプライン建設に反対した先住民が率いる #NoDAPL 運動についてのすばらしい単著『わたしたちの歴史は未来だ——スタンディング・ロック対ダコタ・アクセス・パイプラインと抵抗する先住民の長い伝統』（*Our History Is the Future: Standing Rock Versus Dakota Access Pipeline, and the Long Tradition of Indigenous Resistance*）を書いた若手ネイティブ・アメリカン研究者ニック・エステスと、移民やアフリカ系労働者の歴史の研鑽を積んできたベテラン労働史家ピーター・ラックレフとのコラボに向けて、五大湖周辺の先住民の闘争とコモンズについてピーターは語った。トムは引っ越し先のミシガン州アッパー半島にある先住民高齢者の共同住宅付近の図書館から貸し出された、地元の先住民女性の聞きとり資料を配り、わたしたちはそれを交互に読みあげ議論した。わたしは『福音と世界』での連載「バビロンの路上で」を書籍化する準備をしている経緯を説明し、その概要を述べた。まだ締めくくりの章が書けていないと友人のナカタ・ノリヒトに相談すると、「アメリカに行って、ピーターたちとの再会について書くべきだよ」と助言され、「そうだ、それですべてがつながる！」というユーレカ的ひらめきもあったとつけ加えた。

「「バビロン」が存在したのはバグダッドの南方にある地域だが、イラク戦争については何か言及するのか？」

ピーターの鋭い指摘に意表をつかれた。連載中は「バビロン」自体についてあまり考えなかった。編集者のホリ・シンゴに題名を提案されて、「腐敗した専制政治を行う異国の地」、つまりわたしたちが生きる世界をあらわす聖書的メタファーとして悪くない、それぐらいの思い入れしかなかった。しかし、「バビロン」をこうネガティブにとらえるのは、あくまでも古代ユダヤ人の観点、そしてそれを受け継ぐラスタファリアンや「西洋文明」全般の伝統のせいだ。

紀元前二二世紀にはメソポタミア南部のユーフラテス川をまたぐ小さな町でしかなかったバビロンは、紀元前一九世紀にアモリア人王ハンムラビによって大都市へと発展し、一千年以上もメソポタミアの中心地になる。紀元前一六世紀末に小アジアのヒッタイト人に侵略され、ザグロス山脈のカッシート人に紀元前一二世紀まで四〇〇年以上占領され、新アッシリア帝国（紀元前九一一〜六〇九年）が内戦で弱体化するまではアッシリア人に支配された。紀元前六八九年に反乱を鎮圧する目的で新アッシリア帝国の王センナケリブが神殿や宮殿も含めてバビロンを徹底的に破壊した出来事は、その後台頭し古代ユダヤ人を捕囚する新バビロニア／カルデア帝国のネブカドネザル二世による、紀元前五八七年のエルサレムの包囲攻撃にともなうソロモンの神殿の破壊に匹敵する。ブレヒトの詩「本を読んだ労働者が質問した」に記されているとおり（「それからさ、何度も破壊されたバビロンは、／誰がそんなに何度も建てなおしたの？」）[1]、古代バビロンの歴史は破壊と再建がくり返された波瀾万丈なものだ。ネブカドネザル二世の統治は、こうした長いバビロン史のごく短い一コマにすぎない。

ユダヤ人にとって最初のディアスポラ経験であるこの苦難に満ちた亡命時代は、彼らの民族と宗教のアイデンティティを形成するうえでもっとも重要な歴史的経験と言っても過言ではない。ユダヤ教の中心的聖典である「トーラー」と呼ばれる聖書の冒頭を飾る五つの書が編纂されたのも、ヘブライ語の文字が成立したのも、賢者や書士がユダヤ人の指導層として定着したのもみなこの時期である。バビロンが破壊されるたびにバビロニア人がそれをみずからの罪に対する神罰と解釈したように、古代ユダヤ人もバビロンの捕囚になった経験をヤハウェに背き偶像崇拝を行った背信行為に対する裁きと理解した。つまり、同胞を隷属化するバビロンは邪悪な帝国であると同時に、ヤハウェに地上の統治を任され神の罰を下す神聖な器とも見なされたのだ。古代諸帝国の狭間で繰り広げられた絶えまない戦争から生じたこの歴史的アポリアを契機に、古代ユダヤ民族はみずからを主体化する苦難と解放の普遍的物語を紡ぎ出し、それはキリスト教の基本的枠組みとして継承される。

ユネスコ（国連教育科学文化機関）の二〇〇九年報告書によると、〇三～四年のあいだにバビロンの古代遺跡を軍事基地に使用した米軍とその同盟軍のせいで、世界遺産である多くの建造物や遺跡が著しく破損された。しかも、こうした国際犯罪にさらにひどい追い打ちをかけたのは、〇三～六年に三二〇〇人のイタリア軍兵士、ルーマニア部隊、ポルトガル軍事警察を動員した「古代バビロン作戦」という悪趣味に命名された軍事作戦が、イラク側に約五〇〇〇人もの死傷者をもたらした惨事だ。二一世紀の幕開けとともに史上最大の抗議デモを世界中に巻き起こしたこの戦争の意義と見とおしを、パーキンソン病で余命いくばくもない哲学者ジョージ・カフェンティスは、〇三年に的確に言いあてている。

グローバルな次元から言うと、イラクを侵攻し占領するのは、中東の中心にある石油経済を決定的に支配して新自由主義の危機を克服しようとする、「ゴルディアスの結び目」の切断の試みである。しかし、この暴力は、危機が提起した問題を解決するのではなく、単にそれをより高次元で再提示している可能性が非常に高い。これはイラクと米国双方にあてはまる。アメリカ政府は、いま、イラクのプロレタリアートに直接対処しなければならない。それは、サダム・フセイン自身が一九九〇年代を通じて国連の媒介者（例えば、「石油食料交換」プログラムの会計担当者）をとおしてしかコントロールできなかったプロレタリアートだ。

一九八八〜八九年のイラン・イラク戦争終結後、イラク社会にあふれた鬱積した要求をバース党は満たせなかった。じっさい、サダム・フセイン政権を無謀な形で再び戦争に駆り立てたのは、この要求に他ならない。サダム・フセイン政権がさらに一〇年以上生き延びた唯一の理由は、クウェートを侵攻し敗北させたからだ。

二〇年間の戦争、制裁、戦争でより鬱積している要求にアメリカ政府は対処できるのか？　あるいは、ブッシュ政権はバース党にさえ及ばないものしか提供できないのだろうか？　このプロレタリアートという「ゴルディアスの結び目」はどう切断すればいいのか？　サダムの結び目みたいにはたやすく切断できないだろう。(2)

ピーターとトムといまいる同じ家のソファにかつて腰かけて、わたしたちと穏やかに忍耐強く対話するジョージの姿を鮮明に思い出した。彼がもっとも好きな哲学者であるプラトンの対話に常に登場するソクラテスのように、彼は相手の話を真剣に聞いて、それを深める問いを発するのがうまかった正真正銘の弁証法の実践家だ。トムとわたしは彼を「マルキシスト菩薩だ」と笑いながらたたえていた。

刺激的で愉快であるとともに、弛みない集中力を要する長時間の対話に疲れたわたしたちは、ハンバーガーを食べたいという意見が一致し、再びフレイザーに行った。

テーブルに腰をおろすなり、ピーターが持参してきたテリー・イーグルトンの『理論の意味作用』を朗読していると、ウェイトレスが注文をとりに来た。華奢で優しく微笑む彼女は本の表紙を見て、

「あ、その本、大学の授業で読みました」と朗らか

な声で言った。

根掘り葉掘り訊くわたしたちの質問に、彼女は楽しくリラックスした雰囲気で受け答えした。地域の大学に通っていて、名前をフランキーという。トムの親の別荘がある五大湖付近のアッパー半島を数日かけて一周するハイキングを二回もした。叔父叔母夫婦は仕事関係で一時期日本に住んでいたので、日本語も片言だが習った。彼女が身につけているネックレスにぶら下がる独特な形をしたペンダントを指さして、わたしはたずねた。

「それは何か意味があるの？」

「あ、これ？　これは彼氏のおばあちゃんからもらったもの。彼女は先住民なんだけど、わたしと初めて会ったときに「あなたからはクマみたいな母性を感じるので、このクマを象徴するペンダントをあげる」と言われてもらったの」

「へえー、そうなんだ。彼氏との馴れ初めは何だったの？」

「彼は初めて出会った先住民の人だったので興味があった。そしたら、ギターを弾いて歌ってくれて、それが付き合うきっかけになったね」

「やはり口説くのはセレナーデに限るよな」

わたしたち一同は笑った。長丁場の生真面目な議論から一息つくのに、酒場は最高の場所だ。

アルとアムジャードがジャズ・フェストから帰ってきた日曜日、わたしたちはピーターに聖餐式のパンみたいに各自配られた大麻グミを口にした。そして、二組の車に分かれて、マケイラとピーターと親交のあつい有機栽培者が運営している共同牧場に向かった。

一〇年近くぶりにアルが運転する車の助手席に座ったわたしは、ハイが高まるとともに被害妄想も膨らみ始めた。アルは音楽を爆音で流し、猛スピードでハンドルを切り、めちゃくちゃ早口で歌のうんちくを垂れている。わたしの運転を「おばあさんみたいなノロノロ運転だ」とディスるぐらい、シラフのときでも彼の運転速度はめっぽう速い。長年、労組活動家としてアメリカを縦横に走り回ってきた習性がしみついているのだ。そのスピード狂的習性は大麻のせいでより激しくなっている感じがした。

自動車事故の際にもっとも危険な座席である助手席

にいるわたしは、本当に死ぬかもしれない。そうした恐怖心が頭の中でグルグル回り始め、身体中の筋肉がこわばり、パニクりそうになった。アルのうんちくも爆音の音楽の歌詞も何も耳に入ってこない。神経の糸が急に張りつめ、すぐに切れてもおかしくない緊張感が迫ってきたので、内心こう自分に言い聞かせた。

「これでくたばったらそれまでだ。この時点では何もできやしない。あきらめろ。もう死んだも同然だ。この残りわずか短い時間を楽しむのが最善だ。だって、そうだろう、どっちみち死ぬんだ。このつかのまの時間を恐怖で無駄にするか、あるいは無心になって楽しむか。この二者択一の選択しかないとすれば、後者の方が圧倒的にいいに決まっている」

すると、さっきまでの緊張感が一気に解けた。

だが、さいわい、わたしは死ななかった。アルの運転は意外と安全で、牧場に無事着いた。

四方八方を見回しても、誰もいなかった。いや、厳密には、一匹の犬がいた。舗装されていないほこりまみれの道が複数の方向に向かっている中で、ポツリと立っている一軒家の前に佇んでいた犬が、わたしたちの存在に感づくなりけたたましく吠え始めた。家の住人は不在だったので、近辺を歩き回った。

野原が視界一面にあらわれ、野花がそびえ立つ道の横にはイスが置かれていた。ピーターはそこに腰をおろし、わたしたちは彼の写真を撮り始めた。手のひらを広げて、優しく微笑むピーターの姿は「野の花を見よ、空の鳥を見よ」と群衆に語るイエスの姿と重なった。

遠方にいる豚の群れを目指してわたしたちは再び歩き始めた。横道をそれて畑の端にふらふらと踏みこんだアムジャードに、

「まちがっても横道の畑に入らない方がいいぞ。それは共同牧場の一部ではなく、私有地だ。気をつけないと所有者に銃を突きつけられて、撃たれるかもしれない」とピーターは注意した。

私有財産と銃と殺人。こんな牧歌的な田園風景も、囲い込み《エンクロージャー》と暴力の傷口がまがまがしくえぐられた場所なのか。そうだ、ここはアメリカだった。何気ない平和な土地に見えても、そこは先住民が虐殺された流血を吸収し、白人開拓者《パイオニア》の豊穣の肥やしにしてきた呪

われた痕跡が必ずと言っていいほどある。

わたしたちは誰もいない田舎道に沿って、柵の向こう越しにおとなしく並んでいる七匹の豚の方に歩み寄った。五匹の皮膚は柔らかい褐色をところどころにまぶしたベージュで、まん中にいる二匹は黒かった。

「食用ではなく、肥料を作るための豚だ」とピーターは説明した。

豚は静かにうつむいて佇んでいた。二人の男に暴力をふるわせる悪霊がイエスの命令で憑依し、川の中に飛びこんで自殺した豚の群れのようなアナルコ・ニヒリスト的狂暴性は何もなかった。『動物農場』の結末で描かれる、人間の所有者／支配者と見分けがつかないぐらい狡知な権力欲に満ちた策略者の表情も見いだせなかった。豚を悪と結びつける人間の浅ましい想像力は鼻持ちならない。

うしろをふり返ると、何もない長い田舎道が見える限り続いていた。この面子でここに来るのはこれで最初で最後になるだろう。ピーターは八〇、アルは七五、アムジャードは六〇代半ばでトムは五四。皆、住んでいる場所は違うし、特に日本にいるわたしは個別に再会する機会がほとんどない。だが、感傷的な気持ちはわいてこなかった。

ただ、田舎道をじっと見つめていると、サミュエル・ベケットの『ゴドーを待ちながら』を連想した。ゴドーという決してあらわれない存在を、浮浪者風情のウラディミールとエストラゴンはただひたすら待つ。しかし、いくら待ってもやってこない。二人が田舎道に立って静止した状態で劇は幕を閉じる。

わたしたちもそうだ。エストラゴンとウラディミール同様、来たるべきだが決してやってこない革命や世界の終わりやキリストの再臨を待ち焦がれてきた。黙示録を締めくくる言葉「アーメン、主イエスよ、来てください」を祈るみたいな必死な思いで。しかし、いつまで経っても夜明けは来ない。生きているあいだにキリストが再臨すると文字どおり信じて父は五〇代になるまで未婚を貫きとおしたが、結局は妻子を持って、黙示録について執筆し伝道して大往生した。

大麻の濃霧で意識が包まれて田舎道に立ち尽くし、近くにいる仲間を眺めていると、これでもいいかなとふと思った。もうやりたいことはすべてやった。ありとあらゆる欲望はすべて満たした。悔いはない。飲食をともにし、一緒に笑って議論し遊んで闘ってきた仲間との関係は、瞬間の「神の国」をすでに実現してきた。どこにも行かない路上で倒れて死ぬのも悪くない。どっちみち、それしかできないのだ。

じっさいの神や革命は到来しないかもしれない。いや、このどうしようもないふざけた世界には絶対到来しないだろう。わたしたち人類は数えきれないほどしくじってしまったのに、何をいまさら救いだ、正義だ、人権だ、社会変革だ、国家安全保障だ、経済成長だ、自己責任だとほざいている。皆、マイク・デイヴィスみたいにくたばっちまう。右翼だろうが、左翼だろうが、キリスト教徒だろうが、無神論者だろうが、例外はない。ディランは「まだ暗くない」と歌ったが、もうじゅうぶんに暗い。キリストに悪霊を背負いこまされて集団自決した豚の群れ。何を隠そう、それはおれたちなのだ。しかし、おれらはキリストの命令で悪霊にとり憑かれたわけじゃない。自分たちででっちあげた悪霊の虜になり、古代帝国のごとく滅亡を繰り返しているだけだ。生まれる前からの予定説は救いではなく、くたばることとなのだ。連綿と続く滅亡の中をさまよって、「出口なし」の標識を何回も通りすぎて、行くべきところに向かっている。どこにも行かない、どこにもたどりつかない路上をただ無意味に歩く。意味なんてクソくらえだ。そんな人間がこしらえた「悪霊」並みの概念なんていらない。それでもこうして生まれてきたからには、歩くことしかできない。セラ。

とてつもない平安に満たされてわたしは足の塵を払い落とした。

バビロンの川のほとりで
わたしたちは座って
そこで泣いた
シオンを思いだして

邪悪なる者たちが
捕囚の身としてわたしたちを連れ去り
歌うことを強要されて
どうして歌うことができようか、主のための歌を
このような異国の地で

わたしたちの口の言葉と
心の思いが
御旨にかないますように
今夜ここで

バビロンの川のほとりで
わたしたちは座って
そこで泣いた
シオンを思いだして
「バビロンの川」(“Rivers of Babylon”)

二〇二三年三月

注

(1) ベルトルト・ブレヒト『暦物語』丘沢静也訳(光文社、二〇一七年)、一八一頁。

(2) George Caffentzis, *No Blood for Oil!: Energy, Class Struggle, and War, 1998-2004* (radicalpolytics.org, 2005), 128.

あとがき

本書は、二〇一八年から二〇二一年にかけて『福音と世界』（新教出版社）に連載した文章を改稿したものである。日本に住み始めてから三年目で、職場も新しく変わったばかりの時期に連載が開始され、だいたい中盤にさしかかった一九年末〜二〇年はじめに世界がコロナ禍に突入し、大統領選挙の結果に抗議するトランプ支持者が米国議会議事堂を襲撃した翌月の二一年二月に終了した。

現在、この「あとがき」を書いているのが二四年三月なので、連載が書籍化されるまで三年以上かかっている。それはわたしが遅筆でぐうたらだというのがおもな理由だが、そのおかげで、元の原稿の細部を大幅に直し、約三分の一の量の文章を加筆できた。それから、二三年末に担当編集者の堀真悟が新しい職場である以文社に移動したのも遅れが少し生じた一因だが、それはまた恍惚の散文詩としか形容しようがない、栗原康のすばらしい「解説」の執筆にもつながった。こうしてともに本書を完成できたのはまさに「溢れる恩寵」である。

皮肉にも、「コーダ」という新しい最終章でも少し触れているとおり、わたし個人が経験した身体的にも精神的にも最大の変化は、この連載が終わってから起こっている。それらについてはまたいつか、どういう形をとるかわからないが、書くと思う。

ただ、読み直しながら驚いたのは、そうした変化の予兆が行間のすみずみにすでにあらわれ、行きあたりばったり書いたわりには、構成と内容がまるであらかじめ計画されていたかのように首尾一貫していることだ。父についてこれほど言及するとは思わなかったが、わたしとキリスト教の関わりの原点を築いたのは牧師の父であり、そこに収斂するのは当然かもしれない。「父なる神」との関係のレールを敷き、その存在と重なる「楊石林《ヤンシーリン》」だけではなく、文学や思想や政治などの領域でわたしが「父」あるいは「ロールモデル」の役割を課した人たち（ヘンリー・ミラー、ピーター・ラインボー、E・P・トムスン、吉本隆明、トーマス・マートン、ボブ・ディラン、ジェームズ・ボールドウィン）がつながり合って登場するのにも、そうした霊的父性のテーマはこだましている。

同時に、父も含め、すべての権威や英雄を究極的には否定する「偶像破壊」への衝動を繰り返し口にし、どのような教義や律法も恩寵によってことごとく破らずにはいられない反律法主義者の表情がここには浮かびあがっている。これは意外な発見だった。そして、それがすべてを無に帰する「死」に、まさに強迫観念のごとくかたくなにこだわる性癖と関係していることも。

本書は父の夢と死から始まり、親友アル・ケイブの死の直後に堰を切ったように世界を覆ったコロナ禍で中盤を迎え、最後はマイク・デイヴィスの死によって締めくくられている。生きているあいだに人は死ぬし、生まれ変わる。「生まれるのに忙しくない者は、死ぬのに忙しい」とディランはかつて歌った。わたしも「すべてが終わった」というあともどりできない心境になっている。

執筆の長い途上の随所で相談に乗り、いつも適切なコメントをくれた同伴者の上原こずえに心から「にふぇーでーびる」と伝えたい。You make me a better man.

連載中にいろいろ励ましてくれた友人の仲田教人、早助よう子、五井健太郎、栗原康に感謝したい。You guys are the true rock of ages.

悪性乳癌と闘病しながらも連載を見守ってくれた日本語の最初の教師である母ミツコ・ヤンがいなければ、この本だけではなく、わたしが書く日本語の文章はどれも存在しない。In the beginning was the word and you taught me how to use it.

そして、細部に宿る神と悪魔を熟知する唯一無二の編集者の堀真悟は、連載から書籍化にいたるまで、本書の全過程を可能にして支えてくれた。牧師の息子だということで勝手に親近感を覚えた彼と飲むバーボンは、いつもしこたまうまい。キリストの全質変化した葡萄酒を飲み交わすみたいに、まがりなりにもわたしたちも聖徒として交わっているのだ。Brother, I'll bring you another bottle of Blanton's.

著者　マニュエル・ヤン（Manuel Yang）

1974年ブラジル・サンパウロ州カンピーナス生まれ。神戸、ロサンゼルス、台中、ダラスで少年時代を過ごし、テキサス大学オースティン校（歴史学／英米文学専攻）を卒業。トレド大学大学院歴史学科で修士・博士課程修了。
現在、日本女子大学人間社会学部現代社会学科教員。専門は歴史社会学、民衆史。アメリカと環太平洋／大西洋の歴史を階級闘争の観点から研究。
著書『黙示のエチュード——歴史的想像力の再生のために』（新評論）、共著『ヒップホップ・アナムネーシス——ラップ・ミュージックの救済』（山下壮起・二木信編、新教出版社）など。

解説　栗原康（くりはら・やすし）

東北芸術工科大学非常勤講師。専門はアナキズム研究。主な著書に『G8サミット体制とはなにか』（以文社）、『村に火をつけ、白痴になれ』『アナキズム』（岩波書店）、『死してなお踊れ——一遍上人伝』（河出書房新社）、『超人ナイチンゲール』（医学書院）など。ビール、長渕剛、河内音頭が好き。

バビロンの路上で
——律法に抗う散歩者の夢想

2024年6月25日　初版第1刷発行
著者　マニュエル・ヤン
装釘　宗利淳一
発行者　前瀬宗祐
発行所　株式会社以文社
　〒101-0051 東京都千代田区神田神保町2-12-2 綿徳ビル4階
　TEL 03-6272-6536　FAX 03-6272-6538
　http://www.ibunsha.co.jp/
印刷・製本　中央精版印刷

ISBN 978-4-7531-0386-7
Printed in Japan